岩波文庫

34-034-1

民主体制の崩壊

── 危機・崩壊・再均衡 ──

フアン・リンス著
横田正顕訳

岩波書店

THE BREAKDOWN OF DEMOCRATIC REGIMES
Crisis, Breakdown, and Reequilibration: An Introduction
edited by Juan J. Linz and Alfred Stepan

First published 1978 by Johns Hopkins University Press, Baltimore, Maryland.

This Japanese edition published 2020
by Iwanami Shoten, Publishers, Tokyo
by arrangement with Johns Hopkins University Press, Baltimore, Maryland,
through Tuttle-Mori Agency, Inc., Tokyo.

凡　例

一、本訳書の底本はJuan J. Linz, *The Breakdown of Democratic Regimes: Crisis, Breakdown and Reequilibration*, Baltimore and London: Johns Hopkins University Press, 1978である。英語版における誤記・誤植の確認、および文意の明快でない部分の解読のため、スペイン語版の*La quiebra de las democracias*, Madrid: Alianza Editorial, 1987を適宜参照した。

一、原文の" "は「 」に換える。

一、原文で斜体による強調は傍点に換える。

一、原文の( )は、（ ）とする。

一、〔 〕は、訳文の趣旨を判明ならしめるため、またその限りで、訳者が挿入する最低限の補足である。また、《 》は、重要な仮説や前提として示されている内容を際立たせる場合に用いる。

一、訳文には必要に応じて、英語、イタリア語、ドイツ語等の原語を添える。

一、原注は(1)(2)の番号を、訳注は[1][2]の番号を付して、いずれも巻末にまとめる。

一、原文中にある他の文献からの引用のうち、日本語訳があるものについては可能な限りそれを参照した。ただし、本訳書の表記との対応関係や読みやすさに問題がある場合、また原文がそもそも英語でない場合には、リンス自身の英訳と併せて原典にも当たるなどして、参照した日本語訳の表現を改めた箇所がある。

編者序文と謝辞

民主体制がどのように、なぜ崩壊するのかという問題は、このプロジェクトの寄稿者が取り組んだ中心的な問いである(1)。民主体制の崩壊は長らく社会科学者の関心事であった。しかしながら、この主題に関する先行研究の多くは、非民主的な政治勢力の発生や民主的諸制度の崩壊に至る構造的制約に注目してきた(2)。これらの研究が、明示的ではないにせよ暗に与える印象は、研究対象である民主体制の崩壊が事実上不可避であったというものである。本研究は、反民主的運動や構造的制約を研究することの学問的正統性と分析上の利点を認識しつつも、民主体制の崩壊に関するやや異なる側面に取り組んできた。

ドイツ、スペイン、チリといった国々におけるデモクラシーの崩壊の悲劇的結末を考えれば、崩壊の政治過程のダイナミクスに直接的で体系的な関心を寄せることには、知的にも政治的にも価値があると考えられる。デモクラシーに全力を傾ける人々の態度、なかんずく現職の民主的指導者の態度を分析し、彼らの作為と不作為が分析対象である崩壊現象にどのように寄与したかを問うことは、とりわけ重要であるように思われる。デモクラシーを支持する勢力は体制の危機を和らげるような別の方法を利用できたであろうか。デモクラシーの崩壊は本当に不可避だったのか。密接に関連することとして共同研究者が心がけたのは、崩壊過程の動態に含まれる反復的パターンや事象が起きる順序、危機を、歴史的記録から抽出しようとすることであった。

本書の刊行には長く複雑な経緯がある。デモクラシーの崩壊の問題にファン・J・リンスが関わったのは、リンスがスペインのデモクラシーの運命に関心を持ったことに始まる。スペインで子供時代を過ごした者として、また市民として、この運命はリンスに影響を与えた。カール・ディートリヒ・ブラッハー(Karl Dietrich Bracher)のヴァイマル共和国の崩壊に関する記念碑的著作[1]を読んだことで、彼は幅広い理論的問いを発するようになり、一九六〇年代半ばにコロンビア大学でダニエル・ベル(Daniel Bell)[2]とともにこれらの問いについて考察することになった。リンスとアルフレッド・ステパンはこの時期にコロンビア大学で出会い、ステパンは、『エコノミスト』にラテンアメリカに関する記事を書く中で直に見聞したこととして、ブラジルにおけるデモクラシーの崩壊に関する博士論文を書き始めた頃であった。同時期にコロンビア大学にいた他の寄稿者には、パオロ・ファルネーティ、ピーター・スミス、アルトゥーロ・バレンスエラ、アレクサンダー・ワイルドが含まれている。

デモクラシーの崩壊の政治的側面に関する学問的なやり取りを促進するために、当時S・M・リプセット(Seymour M. Lipset)が委員長を務めていた政治社会学研究委員会の主催で研究会が組織された。この研究会は、一九七〇年にブルガリアのヴァルナで開催された第七回世界社会学会議において複数の分科会を主催することになった。会議の前にリンスは「競争的デモクラシーの崩壊——諸要素とモデル」と題する短いペーパーを回覧したが、この論文は個々の国の研究に従事し会議に参加した研究会のメンバーの議論の焦点となった。ヴァルナで最初の草稿を提出した本書ハードカバー合冊版の寄稿者の中には、フィンランドについてエリック・アラルト、イタリアについてパオロ・ファルネーティ、ヴァイマル・ドイツについてライナー・レプジウス、スペインについてフアン・リンス、オーストリアについてヴァルター・ジーモン、アルゼンチンについてピーター・スミス、ブラジルについてアルフレッド・ステパン、コロンビアについてアレクサンダー・ワイルドがいた。アーレント・レイプハルト(Arend Lijphart)は刺激的な討論者であった(3)。

研究チームはヴァルナで有益な意見交換を行った後、このプロジェクトを続行し、数年後には研究の比較的・理論的側面を軸とする会議を開こうと誓いあい、散会した。他の重要な事例や異なる見方を取り入れるために、ステパンはギジェルモ・オドンネルにペロン（Juan Perón）没落後の一〇年間におけるアルゼンチンのデモクラシーの危機についての執筆を促し、フリオ・コトラーとダニエル・レヴァインにはペルーとベネズエラの事例を論じるよう勧めた。チリでアジェンデ（Salvador Allende）が打倒された後、編者は、チリにおけるデモクラシーの終焉を招いた悲劇的な出来事を分析するために、アルトゥーロ・バレンスエラの参加を要請した。〔『民主体制の崩壊』全篇の構成については本訳書巻末のリストを参照。〕

イェール大学の国際地域研究コンシリウム、および社会科学研究会議（SSRC: Social Science Research Council）とアメリカ人文系学会協議会（ACLS: American Council of Learned Societies）のラテンアメリカ合同委員会の寛大な支援を受けて、拡大グループが一九七三年一二月にイェール大学に集まり、その時には同大学所属となっていたリンスとステパンが議長を務める会議に参加した。討論者のダグラス・チャルマーズ（Douglas Chalmers）とエドワード・マレファキス（Edward Malefakis）、エリック・ノードリンガー（Eric

Nordlinger）らからは、この会議に提出されたペーパーに対する有意義なコメントを頂戴した。閉幕にあたり、参加者は、互いの発見と類似点・相違点に関する合同討論を踏まえて各々の研究に手を加えることにした。国立科学財団からの資金に支えられて、リンスはプリンストン大学高等研究所で一年間を過ごし、そのおかげで序論部分に手を加え、また共同執筆者たちとの接触を維持することができた。

このグループは崩壊の基底をなす反復的パターンに関心を抱いていたが、編者自身の発想というプロクルステスの寝台〔ギリシア神話に由来する言葉で「杓子定規」を意味する〕を個々の寄稿者に押し付けるようなことは決してなかった。本書を読めば、執筆者たちの知的志向に重要な差異があることがわかるだろう。そうした差異は、一部には研究対象であるデモクラシーの多様性に起因するものであり、寄稿者たちが様々な政治勢力の考察を適切に行った後ですら、そうした勢力にどれほどの比重を置くかについて明らかな違いがあったことの部分的な表れである。

本書が複雑な歴史的現実に関する中間レベルの一般化[3]（middle-level generalization）を目指す初の社会科学的な試みであることは強調されてよい。言うまでもなくこうした研究は、個々の事例についての基本的な歴史的研究に取って代わるものではない。むしろ本書はこれらの歴史的研究を基礎としており、歴史家たちがより一般的な命題に関心を払い、彼ら自身の歴史研究の中でもそうした命題を追究していく一助となればよいと願っている。本研究の関心は中間レベルの一般化にあり、編者の見解では、マクロ政治過程には歴史性があるから、高度に抽象的な一般化を行うこと、すなわちコンピューター・シミュレーションを可能とするような、過去と未来のあらゆる事例に適用できるような没歴史的な社会科学モデルを構築することは不可能である。にもかかわらず、よりフォーマルなモデルの開発に関心を抱く研究者には、本書の研究をもとに、ここで論じた複雑な現実をモデルに取り込んでくれることを期待する。現段階では、共同研究者全員がデモクラシー崩壊の政治的ダイナミクスに関心を寄せた結果、リンスの序論的論文〔本訳書を指す〕が詳細に論じる多くの反復的諸要素が明らかになっている。それぞれの現職政治家がどう崩壊に関与したかという主題はほとんど全てのペーパーで扱われる。問題のこうした側面〔個々の事例において共通のパターンが見出されること〕はあまりにも見過ごされることが多いが、この点に関する本書の関心が妥当であることは、個別の寄稿論文によって裏付けられている。

個々の研究は、ドイツ、イタリア、スペイン、チリのような、歴史的に最も重要なデモクラシー崩壊の事例に新たな光を当てている。いくつかのややマイナーな事例でも、デモクラシーの存続の問題に関する従来無視されてきた側面が力強く描かれている。ダニエル・レヴァインのベネズエラ研究は、政治的学習の興味深い事例を検討している。一九四八年にベネズエラでデモクラシーが崩壊してから一〇年後の一九五八年に、民主的諸制度を作り上げようとする新たな試みが開始されたとき、かつて崩壊に関与した教会・軍・政党のような組織の多くが、同じ轍を踏むことを回避する戦略を意識的に練り上げることに成功した。一九五〇年代のコロンビアにおけるデモクラシーの再均衡化(reequilibration)に関するアレクサンダー・ワイルドの論考も、政治的学習が多極共存型デモクラシー(consociational democracy)の建設にいかに重要であるかを明らかにしている。[4] リスト・アラプロとエリック・アラルトの章は、ほとんど知られていないフィンランドの事例を論じているが、フィンランドでは、激しい紛争にもかかわらず、他の章で述べられているような崩壊過程が回避された。起きたことと起きなかったことをともに分析することで、崩壊過程に関する共同研究者の理解は深まった。

このプロジェクトの出版により、寄稿者の多くは、研究のアジェンダに大きく浮上してきた、密接に関連した問題に関心を転じようとしている。今後こうした方向に沿って高い優先順位で研究されるべきは、権威主義体制の崩壊、権威主義体制から民主体制への移行過程、そしてとりわけ権威主義体制後のデモクラシーの固定化の政治的ダイナミクスにつながるような諸条件である。

これほど大きな知的スケールとこの上ない物理的規模を持ったプロジェクトの出版を支援いただいたことに対し、編者はジョンズ・ホプキンズ大学出版部に深謝したい。同出版部の社会科学部門編集者ヘンリー・Y・K・トムの素晴らしい協力には特別の謝意を表する。膨大な原稿編集作業がなければ、このプロジェクトが読者のもとに届くことはなかったであろう。ジーン・サビッジとビクトリア・サダードには、初期の編集作業に協力いただいた。

イェール大学
フアン・J・リンス
アルフレッド・ステパン

目次

民主体制の崩壊

——危機・崩壊・再均衡——

ロシオへ

第一章　序論

政治体制の変動は、恐怖から希望までの様々な感情を刺激しながら、多くの人々の生命と活動に影響を及ぼすものである。ローマ進軍、ヒトラーによる権力掌握、スペイン内戦、一九四八年二月のプラハ〔の政変〕、アジェンデに対するクーデターといったドラマは、権力の移動を象徴しつつ、人生における重大な転換があった時日として人々の記憶の中に定着する。しかし、これらの出来事自体が実際には長い過程の、すなわち多少なりとも長期にわたって展開してきた緩慢な政治的変化の頂点に位置する。体制の変動に至る過程にはある共通のパターンがあるのだろうか。あるいはそれぞれが独自の歴史的状況なのだろうか。デモクラシーの崩壊過程の要素やダイナミクスを理解するのに最終的に役立つような記述モデルを構築することは、可能だろうか。仮にこのようなモデルを作り出せるとして、それが説明モデルであるならば、デモクラシーの安定に関する条件についてより多くを知ることができるだろうか。

確かに政治システムの安定と崩壊という問題は、長らく政治学の研究に携わる者の関心事であった。近年、社会科学者は、政治的安定、とりわけデモクラシーの安定の前提条件に関する研究に大きく注目している[1]。しかしながら、分析は静態的になりがちであった。というのも、現体制の危機・崩壊・再均衡のダイナミックな過程や新たな体制の固定化ではなく、特定の時点における安定的な体制の社会的・経済的・文化的要因が強調されてきたからである。こうした点が強調される主な原因は、無数の政体に関する体系的な量的データや、統計解析の新たな技術が利用可能となったことである[2]。またそれは、すでに確立したデモクラシーの持続可能性に関する戦後の楽観主義を反映していた。しかしながら歴史家は、ムッソリーニ、ヒトラー、フランコの権力への到達をもたらしたような、もしくはフランスのようにデモクラシーの存亡を賭けた戦いの転回点に至ったような劇的瞬間を導いた出来事や、社会的・経済的・政治的変化に関する詳細な記録をも提供してきた。歴史を作ることに貢献した人々が残した多くの個人的著作を通じて、出来事や状況に関するさらに深い洞察を得ることができる[3]。

このように考えると、体制変動において作用する過程の記述モデル、そして最終的には説明モデルを作り出そうとする本書の努力の中で、歴史家の説明と当事者の記録に基づく事象そのものに関する知識と、現代社会科学に基づく問題設定とを接合できれば有益であろう(4)。固有の歴史的状況のように見える多くの事象を分析すれば、共通のパターンが存在する可能性が浮上する。すなわち、それぞれの国における出来事が特定の順序に従って繰り返されているかもしれないということである。実のところ、当事者たちはこうした事象の連鎖に気付いていることが多く、あきらめ・悲劇・不可避・傲慢といったありふれた態度を通じてその認識を表していた(5)。

これらの分析において、社会科学者とりわけ社会学者(特にマルクス主義的志向を持つ者)は、社会の構造的特徴、すなわち、政治的アクターの選択を制約する条件として作用する社会経済的下部構造を強調する傾向があった。彼らの見方によれば、根本的な社会的紛争、とりわけ階級的紛争によって、リベラル・デモクラシーの諸制度の安定は不可能ではないにせよ望み薄となる。彼らはそのような紛争に焦点を当てる。大きな社会的・経済的不平等、経済力の集中、他国への経済的従属、そして既存の社会経済的秩序に抗う大衆の動員を容認する諸制度に否応なく向けられる特権階層の反民主的反動――これらにより崩壊は十分に説明されると彼らは主張する。そうした構造的要因が重要であることや、特定の事例では相当な影響を持つことを否定するつもりは毛頭ない。[6]しかし、社会学的分析や、文化・国民性・心理学的変数に基づく研究がなぜ崩壊が生じるのかを説明できるとしても、なおどのようにが問われなくてはならないであろう。

本書の見方では、開かれた民主的政治システムの維持に多少なりとも関心を持つ人々の行為も、また他の価値により重きを置くためにデモクラシーを擁護する気がないか、すすんでこれを打倒したいとすら思っている人々の行為も、無視することはできない。これらの行為が政治過程の真のダイナミクスを作り出す。[7]社会の構造的特徴——社会における現実の紛争や潜在的紛争——は、人と制度の両方を含む社会的・政治的アクターが様々な帰結に向かううえで一連の機会と制約をなすと考えられる。ここでは、そうしたアクターが体制の存続と安定の蓋然性を左右しうる選択肢をいくつか持っているという仮定から出発しよう。[8]そこから生じる行為や事象が、民主政治の生き残りの蓋然性を増加もしくは減少させる累積的・補強的効果を及ぼす傾向にあることは間違いない。確かに、結末を迎える直前の段階ではシステムを救う機会が最小となるであろう。従って本書のモデルは、決定論的ではなく蓋然論的(probabilistic)なものになるはずである。

これと関連して、危機的状況にあるデモクラシーが辛うじて再均衡化を遂げた事例を分析することは、特に興味深いものとなる。そうすれば、本書が提示する仮説のいくつかがかえって証明されるかもしれないからである。ヴァイマル共和国の崩壊に関するカール・ディートリヒ・ブラッハーの優れた叙述に見られる格別の長所とは、権力喪失(loss of power)、権力真空(power vacuum)、権力掌握(takeover of power)という局面を通じて、一定のパターンと時間的順序に従って起きる崩壊過程の性質を強調している点である。(9) ここでは、安定したデモクラシーに関する他の多くのアプローチにおいて軽視されがちな、より厳密な意味での政治的変数に焦点を当てよう。なぜなら、本書の見方では、実のところ政治過程こそが最終的な崩壊を促進すると見られるからである。(10) その際には、基本的な社会的・経済的・文化的な条件付け変数(conditioning variables)を無視しないようにしよう。異なる社会の政治制度が同様の緊張を経験しながらなぜ同じ運命をたどらないのかということを、政治史的な過程に注目せずに説明するのは難しいように思われる。本書が取り上げるような危機的状況のもとでは、たとえばシャルル・ド・ゴールのような特異な資質や性格を持った指導者個人の存在さえ決定的でありうるし、それはいかなるモデルによっても予測不能である。(11) そうであるとしても、同様の状況に直面した特定の種類の個人的アクターと制度的アクターが、体制の崩壊に貢献するような形で反応する可能性が高いことを示したいと考える。本書の課題は、デモクラシーの崩壊あるいは再均衡に向かう過程における行為を記述し、可能な限り説明することである。

ここでの問題設定が、民主体制の固定化・安定・持続・再均衡の過程で民主的指導者が遭遇しうる落とし穴だけでなく、彼らが一連の過程を確実にするための機会を指摘しようとするものでもあることはすすんで認めよう。本書の考察に意味があるとすれば、「独裁者の学校」(12)に出席しようと考えている人々にも役立つことだろうが、本書の知識が民主的指導者の努力の助けとなることを望んでいる。

競争的デモクラシーの崩壊

ここでの分析と本書所収論文は競争的デモクラシー(13)に焦点を当てるものであり、権威主義的政治体制や、全体主義的政治体制や、伝統的政治体制[1]にまで研究を広げるものではない(14)。

本研究の理論的取り組みが誤解を受けないようにするために、以下本書が崩壊を分析することになる政治体制の類型をやや正確に定義する必要がある。デモクラシーに関する本書の基準は次のようにまとめられる。
①自由な結社、自由な言論、その他個人の基本的自由に付随する諸権利を伴ったうえで政治的選択肢を考案し主張する法的な自由が存在すること。
②指導者間において自由で非暴力的な競争が行われ、それによって彼らの統治する資格が定期的に認証されること。
③あらゆる実質的な政治官職が民主的過程の中に包摂されていること。
④政治的共同体の全ての成員に、政治的選好のいかんにかかわらず、参加を提供していること。
これらは実質的に、《自由に政党を結成し、全ての実質的な政治官職の責任が選挙を通じて直接的・間接的に追及されるよう、自由で公正な選挙を一定の時間的間隔で実施すること》を意味する。今日「デモクラシー」とは最低でも男性普通選挙を意味するが、過去については、ある種の社会集団に参政権を限定する、財産・納税・職業・識字能力といった古い時代の資格要件を残した体制をも含むことになるかもしれない。

合法的な権力追求を約束しようとしない政党を政治的競争から排除することは、実態としては(公務員の政治的選別に見られるように、一時的で部分的な根拠に基づく小政党や個人の）実行可能な強制的排除に限られるにせよ、ここでのデモクラシーの定義における自由な競争の保障と矛盾しない。(15) 民主体制を特徴付けるのは、意見表明の無条件の機会というよりも、あらゆる意見を表明する法的に平等な機会と、そうした権利に対する恣意的で、とりわけ暴力的な干渉からの国家による保護である。かつて多数派の偽りない支持を享受していたかもしれない体制でも、その権力の妥当性を再確認することを後に社会に認めようとしなくなった場合には、ここでのデモクラシーの定義には含まれないだろう。政権交代が体制の民主的性格を裏付けるように見えるとしても、必要なのは与党の交代そのものではなく、そのような交代の可能性である。(16)

本書の分析に含まれる諸国の社会的・政治的現実は、時にはそれらの国々を〔デモクラシーに関する〕上記の最小限の定義から乖離させてしまうかもしれない。このことは特に、ラテンアメリカ諸国や、二〇世紀の最初の数十年間のローマ以南の農村部イタリアに当てはまる。これらの地域では、投票集計さえ疑わしくなるほどに、行政的・社会的・経済的圧力が政治的・市民的自由に制限を加えていた。だが、デモクラシーの理想からの逸脱は必ずしもデモクラシーを否定することにはならないし、考察対象である体制は全て上記の最小限の基準を満たしている。ペルーとコロンビアを含めたことだけは問題となるかもしれない。ほかにも分析対象とすべきであったのは、とりわけ戦間期の日本、チェコスロヴァキア、ラトヴィア、リトアニア、ことによるとバルカン諸国の一部、そして第二次世界大戦後のギリシアのような国々であるが、それらはわずかである。このことは、本書の最小限の定義を適用した場合でさえ、デモクラシーの名に値するものが非常に少ないことを示している。

民主的価値の普及や、社会関係や、労働の分野における機会の平等や、教育に対する言及は、デモクラシーの定義から慎重に省かれている。というのは、ここでの関心は、《政治的デモクラシーの崩壊》であって、《民主的社会の危機》ではないからである。社会の非政治的側面に対する政治的デモクラシーの影響――逆に言えば、非民主的文化が民主体制の存続や失敗に与える影響――は、明らかに研究の価値がある。しかしながら、ここでの定義に社会の民主化や平等のレベルのような要素を加えれば、多くの重要な問いを立てられなくなるばかりでなく、分析の事例数を減らすことになるだろう。

この定義を前提とすれば、ポスト民主体制から全体主義体制への変容も、(共産主義体制の脱スターリン化に見られた)ポスト全体主義体制へとつながる内的変化も、権威主義体制の崩壊(一九七四年のポルトガル)も、伝統的君主制支配からのデモクラシーへの移行も、本研究の射程外である。あらゆる体制の崩壊に共通する過程と、デモクラシーの倒壊に特有の過程があることは確かだが、民主体制と非民主体制の両方における体制変動の比較研究なしには、変数を抽出して一方〔共通の過程〕もしくは他方〔独自の過程〕として特定するのは難しいであろう。このことはある一般的なパターンを見過ごすことにはならない。ポスト全体主義的権威主義体制[2](post-totalitarian authoritarian regime)と呼びうるほど十分な変容を遂げた政治体制であっても、言葉の本来の意味において全体主義的と呼ばれるような体制が国内的原因で崩壊することはなかった(17)。ナチズム体制や、言わば「抑制された全体主義[3]」(arrested totalitarianism)であるイタリアのファシスト政権さえも、対外的敗北によってのみ打倒された。クーデターや革命の後の多くの権威主義体制の崩壊は、デモクラシーではなく別の権威主義体制(キューバは全体主義体制かもしれない)の成立を導いてきた。権威主義体制自身がデモクラシーに変容し、あるいはデモクラシーに道を譲るべく打倒されるといったまれな事例を研究すれば、共通の変数に関する理解をより深められるかもしれない。デモクラシーが権威主義体制に取って代わられ、続いてデモクラシーの再建に至った事例は、少数ではあるがいくつかある。こうした事例を扱った本書の寄稿者は、この機会を利用して、後世の民主的統治者が先人の犯した過ちを避けるうえで、あるデモクラシーの致命的危機がどう役立つのかを探究したのである。[18]

本研究では制度化の時間がほとんどなかった多くの脱植民地化後のデモクラシーを除外しているが、その統治形態はおおむね母国から移植されたものであり、その政治制度の固定化は、通常、国家形成の過程と同時であった。本書の分析が、ナイジェリアやパキスタンのようなアフリカやアジアの独立後の民主的諸制度の崩壊にも適用可能であるかどうかは疑わしい。(第一次世界大戦後に独立を勝ち取ったのはフィンランドのみであり、オーストリアは戦勝国の「一方的命令《ディクタート》」[4]によってオーストリア・ハンガリー帝国から分離した。)

スペインは、一部のスペイン人にとっては多民族的《マルチナショナル》性格を有するが、多くの人々にはネイション・ステイトと見なされている。そのスペインをも含めて、本書のモデルが適用されるデモクラシーはおしなべてネイション・ステイトである。相当数の市民がドイツとの一体感を抱いていたオーストリアでだけはネイション・ステイトの実在が怪しかった。戦間期のチェコスロヴァキアやユーゴスラヴィアのような多民族国家を分析対象に加えていれば、デモクラシーの危機における文化的・言語的紛争の重要性が際立ったであろう。もっとも、チェコスロヴァキアの場合、ミュンヘン会談とスロヴァキア割譲はもとより、その後に続くデモクラシーと主権的独立の喪失に至るまで、体制崩壊に至る外圧と内政の緊張とを区別することが困難ではある(19)。

本書の分析の基となっている体制は、競争的デモクラシーと考えるのが適切なのか、デモクラシーの特殊形態に分類すべきなのか。一部のラテンアメリカ諸国に関する章〔分冊第三巻以降〕では、民主的諸制度の特徴、とりわけその運用面における特徴が手短に検証されることになる。ラテンアメリカ諸国は、そうした特徴によって西欧の古くから確立したデモクラシーをはじめ、ヨーロッパの不安定で「形成途上にあったデモクラシー」からも区別される。このことから、アレクサンダー・ワイルドは、競争的政治制度とそれがとりうる特殊な形態に共通する特徴に基づいて修正された、デモクラシーの定義としてはそれほど厳格でないものを採用すべきであると提案した。残念なことに、競争的デモクラシーについて有意味で一般に認められた類型もないし、デモクラシーの程度を測る一般的基準も存在しない。多数決ルールに基づくデモクラシーと、レイプハルトが「多極共存型」と呼ぶデモクラシーの区別だけは広く認められるようになった(20)。本書では、多極共存型に分類すべきデモクラシーは扱われない。確かに、そのように規定されるデモクラシーが崩壊を経験したことはない。そう考えれば、「多極共存型デモクラシー」という用語で記述される政治的メカニズム自体が、通常であれば民主的諸制度を危険にさらすような負荷に対処するうえで極めて有効なのかもしれない。確かに、多極共存型と考えられているデモクラシー――オランダ、ベルギー、スイス、第二次世界大戦後のオーストリア、最近の崩壊〔一九七五年四月の宗派対立による内戦の勃発〕までのレバノン――は、通常、デモクラシーの安定に有利な特徴をほかにも多く備えていた。

要するに、本書の分析を適用できるのは、体制危機のかなり前に独立しているか、ある程度の政治的自律性を達成していた、確立したネイション・ステイトにおける民主体制のみである。加えて、分析対象となる全てのデモクラシーは、複雑な多極共存のメカニズムではなく多数決ルールに基づいたものである。

死産した、あるいは包囲された新生デモクラシー

崩壊過程に関する本書のモデルが、破局の原因をもたらした危機の目前に成立したデモクラシーを基準にしているのではないか、さらに言えば、民主体制の崩壊ではなく固

定化の失敗を扱っているのではないか——この疑問は重要である。[21] そのような〔体制崩壊の〕モデルであれば、ハリー・エクスタインが提起した「パターン持続」(persistence of patterns) の要件〔政府が無変化の状態で存在し続けるのではなく、目標達成と正統性確保のために状況変化に適応しつつ存続すること〕を満たす体制、とりわけイギリス、スイス、スカンディナヴィア諸国、ベルギー、オランダ、ひいてはフランスのように一世代以上にわたり安定的に存続してきた体制には適用できないかもしれない。[22]

この問題は無視できないので、〔本書第二章第二節で〕民主的諸制度についての正統性の信念がデモクラシーの安定の可能性を高める要因として重要であることを強調するが、その際に立ち返りたいと思う。同義反復的に言えば、明らかに安定は安定を育む。古参のデモクラシーもかつては新しかったのであり、あらゆる新生デモクラシーに降りかかるリスクに取り囲まれていた。歴史的発展が緩慢で、連綿と続く伝統的な制度とエリートとの関係がより強く、統治者に突き付けられる問題がより少なく管理しやすい場合でさえも、そうである。さらに、たとえば一部のヨーロッパ諸国のように、より古いデモクラシーの中には、規模が小さく比較的繁栄しているという利点を有しているものがあった。[23] 歴史家と社会学者は、そのような事例において、伝統的な政治体制が近代的デモクラシーに変容する独特の状況に注意を払ってきた。デモクラシーに至る緩慢で独特の発展が欠如している場合には、フランス革命前夜でさえそうであるように、デモクラシーの固定化の蓋然性はかなり低いと言えるかもしれない。

しかしながら、ポルトガル、ドイツ、オーストリア、スペインのような国々で打倒された特定の〔民主〕体制はその直前に成立したものだったとはいえ、それぞれの国では、立憲君主制あるいは準立憲君主制のもとで、半世紀を超えないにしても、長期にわたりリベラル・デモクラシーに至る過程が浮上しつつあった。イタリアでは立憲君主制がリソルジメント(Risorgimento)期のネイション形成と同時に建設され、民主化の過程を経験したが、その過程は、より安定した他の多くのデモクラシーと肩を並べて、二〇世紀の初頭、とりわけ第一次世界大戦後に加速したのである。ラテンアメリカ諸国は、オリガルキーア〔一九世紀において、外国資本と結託して一次産品の生産と輸出から莫大な富を得る寡頭支配層によって牛耳られた政治〕や、制限的デモクラシーや、権威主義体制期に代表されるような〔リベラル・デモクラシーの〕理念からの逸脱にもかかわらず、イデオロギー的にはリベラル・デモクラシーに深く傾倒してきたのであり、他のいかなる正統性の様式も広く受容されなかったのである。多くの国にリベラル・デモクラシー以外の政治の様式を擁護する注目すべき知識人少数派が存在したことは事実だが、大多数は合法的・合理的・民主的な正統性の様式を好んだ。一九一八年のデモクラシーの成功以前に、有力な社会的部門が保守的で反民主的なイデオロギーを幅広く組織的に受容していたのは、ドイツだけであった。

要するに、ここで分析される諸国ではデモクラシーそれ自体は目新しいものでなく、多くの場合、危機が始まる前には幅広い敵意に立ち向かう必要もなかった。もっとも、崩壊のわずか数年前に確立したばかりのある特定の政治体制と体制建設勢力が、そのような攻撃にさらされることはあったが。しばしばこの攻撃の矛先は、当初デモクラシーそれ自体ではなく、体制を建設し支持する勢力がデモクラシーに託そうとした具体的内容であったと言えるだろう。むしろ、デモクラシーとは異なる政治的・社会的秩序を支持する勢力に、民主的過程におけるより有効な役割とある程度の保障を与えれば、そうした勢力の離反を防げたかもしれない。言うまでもなく、デモクラシーの形式と実質的内容の区別が可能であるという保証はない。その結果として、当初は特定の統治勢力を標的にしているように見えた攻撃が、実力や策術を用いた体制の打倒へと急激に発展し、ほぼ一世代にもわたって民主的諸制度の再建を不可能にするほどの結果をもたらすのである。

ある人々によれば、挫折した、あるいは崩壊したデモクラシーが成立したのは、その成功の可能性を極端に狭めるような条件のもとであった。そのように主張する人々は、やや異なる角度から関連する問いを発する。端的に言えば、《それらは死産したのではないか》ということである。確かに歴史家たちは次のようにも主張できる。すなわち、新体制はその誕生に際して、基底的な社会構造や、潜在的な社会紛争や、前体制からの制度的・イデオロギー的遺産などに取り囲まれていたのであり、新生デモクラシーの統治者が早期に社会を変革できなければ、何らかの深刻な危機を引き金として破壊的結果とならざるをえないような状況であったと。この見方はヴァイマル共和国との関連でしばしば主張されてきたが、ラテンアメリカの多くの事例ではより説得力ある裏付けが得られる。(24) 具体的に言えば、従属(dependencia)論者は、[5] 社会問題の解決を安定した体制の前提条件と考える傾向にある。幅広い歴史的観点からバリントン・ムーアはこの説を発展させ、西欧の偉大な政治革命と結び付いた根本的な社会経済的変革、とりわけ農村部の権力関係と経済システムにおける変革を経験していない社会では、デモクラシーの存続の見込みがないと主張した。(25)

これらのアプローチから得られた示唆を無視するわけではないが、大部分の崩壊過程はこれらの〔社会経済的〕変数からは説明できないと思われる。確かに、当初は同様の困難を抱えていたにもかかわらず、デモクラシーがかなり長い間安定を享受してきた国がある。[26] 従って、一部には遺伝的欠陥を持ち、固定化が中断された場合もあるだろうと仮定しても、それらのデモクラシーが死産したとは言えないだろう。以下に見るように、ある体制が危機を処理する能力は先行条件によって制限されるが、崩壊そのものは、その体制の創始以来の政治過程に注意を払わずには説明できない。先行する権威主義体制または準民主的立憲的体制のもとでデモクラシーに好都合であった要素も、デモクラシー以前の体制の信用失墜や失敗も、さらにはまた新体制によって作り出された熱狂や希望も過小評価されるべきではない。全ての市民の完全な支持(support)と服従(compliance)を当てにできるような体制は存在しない。〔支持の水準と服従の水準に着目した〕体制の権威に関するリチャード・ローズの類型によれば、完全に正統性がある(fully legitimate)とか、完全に抑圧型(coercive)であるなどの体制はほとんど存在せず、多くの体制は中間的カテゴリーで機能している。[27] そうすると問題は、ある体制がどのような原因でその機能的限界を超え、分断型(divided)体制あるいは準抑圧型(semicoercive)体制に変化し、最終的に大部分または決定的な部分の人々から拒絶されるに至るのか、ということである。

このことは、《高水準の支持と服従を長期にわたって享受するデモクラシーだけが実質的に崩壊と拒絶を回避できる》とも言い換えられる。しかし、この仮説は極端に悲観的であるうえに、ほぼ同義反復的かもしれない。本書の仮説はこうである。すなわち、研究対象である《〔崩壊に向かった〕民主体制は、ある時点では生き延びて完全に固定化する可能性を大いに有していたが、主要な個人的アクターや制度的アクターのある種の性質と行為がこれを阻害した》ということである。ここでの分析は、そうした行為が多くの社会において変種を伴いつつ同じパターンを繰り返すと仮定している。崩壊過程における同一の、または同様のパターンの繰り返しが、決定論的解釈につながるかもしれない。しかしながら、本書では分析の蓋然論的性格を強調したいし、体制を救う機会は、徐々に縮小しつつも、最終地点に至るまで常に存続すると言いたい。ドイツの偉大な歴史家マイネッケがヒトラーの宰相任命の報に接した際の言葉が思い出される。「それは不可避ではなかった」(28)。それぞれの分岐点でそれぞれの体制が生存に賭ける勝算はどれほどあったのか、特定したくなるかもしれない。しかし、非常に骨の折れる比較研究を行ったところで、各事例がどういう蓋然性で起きたのかについて研究者の見解が一致することはほとんどないだろう。

要因としての社会経済的変化

本書の分析において検討されるべきもう一つの仮説とは、《社会の相当部分が、競争的デモクラシーに共通する特有の政治過程そのものを重視する》ということである。これと逆なのは、《民主的諸制度は支持者に満足される政策を生み出す限りにおいて尊重される》との仮説、別の言い方をすれば、《あらゆる政治システムへの忠誠は、そのシステムがある種の社会的秩序、すなわち通常は社会経済的秩序の維持や、それらの変革の機会を保障する限りにおいてのみ存続する》ということである。そのような見方によれば、デモクラシーはある目的に対する一つの手段に過ぎない。人々が民主的諸制度を通じて自らの目標を達成できないと悟れば、民主的システムは放棄されるだろう。一般に、このような立場をとる人々は一定の社会経済的秩序を念頭に置いているが、文化的秩序、宗教的秩序、あるいは国際的秩序についても同様の筋道が考えられるかもしれない。

明らかにこれら二つ(《デモクラシーにはそれ自体としての価値がある》という立場と、《デモクラシーは特定の目的に奉仕する道具に過ぎない》という立場〕は、いかなる歴史的現実にも対応しない二つの立場を極端化したものである。ヴェーバー的な意味における合法的・合理的・民主的権威は、理論的には民主的政治過程から与えられた内容とは無関係に恭順を要求する。(29) これに対し、「自然法」の伝統も、より社会学的なシュンペーター(Joseph Schumpeter)流の分析も、正統性に関するそのような抽象的な主張のみに基づくデモクラシーはありえないという事実を強調する。(30) しかし、本書ではまた、《いかなる種類の体制も、特定の社会経済的・文化的・宗教的秩序の表れか、それらを擁護するものに過ぎない》という仮説を断固として拒否する。それどころか、デモクラシーとは、社会的秩序の構成要素に対してリーダーシップが相当な自律的影響を及ぼすことを許容するような、そして、そのもとでは、政治空間を直ちに変容させることなくそうした〔社会的・経済的〕秩序に変化を生じさせうるような政治的制度化である。確かに、所与の社会的秩序から政治体制を分離すること、あるいは政治的に押し付けられた特定の変化の過程から政治体制を分離することは、今ここで(hinc et nunc)、短期的に分析のうえで可能であるに過ぎない。より長期的に見れば、デモクラシーは多くの変化する目的に奉仕できるし、多様な社会的・経済的秩序の創出を擁護し、それに寄与することもできる。従って、原則として民主的システムは、時間の経過とともに大きく変化する目的を追求する人々の連携を可能にするはずである。特定の社会秩序観に対する支持と区別されるデモクラシーへの支持が不可能または無意味となるのは、短期的でありゼロサム的な社会紛争観、すなわち二者択一の社会紛争観(いずれの立場も過激主義者に特徴的であるが)による場合だけである。

過激主義の政治は構造的緊張の結果であり、ある社会のもとでは、すなわちある歴史的状況のもとでは多くの人々を巻き込む。しかしながらそのような〔過激主義者の〕能力は、一般に民主的リーダーシップの失敗の表れであり、民主的システム自体が発生源なのではない。本書の見方によれば、様々な社会集団に対する政策や結果と関係なく、デモクラシーが無条件に支持されるとは考えにくいが、特定の社会的秩序、とりわけ社会経済的秩序との結び付きという理由だけで、デモクラシーが支持や挑戦を受けることもない(31)。大多数の人々が民主的政治制度に与える正統性の度合いと、その政治制度が保護しているか構築しつつある社会経済システムに彼らが与える正統性の度合いに応じて、分析のうえでは四つの異なる状況を区別することができる。確かに、圧倒的多数派が政治的諸制度と社会経済システムの両方に正統性を与え、社会的秩序が不公正だとは感じられず、既成秩序の中で特権的地位にある人々も合理的変化を脅威と見なさなければ、理想的な状況となる。体制と社会の両方に正統性がないと考えられるとき、大規模な強制力が用いられなければどちらの安定もほとんど望めない。体制変動を経験した社会の多くは、結果として〔政治体制と社会経済システムの〕一方か他方の正統性が失われた、類型の中の二つの中間的な状況に陥った。そのような場合には、政治システムと社会システムとの間の複雑な相互関係とフィードバックが存在する。

社会的秩序に対するどの程度の敵意が、あるいはどの程度の断固たる擁護が政治体制の危機を促進するのか。そして政治的秩序の正統性のどの程度の弱体化や喪失が経済的・社会的問題を悪化させるのか。これらを正確に指摘するのは困難であるし、個別の事例について判断すべきだろう。しかしながら、〔政治体制の危機と経済的・社会的危機の昂進という〕二つの過程は現実にはともに起こりうる。にもかかわらず、本研究の理論的目的のためには、両者が分析のうえで区別できることを強調しなければならない。(32) このように考えれば、崩壊の歴史過程に関する本書の政治的分析は、〔二つの過程にとって〕それぞれ異なる意義を持つにせよ、いずれにおいても無意味ではないはずである。既存の社会的秩序が正統性を失い、あるいは変化しつつあることによって、社会階層の重要な部分に課された制約が、民主的政治制度を制度化し擁護するための自由の度合いを左右する。政治的アクターの選択を完全に消滅させることはないにせよ、ともすればその範囲が制限されるだろう。つまりそうした状況のもとでは、正統な政治的諸制度の固定化が、持続的で緩慢だが非暴力的な社会的変化を実現するうえで重要となる。急激で革命的な社会変革はほぼ確実にデモクラシーと相容れないだろう。明示的にせよ黙示的にせよ、選択が「あれかこれか」につながるからである。急進派も保守派もこの点に同意するだろう。社会的秩序の不公正に非常に憤っている政治的アクターが、しばしばデモクラシーの安定をすすんで脅かそうとするのは偶然ではない。彼らにとって、デモクラシーは社会変革より価値が低いからである。このことが、多くの社会主義者とりわけマルクス主義者の、政治的デモクラシーに対する両義的態度の原因である(33)。それらの指導者の結果的にどっちつかずの優柔不断な政策は、イタリア、オーストリア、スペイン、チリ、より程度は低いがドイツなど、多くの国におけるデモクラシー崩壊の主要因であった。既存の社会的秩序を、より具体的に言えば文化的・宗教的秩序を徹底的に批判する者は、差し当たっては社会変革の決め手として役立たないようなデモクラシーに忠誠を捧げる意味はない、と主張するだろう。その批判者が理解していないと思われるのは、デモクラシーに代わるものとして、〔革命勢力によって〕革命的変化が権威主義的に強要されるのではなく、自由と妥協のもとでの緩やかな変化の過程が反革命的な権威主義的統治によって逆転させられる、という点である。

崩壊の蓋然性を左右する民主的統治者の行為に主に焦点を当てた分析は、次のような前提と無関係ではない。すなわち、《少なくとも短期的には、民主的統治者が民主的諸制度の存続をそのほかの目的とせめて同程度には重視する》という前提である。全ての人がこの前提に同意するとは限らないだろう(し、同意する必要もない)。しかし、そうした同意があろうとなかろうと、本書ではこの観点から崩壊の問題を研究することに学問的意義があると考える。(34)

第二章　崩壊の諸要素

革命と体制の崩壊

デモクラシーの崩壊後に権力の座に就いた人々は、しばしば自らの「革命」について語るが、そのことにより、革命という言葉とその言葉が象徴するものに付随する正統性のオーラを自分自身がまとっていると主張しているのである。しかしながら、これらのいわゆる革命の多くは暴力的な権力掌握ではなく、軍事クーデターまたは準合法的・疑似合法的な権力の移譲であった。つまり権力奪取（Machtergreifung）ではなく権力継承（Machtübernahme）であった。(1) だが、例外はある。スペインにおける一九三六～三九年の内戦は、帝政ロシア専制体制（czarist regime）や中国の伝統的統治、あるいはヴェトナムその他の第三世界諸国における植民地支配の崩壊に酷似している。「革命」が社会構造の根本的な諸変革という別の意味で使われるのであれば、〔デモクラシーの崩壊について〕その言葉を用いることはできない。というのも、〔デモクラシーの〕崩壊は、しばしば決定的な諸変革に終わったものの、社会構造の根本的な変革を阻止しようとしていた点では大抵、反革命的だったからである。左派イデオロギーが主導する諸変革と結び付いたさらに狭い意味での「革命」も適用不能である。確かにイタリア、スペイン、チリ、やや程度は劣るもののドイツでは、左派による革命の試みにより、あるいはより多くの場合には単に革命を示唆するだけで、デモクラシーの危機と崩壊が促進された。しかし、比較的安定したデモクラシーのうちで、左派の猛攻撃によって崩壊したものはなかった。伝統的統治や権威主義的統治や植民地統治に対する二〇世紀の大革命は、対外的な戦争と敗北に伴う、いわゆるエスタブリッシュメントの解体と正統性喪失に負うところが大きい(2)。おそらく、一九三三年のドイツにおけるデモクラシーの崩壊とこれに続くナチ支配下での全体主義的な社会変容の後に生じた根源的な諸変革のみが、革命の名に値する(3)。スペイン第二共和制に対する軍事蜂起の後に始まった左派によるスペイン革命は、最終的には反革命勢力により敗北させられた。このように、民主体制の崩壊と革命との部分的重なりにもかかわらず、許容範囲を超えて革命概念を拡張しないように、これら二つの現象は分けて考察しなければならず、またそうしうるものである。

後に見るように、政治的暴力は民主体制の崩壊の重要な指標であり、崩壊をもたらす原因でもあるが、原因と結果との境界線は曖昧である。この研究で扱う多くの事例では、社会における暴力に関する認識の歪みと暴力容認の敷居の低さが崩壊に寄与している場合でさえ、政治的に大きな影響を及ぼす暴力の量は比較的少なかった。政治的・社会的暴力の研究がここでの問題の中心に位置することは確かだが、暴力の量と性質を説明するために提起された理論は体制の崩壊を説明するうえでは不十分であり、崩壊に寄与する要因の一つを説明するものとして扱われるであろう。(4) 危機的状態にあるデモクラシーにおける集合的・個人的暴力の発生、パターン、原因に関する研究が必要であるが、暴力に対する同時代的認識に関する研究や、暴力に対する様々なエリートの反応に関する研究もますます重要となる。フランスの歴史家たちが開発した集合史の技法が、[1] これらのエリート、とりわけこうした分析で無視されることが多い右派活動家の研究に適用されるべきである。(5)

かつて民主体制は、一定の安定性を得ていたときでさえ挑戦者の脅威にさらされる可能性があり、挑戦者は人口のかなりの部分を占める諸部門に、政府から自分たちへと忠誠対象を変更するよう働きかけたものであった。そして彼らは体制の権威を侵食するために、その体制の秩序維持能力の欠如を暴露し、不当で恣意的で見境ない権力行使に訴えざるをえない状況に体制を追い込んだ。このことが多くの場合、体制支持の撤回を助長したのである。しかしながら、現代社会においては、こうした脅威に直面した政府が正統的権威の積極的承認を引き出そうと決意すれば、一般には、多くの市民・閣僚・官僚・警察・軍が規律に従うことを当てにすることができる。従って、非忠誠的反対派(disloyal opposition)は、政府やその構成員との直接対決をますます回避する傾向を示し、むしろ自らの非合法活動を、形のうえでは合法的な権力移譲の過程に結び付けようと目論むようになってしまう。その過程では、軍全体またはその一部門が、協力的ではないにせよ中立的であることが決定的となる。一九世紀と比較すると二〇世紀には一般民衆から始まった革命がほとんど見られず、現代国家においてそうした革命は大抵敗北してきた。共産党とナチ党(国民社会主義ドイツ労働者党[NSDAP: Nationalsozialistische Deutsche Arbeiterpartei])が学んだのはこの教訓であった。ムッソリーニによる非合法的な活動と合法的な権力掌握の組み合わせが、デモクラシー打倒の新たなモデルとなった。(6)

現代の安定した国家においては、軍の直接介入だけが体制を転覆できるようである。おそらくこのことから、左派政党による革命的大衆動員とその部分的成功にもかかわらず、崩壊研究の対象となりうるデモクラシーのうち、なぜ左派政党による革命や権力掌握によって転覆させられたものが皆無だったのかが説明されるだろう。一九四八年のチェコスロヴァキア政変は共産党(KSČ: Komunistická strana Československa)がデモクラシーを乗っ取った唯一の事例であったが、この場合には、本書で研究しようとしている崩壊と部分的に似ている国内過程と、ソ連軍の駐留やソ連の影響力とを区別することが難しい。(7) 民主体制の崩壊の帰結は、一般的には右派——たとえこの言葉が権力の座に就いた彼らの政策を正確には描写していないとしても——とされる政治勢力の勝利であると思われる。このことは、多くの場合に左派が重要な役割を演じて民主的政府を弱体化させ、その崩壊を引き起こしたということを否定するものではない。

正統性・問題解決能力・政策遂行能力とデモクラシーの崩壊

本書の分析の出発点は、自由選挙という民主的手順を通じて政権を獲得し、このことを根拠に領域内の市民の服従を要求し、しかもそのような服従を得られる蓋然性の高い政府が存在することである。服従を生み出す動機は多岐にわたり、その範囲は、制裁を科されるかもしれないことへの恐れに始まって、《政府にはそうした服従を要求する権限がある》という信念に基づく積極的支持にまで及ぶ。(8) もちろん多くの人々は、習俗と合理的な利益計算から服従する。しかしながら、民主体制は、原理的には市民への服従要求以上のものに基づく。様々な政治体制の中でもとりわけ民主体制への支持は、全国民を拘束する決定を実施することを積極的に承認するよう促すことに依存している。平時には習俗と合理的利益計算によって服従が確保されるかもしれない。しかし、政府の権威が一部の社会集団から挑戦を受けていたり、あるいはその決定が多くの市民に否定的影響を及ぼすなどの危機的状況において、これでは不十分である。権力的地位にある者が実力行使を迫られて、政治的秩序を防衛するために他者に生命の危険を冒させたり、仲間の市民の命を奪うことを求めたりすれば、服従の確保はますます困難になる。ヴェーバーはこのことを次のように整理している。「習俗や個人的利害や、あるいは純粋に情緒的または理念的な連帯の動機は、所与の支配にとって十分に信頼できる基礎をなすものではない。加えて通常はもう一つ別の要素、すなわち正統性の信念(Legitimitätsgraube)がある」(9)。ある民主的政治指導者の言葉を借りると、「……法を守る最も効果的な手段は、州警察官でも連邦法執行官でも州兵でもない。それは君なのだ。それは、君が同意する法とともに同意しない法をも受け入れる君の勇気にある」(10)。この正統性の信念が、決定を実行に移す政府の能力を確かなものにする。全ての市民からこの意味での正統性を付与されている政府など存在しないことは明らかだが、相当数の市民が、そして軍指導部についてはいっそうの多数派がこの信念を共有していなければ、いかなる政府も存続できない。民主的政府は、少なくとも多数派が、程度の差こそあれこの信念を抱いていることを必要とする。通常、民主的政府は、反対派をなす人々からさえもこの正統性を享受するはずである。これが「忠誠的」反対派(“loyal” opposition)という表現が意味するものである。少なくとも正統性とは、《現行の政治的諸制度は、欠陥や失敗にもかかわらず、成立可能な他のあらゆる制度よりはマシであり、それゆえに服従を要求できる》という信念である。究極的にそれが意味するのは、立憲的に権力を保持する統治者が服従を要求するとき、その要求に対して異なる政治構想を掲げながら異議を唱える集団が存在しても、市民は統治者の要求に自発的に服従するほうを選択する、ということである。より具体的に言えば、民主体制の正統性の基礎は、《合法的に権力の座に就いた人々がある種の指示を発し、服従を期待し、必要ならば実力を用いてでもそれらを実施させる権限を持つ》とする信念にある。「デモクラシーにおいて、法律への不同意は市民の自由であるが、法律への不服従の自由はない。というのは、人の支配でなく法の支配のもとでは、どんなに優れ、あるいは強力な人物であろうと、またどんなに粗暴で荒々しい暴徒であろうと、法律を無視する資格がないからである」(11)。この信念は、法規範の内容に関する同意も、特定の政府への支持も要求しない。しかし、体制の手続きに従って変更されるまでは、法規範が拘束的性格を持つことや、政府が命令権を有することを承認するよう要求する。デモクラシーにおいてこの種の変更は、多数派市民の穏健な支持を求める自由な競争や、影響力の行使に関する正統な形式や、統治者の決定を制御する憲法メカニズムの利用などの立憲的手続きに則ってなされるのであり、実力行使によらない統治権の獲得を意味する。そうした信念は、《統治者は、正統な手段によって挑まれ権力の放棄を要求されたら、正統性がない手段を用いて権力の座に留まろうとしないはずだ》という期待に基づく。だからこそ民主的正統性に必要なのは、有権者市民の多数派と権力者がともにこのルールを遵守することに加えて、ゲームのルールを積極的に支持する政府の姿勢に市民が信頼を寄せることである。どんな社会にも、あらゆる政府の正統性を認めない人々や、異なる正統性の様式を信奉する人々がいる(12)。市民がどの程度またどのような強さでその正統性を信じているかについて、体制ごとに大きな違いがある。しかし、デモクラシーの場合には、住民あるいは有権者の多数がその正統性を信じているというだけでは、〔体制の〕安定が十分に確保されない。そうした正統性の信念は、軍に対する直接の支配権を握る人々の側において特に重要である。しかしながら、軍指導部は、社会の相当部分が彼ら同様にその信念を欠き、他の人々が忠誠獲得競争に少なくとも無関心であると感じ取らない限り、政府に攻撃の矛先を向ける可能性は低い(13)。

正統性は、社会の構成員一人一人によって日々承認され、あるいは撤回される。それは個々人の行為や態度と無関係には存在しない。従って政治体制は、単に存続するだけで何らかの正統性を享受しているのである。デモクラシーにおいては、政治システムの正統性に対する信念が持続していても、政府・指導者・政党・政策に対する支持が急激に増減する可能性がある。体制への支持と政権与党への支持との間には明らかに相互作用があるので、他に指標がなければ、選挙結果や世論の反応を体制の正統性の間接的証拠として用いることにもなる。ある政府に対する広範な支持、とりわけ投票でその政府を支えた人々以外の支持によって正統性が強化されうるのと同じように、民主体制における全ての政治的アクターに対する支持が失われることは、結果として正統性の衰退につながりうる(14)。

人々がなぜ民主的諸制度の正統性を信じるのか。この疑問に対する回答は、なぜ人々が特定の宗教的教義を信じるのかを説明するのとほぼ同じくらいに難しい。というのも、宗教的信条の場合と同じように、理解の度合い、懐疑と信念の度合いが、時と所によって大きく異なるからである(15)。政治的社会化〔個人が政治に関する知識や価値観を習得し、ひいては自らの政治的役割を自覚してその役割を遂行する意欲を獲得していく過程〕が決定的な役割を果たすということが、長い歴史を持つ民主体制に有利なのは明らかである。その教育制度・マスメディア・ハイカルチャーによってデモクラシーの理念が行き渡り、理解可能なものとなってきたからである。他の社会的信念の場合と同じく、正統性の諸様式を定式化し、練り上げ、伝達するうえで主要な役割を演ずるのは知識人である。また、どういった型の政治体制が最も望ましいのか、あるいは最も疑わしいのかということに関する、国境を越えて共有された感覚、すなわちドイツ人が時代精神(Zeitgeist)と呼ぶものもある。この感覚は、ある特定の政治体制を採用して成功している、別のより強力な国家やネイションが、〔デモクラシーを〕肯定的に評価するか否定的に評価するかによって強まったり弱まったりする。戦間期において、時代精神はファシスト・イタリアと後のナチズムの成功に大きく影響され、このことによって多くの国では民主的正統性への傾倒が弱まった。ヴェーバーが指摘したように、どんな社会にも純粋な形の正統性類型が見出されることはない。多くの人々は、様々な信念の複雑な組み合わせをもとに、ある体制に忠誠を与える。従って、民主的正統性はしばしば伝統という形態に変化することで強化されることもあるし、その体制に奉じる政治的指導者の個人的カリスマが制度を補強することもある(16)。

そうであるとすれば、正統性に関する本書の最小限の定義は相対的なものである。つまり、正統性を有する政府とは、統治形態の中で最も害悪の程度が低いと考えられるものである。究極的に民主的正統性の基礎となるのは、《特定の歴史的岐路において、特定の国家が最も首尾よく集合的目標を追求することを保証する体制類型は、民主体制である》との信念である。(17)

ここで、政治体制を特徴付ける他の二つの次元、すなわち問題解決能力(efficacy)と政策遂行能力(effectiveness)が重要となる。(18) 時がたてば、これらはともに正統性の信念に力を与え、それを強化し、維持し、あるいは弱体化させるかもしれない。しかしながら、これらの変数の間の関係が完全に推移的で線形的である〔2〕(fully transitive and lineal)とは言い難い。というのは、ある体制の問題解決能力と政策遂行能力に関する認識は、体制初期における正統性の承認によって歪められる傾向があるからである。正統性は少なくとも当面は正の定数であり、体制の問題解決能力と政策遂行能力を通じて達成されるはずのあらゆる正の値を増幅する機能を果たす。正統性は満足な問題解決能力を欠く状態でも政策遂行能力を担保し、最終的なアウトカムとしての体制の維持と相対的安定に貢献する。正統性の値(人口中の様々な部門の間、あるいは中心的部門の中でのプラス評価とマイナス評価の差)が万が一ゼロ近くになるかマイナスになれば、問題解決能力と政策遂行能力の両面における機能不全が複合的に悪化するかもしれない。以上の関係は次

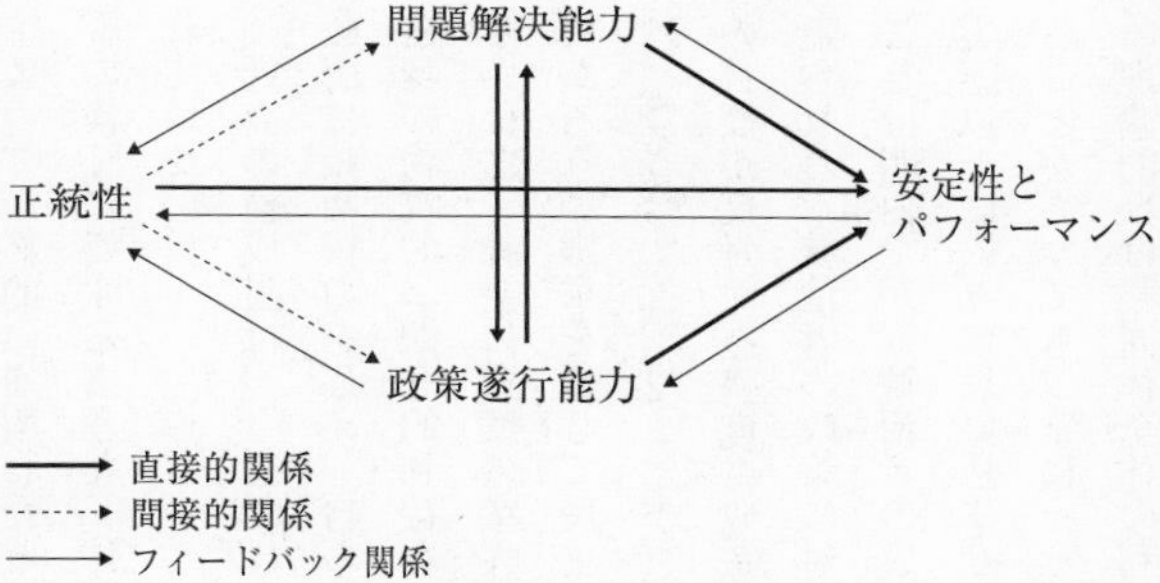

の図のように表すことができよう。

それぞれの関係についての値が正方向に変化すれば、徐々に体制の安定性とパフォーマンスは増大するであろう。分からないのは、それらの直接的関係・間接的関係・フィードバック関係が、それぞれどの程度貢献するかである。図形的に表現すれば、接続矢印の太さが分からないということである。外部の観察者の目には同じように問題処理に成功したり失敗したりしているように見えても、当初の正統性レベルが異なっていた体制どうしが等しい影響を被るとは考えられない。このため、ある体制の創設とその初期段階における固定化をめぐる環境は、体制が重大な危機に直面すれば極めて重要となる。このように考えれば、ヴァイマル共和国は一九二〇年代半ばに顕著な成功を収めたにもかかわらず、その特殊な歴史的起源と初期段階の失敗によって最終的に崩壊したと言えるかもしれない。残念ながら本研究では、こうした仮説の検証に資するような、体制の正統性に関する体系的指標の開発もデータ収集も行われていない。

社会の構成員は、今日では大規模な集団を意味することになるが、ある体制において政府に政治権力を与え、自らの物質的・観念的利益を充足させようとする。統治集団が自身の物質的・観念的利益を追求する傾向は否定できないが、その利益を排他的に、あるいは広く社会に過度の犠牲を強いながら追求すれば、おそらく正統性を維持できないであろう。選挙を通じて民主政治に組み込まれたアカウンタビリティによって、指導者は、《多数派が納得する集合的目標が特定の少数派に重い負荷を与える場合でさえ、その目標が反対派を過度に収奪することなく追求されている》ことを明らかにする必要に迫られる。統治者の政策に対する社会全般の反応が客観的な専門的観察者と同じでないことは明白だが、統治者の成功の秘訣は、目標が社会のために追求されていることを、実態以上に人々に思い込ませることにあるのかもしれない。しかし、人々は時に欺かれることがあっても、常にそうとは限らないことが証明されている。

理論的には共同体全体の利益が、あるいは少なくとも多数派の利益が体制のパフォーマンスを測る尺度となる一方、マンサー・オルソンが示したように、社会的部門ごとに組織化と意識のレベルはかなり違う[19]。このため、より高度に組織された部門の利益と認識が特に重要となる。さらに政府は、必ずしも企業と同じようには、短期的パフォーマンスによって判断されない。とりわけ、制度と指導者が信頼すなわち正統性を獲得している場合はそうである。パレート流の効用分析が強調してきたのは、集団全体の効用が個々の成員の効用と一致しないこと、直接的効用と間接的効用を考慮すべきであること、長期的効用と短期的効用が一致しないことなどである。このように考えれば、外部の客観的観察者にとってすら、民主的政府がどれほど問題解決能力を持ち(efficacious)、同時に有権者に対してどれほど応答的(responsive)であるのかを判断することは非常に難しい。しばしばこの問題は、民主的政府は有権者に応答的であるべきか、それとも党内デモクラシーの圧力を考えて、与党党員が民主的に行った決定に従うべきかといった問題に関する論争とも結び付く。民主的政府は、広く有権者の要求と党員に対して応答的であることに加えて、よく組織された重要な利益集団の要求を無視できない。そうした組織的利益の信頼を失う方が、有権者の支持を得るより決定的でありうるからである。一例を挙げよう。経済界の不信を生み資本逃避に導くような政策は、有権者の多数から支持される場合でも、体制への深刻な脅威を生じさせるかもしれない。

諸社会間や諸国家間の相互依存関係はしばしば従属関係なのだが、これを前提とすれば、国際的な政治・経済システムにおける主導的アクターの反応が、政策の問題解決能力を判断するもう一つの要因となる。このことはまさに、政府あるいは体制の問題解決能力に関する理論的・経験的定義の複雑さを示している。確かに、体制も政府も集合的目標のために役立たねばならない。しかし、すでに膨大な蓄積のある国家機能の研究が明らかにしているように、そうした目標は決して固定的な合意対象ではない(20)。〔集合的目標は〕それぞれの時点で政治的指導者や社会的勢力、とりわけ組織された諸勢力によって歴史的に条件付けられ、定義されるのであり、課題が常に変化していることを表しているのである。期待上昇の革命[3](すなわち、諸制度がある社会から別の社会へとますます伝播し、あるいは国際的に確立したパフォーマンスの諸基準がますます普及すること)に関する研究の意義は、このような集合的目標の明確化にある。社会科学者は、現代社会における経済政策・社会政策の紛れもない重要性に心を打たれ、実際には古今のあらゆる政治体制の基本的機能の一部を考察することを怠ってきた。それは、とりわけ市民的秩序の維持、個人の安全確保、紛争の裁定と調停、そして意思決定とその実行ににおける最低限の予測可能性に関する考察である。問題解決能力の喪失で崩壊した体制の多くはこのレベルの困難で崩壊したのであり、より複雑な問題処理のせいではなかった。

従って、問題解決能力とは、自覚的市民がむしろ満足を抱いているような政治システム全てに突き付けられた基本的諸問題(および特定の歴史的瞬間に突出した諸問題)に対して、解決策を発見する能力に関わるものである。しかし、大多数の人々は多くの政策について中立であったり無関心であったりする可能性が高く、だからこそ〔人々の〕そうした反応が体制の安定にとっていかに重要かを無視すれば、体制の問題解決能力と認識されたものを完全に評価することが難しくなるのである。さらに言えば、すでにロバート・ダール〔デモクラシー論で一時代を画したアメリカの政治学者〔一九一五〜二〇一四年〕。一九四六〜八六年にイェール大学に在職〕が強調しているように、一人一票というデモクラシーの教義とは裏腹に、政策に対する反応の強度を無視することはできない(21)。このことは、戦略的位置を占める主要な社会諸集団や諸制度の反応を考えるときには特に重要となる。デモクラシーの純粋理論では、政治家がそうした集団や制度に配慮すべきでないとされるが、実のところは政治家の意思決定の中核を占める。幸いにも、ある体制の問題解決能力は特定の政府の短期的活動によって評価されるのではなく、他の政府があれやこれやの社会的諸部門をより満足させうるパフォーマンスを上げる状況との比較において、長期的な政府活動の総和として評価されるのである。

固定化の時期に深刻な問題を抱える新生デモクラシーにとって、これは特に不利となる。なぜなら新体制下の政府は、一過性と思われる失敗を犯したときでさえ、過去の実績を示して体制の問題解決能力を証明することができないからである。前体制がかなりの問題解決能力、すなわちその支持者の残党が誇示できるほどの問題解決能力を実績として残す場合、この点はより深刻となる。(22) 新しさは克服されるべき欠点であるが、体制変動の力学が示唆するように、体制の崩壊は正統性の喪失の結果であり、〔前体制の〕崩壊自体が新体制の正統性を強化する。だが短期的には体制の確立過程が問題解決能力を失わせ、少なくとも〔新体制の成立により〕芽生えた期待との乖離が生じるために、固定化が達成される前に正統性の大幅な低下を招く可能性がある。様々な社会についてこうした変化を曲線に描くならば、この一般的な形の中にも極めて多様なパターンが見出されるだろう。これに関連して、オットー・キルヒハイマー〔ナチ政権を逃れてアメリカに亡命したドイツ出身の公法学者・政治学者〔一九〇五〜一九六五年〕〕が強調したように、政策面から見た新体制の憲法制定行為が、体制の固定化に決定的に重要だということに留意すべ

きである。(23)

ここから導かれるのは、新体制の初期のアジェンダの作成の重要性であり、様々な社会的部門に対するアウトプットの意味合いであり、さらには体制に付与された正統性の量と強度が結果として変化するということである。そうした初期のアジェンダは概して指導者に握られている。通常なら避け難い失望も集中的に動員された反対も免れるような解決に向けて、指導者は必要な諸条件を明らかにすることもできる。こうした失望や反対は、体制の固定化局面では、政府に留まらず体制そのものにまで及びかねないからである。目的手段関係（ある手段の利用と他の目的との両立や、想定されうる目的の間の対立）に関する適切な分析が極めて重要になる。これに必要なのは、基本的価値どうしの対立を認識する政治的知性、十分な情報、そして誠実さである。いかなる場合でも、社会内の特定の集団に有利なアウトカムは、体制初期の段階では〔政策の〕実施が困難であるために遅延する傾向がある。問題解決能力はアウトプットによって判断されがちであるが、潜在的反体制派の中立化は、期待感から新体制の正統性を受け入れた人々の要求を直ちに満たすことと同程度かそれ以上に重要な場合がある。

この点で民主体制は非民主体制よりも難しい問題に直面する。すなわち、民主体制では批判と情報伝達の自由があり、社会認識を操作することを制限しているので、政策の含意が万人にとって明白だからである。ハーシュマン〔ドイツ出身の政治経済学者［一九一五〜二〇一二年］。スペイン内戦に国際義勇兵として参加。イェール大学やコロンビア大学に在職〕の言葉を借りれば、民主的指導者が自らの能力を証明するやり方は「改革屋」になること(reform-mongering)である。(24) 体制変動が広範な期待上昇の革命と結び付かざるをえないとすれば、新体制はこの〔問題解決能力への失望が正統性低下をもたらすという〕問題を解決することがほぼ不可能となるところだろう。通常こうしたことが起きないのは、一部の社会的部門の期待を満足させることで、まだ自分の要求を満たす即効的なアウトプットを実感していない人々にも希望を抱かせる「トンネル効果」[4](tunnel effects)(同じくハーシュマンの表現)が作用するからである。(25) 要するに、アジェンダの合理的策定、改革を喧伝する過程の巧妙な管理、そして新体制の憲法制定行為に役立つような即効的実績を特定部門で上げることにより、当初思われていた以上に問題解決能力に関わる問題の処理が容易となるのである。

体制の問題解決能力という論点については、体制が直面する問題の解決可能性と、それが解決不能になり崩壊過程の一因となる過程について論じる際に、再び立ち返ることとする〔本書第三章〕。

従って正統性と問題解決能力の次元は、ほとんどわからないような形で現実には密接に関連しあっているが、分析のうえでは区別できる。正統性がいかにして問題解決能力を強化するのか、また様々な体制類型と正統性水準のもとで、問題解決能力がどの程度正統性に寄与するのか。これらは政治体制のダイナミクスに関する研究における中心的な問いであるが、最近まで比較考察されることがほとんどなかった(26)。

体制の政策遂行能力はおそらく問題解決能力ほど一般的ではなく、従って正統性と経験的に識別することが難しいため、問題解決能力と区別して論じられることがあまりないが、もう一つ別の次元である。「政策遂行能力」とは、策定された政策を、望まれた結果に即して実際に実施する能力である。最善の法律も、実施可能でなければ無価値であるという事実がこの概念に含まれる。追求する目標に加えて使用する手段にまで及ぶ広範な合意が存在しても、実際には、そうした目標と、とりわけ手段が実施の過程で利用できなかったり非効率であったりして、遅延し抵抗を受けてしまうことがある。この時点では、ともすれば政策形成の時点以上に期待と満足との齟齬が生じ、不満が表面化する。このような政策遂行能力の欠如は国家の権威を弱め、結果的にその正統性を弱める。政策遂行能力の欠如は、問題解決に資すると思われてきた政策にも疑義を生じさせる。新体制は政策の実施に必要な行政スタッフをまだ組織していないために、ここで再び特有の問題に直面する。初期段階では指導者が必要な情報を完全に手にしていない。初期における体制支持の急上昇と、反対派の足並みの乱れと弱さが加わって、彼らは自らの政策が遭遇しうる抵抗を過小評価する。さらに、彼らは唾棄すべき体制に続く体制の担い手であるから、独善的となって反対派のまっとうな主張さえ無視するようになり、結果としてこうした抵抗を増幅させる。一九三一年から三三年にかけてスペインで左派ブルジョア〔政党〕と社会党〔スペイン社会労働党〕〔の連立〕政権が行った農地改革の失敗に対する社会労働党の反応に見られるように、政策遂行能力の欠如は体制創設連合を分裂させる可能性がある。政策遂行能力の欠如はまた、政府の決定に対する正統性のない抵抗を助長することもある。これと関連して、決定の実施に際しての秩序維持が体制の権威にとって核心的となる。特定の種類の政策遂行能力の欠如、すなわち、政治的目的をもって私的暴力に訴える人々に対して秩序を押し付け法的制裁を科すことができない状況については後述する。(27) 全ての理論家が強調するように、正統な権威の最後の手段(ultima ratio)は実力の行使である。民主的指導者は、いやどんな指導者も次のように発言できなければならない。「憲法と法令のもとでの私の責務は、状況が許す限り実力行使も社会的混乱も最小限に留めながら、必要とされるあらゆる手段を用いて正統な権威の発する指令を実行することであり、ほかに軍・民のどんな実施方法が必要になってもその指令を支える準備を整えておくことであったし、今もそうである」と。(28)

全ての革命理論家、特に革命家自身は、〔体制側の〕実力の行使の非効率性あるいは実力の行使に対する消極姿勢が、体制の敵に正統性を移譲するうえで極めて重要であるという点で一致している。(29) この点で、パレートによる重大な問題提起が今日的な意義を持つ。「いつもならば紛争において中立であるような人々が統治権力側の反作用を非難するように仕向け、それによってこの反作用を弱体化させることや、あるいは運を天に任せて、統治者自身に同じような考えを抱かせるようにすること〔は果たして可能だろうか〕。……人道主義に脊柱が汚染された人々を除けば、〔そうした説得の試みは〕今日ではほとんど成功しそうもないが」。(30) とりわけ法律の執行と体制の防衛の任にあたる人々にとって、政府の政策遂行能力の欠如は正統性の問題を際立たせる。これは体制崩壊の過程における複雑な問題であり、後に詳しく論ずる。

以上の〔正統性・問題解決能力・政策遂行能力という〕三つの次元を〔それぞれが「正」か

「負」かによって）組み合わせると状況に関する八つの類型ができるが、それらの帰結は経験的諸状況に照らして詳細に分析されるべきである。どの個別事例においても、社会全体についてはもとより、その特定の部分についての集約パターンがどのようなものであり、時には主要なアクターや政治的諸制度がこれらの次元をどう認識しているかを知る必要があることを理解すれば、体制のダイナミクスとその崩壊に関する分析がいかに複雑になりうるかがわかる。

政党システムとデモクラシーの不安定性

西欧民主主義諸国の政党システムは長期にわたる複雑な歴史的発展の結果であるため、様々な類型の政党システムと耐久性のあるデモクラシーの出現を、どの程度同一の要因によって説明できるかを見定めるのは難しい。危機に陥ったデモクラシーを説明するのと同じ構造的要因によって、極度に分極化した遠心的政党制もかなりの程度説明できることは疑いない。しかし、政党システムは構造的要因の産物であるだけでなく、選挙法のような制度的諸要因、政治的・社会的エリートの行為、イデオロギーの伝播、あるいはデモクラシーの設立期における時代精神の産物でもある。つまり政党システムは、デモクラシーの危機における独立変数あるいは少なくとも媒介変数と考えることもできるのである。まさにこのこととの関連で、すなわち政党システムと政党間競争の性質に関連して、選挙制度――とりわけ比例代表制――がデモクラシーの安定に対して及ぼす影響が学問的に論議されてきた。

二党制は、（ジョヴァンニ・サルトーリ〔政党システム論で政党研究を刷新したイタリア出身の政治学者〔一九二四～二〇一七年〕〕が提起したような操作的定義を用いれば）今も昔もごく少数のデモクラシー諸国にしか認められない。(31) 厳密な定義を用いれば、歴史的には合衆国、若干の例外的な移行期があるもののイギリス、そしてニュージーランドのみが現存する二党制である。（オーストラリアとカナダをそのようなものとして付け加えることもできるだろう。[5]）二〇世紀の大陸ヨーロッパでは、一九二三年以前のスペインだけが議会レベルにおける二党制であったと考えられる。（ただし選挙レベル、特に地方ではそうではない。）ヨーロッパの多くのより小規模なデモクラシー諸国は、小選挙区制を残していれば二党制に発展していたかもしれないが、比例代表制の導入によってこうした発展が阻止された。今日オーストリアは二党制として作動しているが、戦間期とりわけ一九三〇年頃には二党制と考えることができなかった。ラテンアメリカではコロンビアとウルグアイを二党制と考えてよいだろう。もっとも、ウルグアイにはこの見方を制約するような特徴がいくつか見られるが。西欧以外ではフィリピンとイランがある時期そのように言えた。

(上記の留保条件が伴うものの)一九二三年のスペイン、最近数十年間のコロンビア、より最近ではウルグアイとフィリピンの例は、二党制が存在してもデモクラシーの崩壊を防げないことを示唆している。これらの事例に加えて他のラテンアメリカのデモクラシーにおいては、もう一つの要因、すなわち大統領制を考慮に入れる必要があることに留意すべきである。とはいえ、二党制における政治的競争のパターンがどれほどデモクラシーの安定に寄与するかについて、本書での第一印象は肯定的である。

二党構成(format)がイデオロギー的距離の極大化と遠心的競争の影響を受ける場合、政党システム自体の崩壊や内戦型の対決へと発展するのは避け難いかもしれない。コロンビアや、その他のラテンアメリカ諸国でもその通りになったのかもしれない。選挙制度が最大の相対多数勢力すなわち二つの主要な選挙連合を余りにも優遇したために、スペイン第二共和制は二党構成に収斂する傾向があり、サルトーリが指摘したように、

〔二つの選挙連合は〕結果的には極めてイデオロギー的な政治的実体となった。これとの関連では、大きな代償を伴うが、極端な多党制が生き残り策となる。[6] 一九七六年、政党システムの断片化(fragmentation)の危険性にもかかわらず、分極化(polarization)への恐れから、スペイン議会が小選挙区制ではなく比例代表制の選択に傾いたのは偶然ではない。[7]

大陸ヨーロッパ諸国と、ラテンアメリカで最も安定したデモクラシーであったチリは多党制であったが、その中には大きく異なる種類のものが含まれている。第一次世界大戦前後に政党システムが凍結して以来、大陸ヨーロッパ諸国の多くは穏健多党制(moderate multiparty system)、すなわち、サルトーリの言葉を借りれば〔連合形成において重視され、あるいは威嚇能力を持つ〕〔原則的に〕五つ以下の政党から成っている。具体的に言えば、それはベルギーとアイルランド(三党構成)、スウェーデン、アイスランド、ルクセンブルク(四党構成)、デンマーク(一九五〇年代までは四党、それ以後は五党)、スイス、オランダ、ノルウェー(五党構成)である。〔ノルウェーとスウェーデンはそれぞれ一九三五年以降と一九三二年以降に、長期にわたる社会民主党の一党優位の時期があった。〕これらのシステムは全て交互に組み換えが起きることを前提とした政権連合を持ち、〔一九三〇年代のベルギー以外は〕大規模または有力な反システム政党〔現行システムにイデオロギー的に敵対し、他党との遠心的競争や孤立を志向する原理的野党」を持たず、主要政党は全て連立政権に加わるか野党連合を形成することができ、単系野党〔与党／与党連合を除く全ての政党によって構成される単一の野党ブロック〕を有する。[8] こうした諸国の特徴は、①主要政党間のイデオロギー的距離が比較的小さいこと、②二極に分かれた連合の組み合わせ、③求心的競争である。

このことは、ポルトガル第一共和制、第一次世界大戦後のイタリア、ヴァイマル時代のドイツ、第三・第四共和制下のフランス、スペイン第二共和制、フィンランド、チェコスロヴァキア、バルト諸国、断続的なデモクラシーの時代の東欧およびバルカン諸国、あるいはアジェンデの死以前のチリには当てはまらない。[9]

分極的ではない穏健多党制の諸国と極端な多党制の諸国とを比べれば、穏健多党制がデモクラシーの安定と結び付くことは確かである。(〔一九三六年五月二四日の総選挙で〕ファシストのレックス党〔Parti Rexiste〕が投票の一一・五％、フランデレン民族連盟〔VNV: Vlaams Nationaal Verbond〕が七・一％を得たことにより、五党制が出現する可能性があった時点での)ベルギーでのみ、デモクラシーは危機に瀕した。

極端な多党制を擁しながら相対的に制度化された一三のデモクラシー諸国のうち(ポ

ーランド、ハンガリー、バルカン諸国は除く）、国内的な原因から崩壊の犠牲になったのは七カ国であった。そのうちの一国（チェコスロヴァキア）は一九三八年に内外の混合的な原因に屈服し、二カ国（一九三〇〜三二年のフィンランドと一九三四年のフランス）は崩壊の瀬戸際に至り、フランス第四共和制は一九五八年に再均衡化によってその運命を免れた。これらの事例に一九七三年のチリを加えることができる。しかしながらイタリアは、「統治なき存続」（surviving without government）と表現できるにせよ、一九四五年以降に崩壊を経験したことのない多党制の典型的事例である[10]。

サルトーリが区別した二つの主要な多党制の類型が、デモクラシーの安定の問題と無関係でないのは明らかなようだ。サルトーリの次の指摘は正しい。イスラエル、スイス、オランダなどでは、諸政党がひとつの基盤を共有せずに、それぞれエスニック文化的・地域的・宗教的な有権者を確保し、それゆえに互いに競争しないような区画化された極端な多党制が成立しているが、これらは特殊な事例である。そうした事例を除けば、不安定性と極端な多党制との関係はさらに際立つであろう。（ここでは極端で遠心的で分極化したイデオロギー的多党制のダイナミクスに関するサルトーリの鋭い分析を紹介することはできないし、その必要もない。）

分極多党制（polarized pluralism）は、（「連合相手としての有用性」すなわち「威嚇の能力」を持つ）五つ以上の重要な政党を擁し、以下のような特徴を持つシステムである。

（一）（体制の正統性を掘り崩す）反システム政党が存在すること。

（二）（建設的な意味では両立できない敵対的反対派である）双系野党〔中道派の与党／与党連合を挟んで左右両翼にそれぞれ形成された野党ブロック〕が存在すること。

（三）単独政党（たとえばイタリアのキリスト教民主党〔DC: Democrazia Cristiana〕）または政党群（ヴァイマル共和国）が中道的位置を占めること。

（四）分極化、すなわちイデオロギー的距離のために左右の極の位置が文字通り二極分化を起こしていること。

（五）有権者の間に求心的傾向ではなく遠心的傾向が一般化していること。

（六）政党どうしを区別しているのがプラグマティックな心性ではなく、〔政治を認識・把握する〕思考様式（forma mentis）としてのイデオロギー的なパターン化であること。

（七）次のような野党が存在すること。すなわち、①政権連合の完全な交代ではなく、連合の外縁部での組み換えが起こることから生じる〔政策の一貫性や実現可能性を考慮しない〕無責任野党、②反システム政党という永遠の野党、②そうした政党と隣り合って競争せざるをえない準責任野党。

（八） 競り上げの政治（the politics of outbidding）〔両極に位置する政党の極端な主張に引きずられて、政党どうしが無責任に過剰公約を競いあうようになる状況〕が生じること。

これらの政党システムにおける崩壊の潜在的可能性を説明するのは、まさにこの〔分極多党制の〕ダイナミックな性質であり、具体的に言えば、分極化、遠心化への動き、責任の欠如と競り上げに向かう傾向である。

問題を明確化する別の方法は、崩壊へと向かう流れに抵抗した、あるいは長年抵抗を続けてきた、（サルトーリの言う）極端な多党制の研究である。具体的には、それは格別長期にわたるフランス第三・第四共和制の時代〔第三共和制は一八七〇〜一九四〇年、第四共和制は一九四四〜一九五八年〕や、一九四五年以降のイタリアで見られた。ジュゼッペ・ディ・パルマ（Giuseppe di Palma）もサルトーリ自身も、関係する要因をいくつか指摘している。(32)

明らかに、非民主的統治の経験やその恐れによって、多くの有権者は安全な立場である「中道」を支持し続けるように促される。人々は「中道」のパフォーマンスに幻滅するが、現行のデモクラシーの存続を最もよく保証するのは「中道」である。

極端な分極多党制のダイナミクスから抜け出す方法はあるのだろうか。サルトーリは、疑念を抱きつつも、反システム政党の再正統化の過程に触れている。この過程には、反システム政党が自らの支持者とともにシステムとシステム内政党〔現行システムを容認し求心的競争に参加する政党〕の正統性を認めなおすことが必要である。サルトーリは、このような過程がありうるとすれば、それは単に暗黙の了解事項に基づくのではなく、可視化される必要があるだろうと述べる。（ジュゼッペ・ディ・パルマもそう指摘する。）たとえ反システム政党がこの方向で努力しても、長年にわたり互いの正統性を否定してきた後であるから、反対者にも支持者にも信用してもらえる保証は依然としてない。議会での協力、地方政治、利益集団の妥協、恩顧―庇護関係（clientelism）、官職配分（patronage）など水面下でなされる求心的な収斂は、システムの遠心的性質の反作用として働き、「統治なき存続」を保証できる。しかしながら、とりわけ政治的イデオロギーの両極にある集団が暴力的な反システム的活動を展開する中で「解決不能な問題」（unsolvable problems）に直面すれば、結局のところ状況悪化の過程が進行することを防ぐのは無理かもしれない。本書の分析では、極端な多党制がそれだけでデモクラシーの崩壊を決定付けるのではなく、実際にはその蓋然性を高める〔に過ぎない〕という見解をとっておこう。イタリア〔一九四七～一九九三年の第一共和制〕の事例が示すように、極端な多党制であっても、致命的影響をもたらすことなく長期にわたって存続できるのである。

体制崩壊へと向かっていくにつれ、反システム政党は明らかに非忠誠的(disloyal)反対派として振る舞うことになる。また、中道派（単独または複数の政党）が選挙での敗北によって力を失い、「解決不能な」問題に突き当たり、あるいは統治の意志を失うことで、隣接する諸政党も準忠誠的(semiloyal)政党として活動することになる。サルトーリは、極端な多党制において（部分的には政党間競争のダイナミクスによって）このような状況がなぜ表面化しうるのかを分析したが、本書の課題は、その過程がどのように生じるかをより具体的に示すことである。

非忠誠的・準忠誠的・忠誠的反対派

体制変動は、ある一群の政治的諸制度から別の一群に正統性が移行することで起きる。[33]体制変動は、体制の存在を疑問視しその変革を目指す、一つないしはそれ以上の非忠誠的反対派の活動によってもたらされる。(34) こうした反対派は抑圧することも孤立させることもできない。危機的状況には、熱狂的で効果的な支持を動員し、様々な手段で権力を獲得する可能性か、少なくとも人々の忠誠心を分断して、それが内戦へとつながる可能性があるからである。ある特殊な状況においては、民主的に選ばれた統治者たちが強大な非忠誠的反対派と見なした集団に遭遇して民主的なゲームのルールを修正し、自らの手で首尾よくデモクラシーを再均衡化させて新体制を生み出すことができた。フランスの第四共和制から第五共和制への移行と一九三〇年代のフィンランドにおいてこうした修正が観察された。(後者に関する分析としては、本書所収のアラプロとアラルトの章〔分冊第二巻第四章〕を参照。) エストニアの例が示すように、体制を権威主義的方向に改革することによって、統治者が非忠誠的反対派の切迫した脅威から体制を救おうとする可能性もなくはない。

あらゆる政治的立場の表明と組織化を許容する体制には、とりわけ民主体制には非忠誠的反対派が必ず存在する。他方で多くの社会において、現行体制は、多くの社会的部門が「疑わしきは罰せず」の立場にあるか、少なくとも中立的な立場であることを当てにしているものである。危機的状況を除けば、このことが非忠誠的反対派を孤立させるか、そうでなければ意気阻喪させる。非忠誠的反対派は大抵少数であり、崩壊過程でしか重要性を帯びないからである。こうした事実から、民主体制の権力喪失と、準合法的・疑似合法的な権力掌握の過程においては、準忠誠的反対派が決定的な役割を果たす。準忠誠なるものは、事後でさえ特定が著しく困難である。〔真の〕忠誠と両義的で条件付きの忠誠との間に境界線を引くことが難しい理由は、とりわけ、参加を志向する忠誠的反対派として部外者を体制に包摂しようと奮闘するのが民主的過程だという点にある。主要な参加主体の間の限定的合意や深い亀裂や猜疑心を特徴とする政治システムにおいては、準忠誠を非忠誠と安直に同一視する者もいるし、こうした脅威を否定するか過小評価し、二枚舌を疑われても潜在的には忠誠だと言い募る者もいる。このような曖昧さが、政治過程における危機的な雰囲気の醸成に決定的な役割を果たす。だが、こうした発想を完全に理解するには、まず非忠誠的反対派を定義しなければならない。

ある種の政党・運動・組織は、国家の権威の存在、すなわち強制力を持つ何らかの中央政府の存在に基礎を置く政治システムを明示的に否定する。純粋なアナルコサンディカリストは一例であろう。彼らはいかなる民主的・議会制的体制にも忠誠的ではないことを自認し、自身のユートピア革命が達成される歴史的機会を待望する。

新たな独立国家の建設を目指す分離主義的ナショナリズムの運動や、隣接する他のネイション・ステイトとの合同を目指す民族統一主義的ナショナリズムの運動は、明らかに非忠誠的反対派を生み出すもう一つの要素であろう。(35) しかし、分離主義派の特定は必ずしも容易ではない。このような集団は、国家や連邦の諸制度の内部で文化的、行政的または政治的自治の主張から出発するのが一般的だからである。多民族国家と両立するようなナショナリズムのレトリックと、独立したネイション・ステイトを建設しようとする主張とを見分けるのが難しいことがある。地域と全国の両方の政治的アリーナで活動し、〔それぞれのアリーナで〕政治的リーダーシップにおいて独特のスタイルと一定の役割分担を採用する政党が、こうしたレトリックを振りまく場合は、特にそうである。こうした政党は過激派や活動家による競り上げの影響を受けやすい。この過激派や活動家は、広範な運動や主要政党のレトリックにつけ込んで、危機的状況には体制というよりは国家に対して非忠誠的であるか、そう見えるような振る舞いを〔分離主義的な、または民族統一主義的な〕ナショナリスト政党に強いる。確かにこうした政党は、単なる準忠誠派に過ぎない場合であっても非忠誠的であると見なされる可能性が高い。これらの政党は、単一の最優先目標、すなわち少数民族の利害や文化的・言語的少数派住民の利益に原則論的に加担しているので、体制維持勢力との関わりは極めて場当たり的となり、このことによって、これらの政党にしばしば向けられる不信が助長されるのである。こうした政党は国家や体制に対して明らかに両義的な態度を示し、長期的目標を有している。だからこそ、国家の存続を強く支持する非忠誠的反対派は、ナショナリスト政党が民主体制に協力することをきっかけに、多極共存型の解決に向けて同じく協力する体制派諸政党の〔国家に対する〕忠誠を問題視するようになる。地域ナショナリスト政党の自治要求に反対する過激なウルトラ忠誠派は、危機的状況を好機と見て、ナショナリズムのレトリックを用いながら厄介な問題提起を行い、自らがネイション・ステイトと見なす国家への忠誠を公的に表明するように要求する。この要求を拒否することは、ナショナリスト政党に協力する体制派諸政党への批判を呼び起こす。また、両義的性格を持つナショナリスト政党を、より非忠誠的な、あるいは完全に非忠誠的な立場に追いやることにもなる。

小規模な過激派諸政党には、それが急進的・暴力的なものであっても、原則論的反対が認められるかもしれない。しかし、広範な支持を得て主要な利益集団に浸透し、あるいはこれを支配し、権力を真剣に追求する挑戦者であると認知され始めると、こうした政党は、権力への合法的接近を目指すと宣言する一方で、システムへの急進的反対の立場を維持するために不明瞭なメッセージを発する傾向にある。これらの政党は、人民投票的デモクラシー(prebiscitarian democracy)の構想や、潜在的な多数派との同一化や、現実的な多数派を正統性のない存在として貶めることによって、究極的な権力追求の主張を行うことが可能となるが、〔民主的政治過程に参加する〕多くの参加主体には、非忠誠と準忠誠とを区別する境界線が分かりづらいものとなる。[11]この意味で、ファシスト政党ととりわけ第二次世界大戦後の共産党は、アナキストとも、一九世紀の反自由主義的で反民主的な王党派とも、一部の民族解放運動とも極めて異なるが、非忠誠的であった。何らかの時点で非忠誠的であるとされたこのような反システム政党の両義性は、権力の合法的獲得とデモクラシーの破壊も、競争的デモクラシーへの緩慢で複雑な統合過程も、ともに可能にしてきた。戦間期ヨーロッパのファシスト政党と、第二次世界大戦後の東欧の限定的な競争的デモクラシーのもとでの共産党は、非忠誠的反対派の最も重要な例である。それらは当然のごとく合法的参加主体として体制破壊を唱えながらも、非忠誠派として非難されることに抵抗した。そして一九世紀末から第一次世界大戦前にかけてのヨーロッパの社会主義政党の一部は、マルクス主義イデオロギーゆえに非忠誠的反対派と見られたが、実のところはデモクラシーへの緩やかな統合の過程にあった[36]。同じように、カトリック教会と一体化し、『誤謬表』(Syllabus Errorum)[12]が自由民主主義国家に痛罵を浴びせたことに触発された〔カトリックの〕政治運動の一部は、二〇世紀後半にいくつかの民主的政治システムの最大の支持勢力となった。

民主体制への忠誠の有効な「リトマス試験紙」とは何であろうか。明らかな候補の一つは、権力を得るための合法的手段を公然と支持し、実力の行使を拒否することである。こうした公的な支持と拒否をめぐる曖昧さは、確かに準忠誠の明白な証拠のようにも見えるが、後に述べるように、必ずしも非忠誠の証拠ではない。

ある状況のもとでは、国家当局が政治過程の全ての参加主体に武装解除を課すことができず、あらゆる党派を他の党派の暴力から守れるわけではない場合、民兵組織や力による威嚇は防衛的な手段に過ぎないとか、予防的な手段に過ぎないと主張するのが容易になる。軍が伝統的に調停権力(poder moderador)として振る舞い政治過程に介入する社会では、政党が自らの動員手段の一部を単に体制の防衛と維持のためであると主張するかもしれない。様々な参加主体が政党活動をまったく異なる形で定義する。そのため、こうしたことも非忠誠と準忠誠の区別を不鮮明にする。

〔忠誠と非忠誠を分かつ〕もう一つの基本的テストは、軍の支持を求めて「兵舎の門を叩く」のを拒否するかどうかであろう。政治過程への参加主体の多くが非忠誠的と見られる不安定な状況においては、システムを支える忠誠的な政党さえもが、やはり軍司令部や自党と立場の近い軍内派閥とこうした関係を築きたいという誘惑に駆られるかもしれない。そのような場合には、上記の基準がやや曖昧となる。危機が発生して、通常なら軍に期待されるはずの体制への忠誠が損なわれるような事態になれば、システムの支持政党であっても支援を探し求めるだろうからである。

また〔非忠誠の〕もう一つの基準は、忠誠的な参加主体だと主張する政党、すなわち有権者から支持された結果として統治権を持っている政党に対して、政治過程の正統な参加主体であることを認めないことであろう。一例は不参加戦術(retraimiento)である。それはスペインとラテンアメリカの政治における伝統的パターンの反対行動であり、立法機関からの撤収や議会討論あるいは自由選挙への参加拒否を含み、最終的には脱正統化をもたらす。ストライキや大衆的抗議の形をとって政府活動を阻害する、労働組合・納税者・市民による大衆的圧力行使も非忠誠のもう一つの指標であろう。しかし、公正で開かれた選挙競争の機会がないと思えば、システムを支持する政党すらこうした戦術に転ずる可能性があるので、このような抗議活動もやはり明白〔な非忠誠の基準〕ではない。システム内政党がこうした戦術を体制防衛の最終手段と考えるのは、反システム政党と見なされた勢力が形式的・合法的な権力掌握を実現したときである。一連の敵対行為が向けられた政党の〔体制に対する〕忠誠度を判断せずに、こうした振る舞いを評価することはできないだろう。

これと密接に関連する〔非忠誠の〕もう一つの指標は、憲法で保障された活動の自由を行使しようとする政党の指導者や支持者から市民的自由を奪おうとする姿勢であろう。この基準を厳格に解釈すれば、民主体制から多くの正統な防衛手段を奪うことになる。たとえば制服の禁止、公共の場での大規模な大衆集会の制限、武器所有の権利の厳格な統制、暴力教唆の検閲のような措置の多くが市民的自由の不当な制限と見なされるし、またそれらの措置をとる政府は、緩やかに民主的諸活動の自由を剝奪しているという非難を受けやすくなる。

特定の政党やアクターではなく政治システムを絨毯攻撃すること、システム内政党の政治家を組織的に中傷すること、議会審議を恒常的に妨害すること、破壊的目的を有する、おそらくは非忠誠的な政党が行った提案を支持すること、破壊的目的をもってそれらの政党と協働すること、危機的状況や政府を転覆させる状況において、新たな多数派を形成する展望をまったく持たずにそれらの政党と協働すること、これらは全て明らかに非忠誠的反対派の典型的な行為である。[37] しかしながら、こうした振る舞いの中にも、時には非忠誠の烙印を押すほどでない政党の特徴が含まれている。

政党間の抗争も、敵の信用を失墜させる努力も、他党を公共の利益と矛盾する偏狭な利益の代表と断定することも、民主的政治過程においては正常で当然で正統な行為である。こうした行為にあたっての流儀・真剣さ・公正さが、忠誠的反対派と非忠誠的反対派とを区別する。典型的には、非忠誠的反対派は敵をひとまとめにして、共産主義・フリーメイソン・国際資本主義・教皇庁・外国政府といった国外の秘密の陰謀集団の手先として描く。[38] 民主政治においては腐敗がとりわけ可視化されやすいから、反対派は政敵の指導者(とその同志たち)の腐敗のみならず政党全体の、そして非忠誠的反対派ならばシステム全体の腐敗を断罪し、信頼を失墜させることができる。システム内政党がこうした政治的流儀に転ずることは、準忠誠への移行の明白な証拠になる。フランス第四共和制下における共産党(PCF: Parti Communiste Français)支持者以外の者に対する調査結果[13](**表1**)が示すように、政治家たちあるいは政治階級(political class)全体の不誠実な印象

表 1 「政治家は誠実か．あなたの支持政党は力で政権を掌握すべきと考えるか」との設問に対する回答　(%)

	力で政権を掌握すべし	力で政権を掌握してはならない	無回答	(N)
多数が誠実	3.6	74.8	21.6	329
少数が誠実	7.1	58.8	34.1	364
誠実な者皆無	16.1	22.3	61.6	112

注：この質問の対象になった人々は，フランス共産党以外の政党支持者である．

と、暴力的手段に訴える姿勢との間には有意な相関がある[39]。

システム内政党の指導者を巻き込んだ政治的スキャンダルは、非忠誠的反対派に巧妙に利用されれば、システムの腐敗を暴くという正統な主張に基づいて、他のシステム内政党と非忠誠的反対派との連携を確立する機会となる。スキャンダルは、このような形で準忠誠への横滑りを促進する。

非忠誠の基準を多く挙げてきたが、全てが必要でも十分というわけでもないようだ。というのも、最終的には忠誠的支持者としてシステムに統合されていくような集団は、たまたま反対派に参加しているのであって、自分たちが非忠誠的と見なす政治勢力と接触する場合にはとりわけそうだからである。確かに、議会に選出されると、システムの打倒や全体的変革を公然と支持していない政党の非忠誠的態度は明瞭ではなくなる。高度にイデオロギー的で原則論的な反システム的・反民主主的な小政党を除けば、こうした非忠誠の定義の基本的な曖昧さこそが、四面楚歌の状態に置かれたデモクラシーの防衛や、反民主的政党による静かなる権力掌握の阻止を著しく困難にする。こうした多くの指標を組み合わせれば、デモクラシーに非忠誠的な政治勢力に特有の症候群を説明できるかもしれない。実際には非忠誠的でなくても、政治勢力がこうした特徴を持つのであれば、一部の参加主体がそれを競争的デモクラシーに非忠誠的であると感じたり、多くの参加主体が準忠誠的と見なしたりするのも無理はない(40)。権力の座にある政党が上述のパターンの一つあるいはいくつかに当てはまるとき、反対派は一連の行為を捉えてデモクラシーへの脅威という烙印を押すだろう。たとえその政党が非民主的に権力を掌握することや、民主的選挙過程とそれに必要な市民的自由を停止することを手控えてきた場合であっても、そうである。このような状況において、そうした烙印が、反対派が反民主的な野望を抱いていないことを証明するものとなるのか、あるいはデモクラシーの没民主的(ademocratic)[14]防衛の根拠となるのかを誰が決定しうるのだろうか。紛争の帰結を見てみないと明らかには分からないが、残念ながら、没民主的手段によるデモクラシーの防衛はデモクラシーの再均衡をもたらしそうにない。

民主的システムに対する非忠誠的な政治勢力とは何かを定義するために本書で用いてきた性質の一部が、弱められるか両義的な形で断続的に出現するのが、準忠誠的な政党とアクターの特徴である。準忠誠を特徴付ける性質はほかにもいくつかあるが、その最たるものは、政治的指導者たちが、彼ら自身(および彼らの同調者)が非忠誠的と考える政党と閣内で協力するための基盤を求め、秘密交渉に前向きとなることである。この指標が意味するのは、システムの転覆や根底的変革といった目論みではない。なぜなら、こうした交渉を通じて取り込み、穏健化させ、時には分裂させることができる諸勢力をシステムに統合したいという欲求を動機としているかもしれないからである。大抵こうした努力が民主的諸制度の崩壊を促進するということが証明されている。しかし、時にはフィンランドのように、純粋なリベラル・デモクラシーからの若干の逸脱という代償を払いながら、反民主的勢力を無力化し、最終的に打倒するのに貢献した例もある。(41)デモクラシーにおいて平和的で正統な政治のパターンを逸脱する者の振る舞いを奨励・容認・庇い立てし、寛大に遇し、弁明・正当化しようとする政党の姿勢は、準忠誠的行動様式の指標であり、こうした姿勢は、システムに対するその政党の忠誠の度合いに疑いの目を向けさせることの原因となる。イデオロギー的親近性や一部の究極的目標または特定の政策への一致に基づいて、手段と目的とを区別するような政党は、不審な存在となる。政党は、そうした手段を見苦しく過激であるとして拒絶しながら、そうやって追求される目標に関する一致ゆえに手段を正当化し、公然とは非難しない。このような原理に関する一致と戦術に関する不一致が、しばしば準忠誠の指標となる。政治的暴力・暗殺・陰謀・挫折した軍事クーデター・不成功に終わった革命の試みは、準忠誠の度合いを測る場を提供する。複数の非忠誠的反対派の違法行為に対する法律の適用が非忠誠的反対派ごとに不平等であることが、準忠誠のイメージを決定的に増幅させる。民主的システムの敵対勢力に対する恩赦を認めるか拒否するかは、〔準忠誠であるかどうかの〕さらなる検証機会となる。政治的イデオロギーのどちらかの極の非忠誠的反対派と対峙する政府や、前政権に対して非忠誠的に行動した政党に支持される政府は、自らの権威を行使しつつ、同時に統治に対する支持基盤の拡大を余儀なくされる場合には困難な立場に陥る可能性がある。こうした状況では、準忠誠の疑いをかけられることがほぼ避けられない。多様な要素の寄せ集めからなり、前体制から指導者と支持者を受け継ぎ、派閥対立によって引き裂かれた不均質な構成をとる政党は、このような状況では自然と分裂し曖昧な立場をとるようになる。政党規律の欠如ゆえに、指導者が補佐役やサブリーダーの言動を否認することは難しくなり、指導者自身の公式声明だけでは信頼を得るのに十分でないかもしれない。(戦間期ヨーロッパで見られた)よくあるパターンは、党の青年・学生組織の急進化である。これらの組織との関係を年長の党指導部が否認すれば、必ず積極的で熱狂的な支持者の一部を失うことになる。同じことが、政党と密接に結び付いた特別な利益集団についても当てはまる場合がある。

結局のところ準忠誠とは、基本的にシステム指向である政党が、イデオロギー軸上で反対側に近いシステム内政党に比べて、同じ側に位置する過激派政党により強い親近感を抱くことによって特定できる。残念ながら極めて分極化した社会においては、過激派政党が暴力的活動に従事し、しかもシステム内政党とその支持者の一部を引き付ける力を持つ場合、システム内政党は、現にそうでなくとも準忠誠的に見えるように振る舞う可能性が高い。崩壊過程の最終段階の特徴の一つは、立憲的・民主的政治過程の真正性(authenticity)(民主的諸制度が真に民主的なものとして運用されていること)の擁護を主要目的とするはずの政党が、程度の差こそあれ、他の参加主体から準忠誠的と見られても仕方がないような行為に従事することである。

非忠誠的反対派は、自発的参加と歴史的使命感により、今ここで（hinc et nunc）あらゆる問題に効く解決策を約束するが、多数派の支持を得られるような具体的政策を明示すべきだという感覚は持っていないものである。解決不能な問題とこうした非忠誠的反対派の存在が引き起こす危機的状況は、準忠誠的政治勢力が発生する条件を作り出す。しかしながら、こうした展開の前兆は、それ以前の比較的安定した時期に見出される場合が多い。新たに成立した民主体制をしばしば特徴付ける傾向の一つは、その支持者たちが自らの特殊な社会的・文化的政策とデモクラシーとを同一視する可能性が高いということである。新たなデモクラシーを立ち上げるにあたり、多数派は、自分自身の力の強さと、前体制と結び付いた社会階層の弱さに驚かされる。多数派は、民主的過程の制度的枠組みを確立することに加えて、多くの非常に具体的な政策決定を憲法典に埋め込むということを課題として自覚している場合が多い。そうしたことから、一連の政策に対する反対は全て、限られた期間における多数派の決定を変えようとする試みではなく、デモクラシー〔そのもの〕への敵対行為と見なされる。こうしたデモクラシーの排他的な捉え方は、忠誠的反対派でありえたはずの存在を、本書で言う準忠誠的立場に追いやる。スペイン〔第二共和制〕の共和派が用いた「共和派のための共和国」という表現は、体制創設者たちが定めた政策の絶対的支持者を「共和派」としているが、確かにそのような排斥効果があった。特定の憲法や基本的な社会的・経済的・宗教的変革への反対が民主的憲法の枠組み内で許容されている場合でも、多くの民主的改革政党はこうした反対を行う勢力をことごとく反民主的であると誤認する傾向がある。(42) デモクラシーには、とりわけその初期の困難な状況において、法律をすすんで遵守しようとする反対派に権力の重要な一翼を担わせることを許容するメカニズムが必要である。反対派の包摂は、委員会活動を通じて反対派が立法過程に参加する機会を提供し、反対派に連なる利益集団が政権に接近することを認め、時には反対派がコーポラティズム制度［15］に代表を送り込むことを許すことで実現できる。分権化や地方／地域自治が、新体制の設立に参加しなかった人々の疎外感を緩和するかもしれない。官僚機構、軍、介入主義経済政策の運営といった公的生活の多くの領域で反対派分子を組織的に排除し差別すれば、忠誠的反対派になろうとする人々を準忠誠的な立場や非忠誠的な立場に押しやるかもしれない。こうした分子は、いともた易く、数年後には体制の崩壊に力を貸すような準忠誠的立場を積極的に支持するようになるだろう。

反対派のうちどの集団が、特に個人が、忠誠的になるか、さらにいえば本心では中立派でありながらも、体制に服従する市民になっていく可能性があるかを見極めるには、〔体制の〕初期の段階では多くの高度な知識が必要となる。ルサンチマンの政治への誘惑が強過ぎて、このような統合過程の生じる余地がないことが多い。政治的エリートの内部における余計な人格的対立が、政府と忠誠的反対派との協力の可能性を妨げる傾向にあることは確かである。このような対立がそれほど大きくならないのは、代議制度を持つ準立憲君主制や、民主的改革派がすでに少数派として参加している寡頭制的デモクラシーや、あるいは独立前のインドのような二元的権威システムなどの、より制限的な政治システムから民主的政治システムが漸進的に発展してきた場合である。長期にわたる権威主義的統治のもとで、対抗エリートの出現の機会が封じられ、立法府や地方政府や利益集団間交渉などの特定の政治的領域における相互作用の機会がまったく認められず、その後にデモクラシーが創設される場合に対立が激化する。

権威主義体制の後にデモクラシーが設立される際に、その創設者には、様々な社会的諸利益の〔民主的政治過程への参加の〕資質に疑いの目を向けることが可能となるが、そうした嫌疑の対象には、崩壊した体制に協力していた現反対派の指導者も含まれている。全体主義体制は単一政党の活動家という明確に定義された政治的エリートを擁し、極めてイデオロギー的で排他的である。この点で、全体主義体制の後に成立した体制は、無定形な権威主義体制の後ほど困難な状況には直面しない。前体制の関係者であって自らの過去を否定しない者に対して、民主的過程に参加する資格を否定するならば、新体制の創設者は、準忠誠的または非忠誠的反対派の創出という自己実現的予言(self-fulfilling prophecy)を成就させることとなる。[16] 社会全般の合意によって、前体制が道徳的根拠に基づいてほぼ全員一致で拒否されるような極端な場合を除けば、デモクラシーにおいて新体制への忠誠が遡及的に適用されることはない〔前体制の支持勢力であった事実は断罪されない〕。この点で第二次世界大戦後のドイツとイタリアのポスト全体主義デモクラシーは、スペインのプリモ・デ・リベーラ(Miguel Primo de Rivera y Obraneja)体制後の第二共和制とも、アルゼンチンのペロン体制後のデモクラシーとも極めて異なる状況にあった。スペインとアルゼンチンでは大多数の人々が権威主義体制を歓迎していた。従って、前体制の失政がその崩壊をもたらしたにもかかわらず、広く共有されたリベラル・デモクラシーの基準によって拒否されたはずの〔前体制の〕正統性を、多くの人々が道徳的根拠によっては否定しなかったのである。前体制のかつての支持者は当然のごとく排除されたが、それによって彼らは統合の可能性を残す準忠誠的反対派になることも、ましてや忠誠的反対派に加わることもできなかった。

フランコが世を去って、ほぼ四〇年に及ぶ権威主義的統治の後に、スペインは一九七六年から七七年にかけてデモクラシーに復帰したが、この再民主化にはいくつかの特質がある。一九四五年のトルコのデモクラシー復帰と同じく、この変化は体制崩壊ではなく、内外の圧力のもとで統治者主導によって生じた点で独特であった。(一九七七年選挙以後)今日まで、主要な反対勢力への権力移行ではなく、[17] 自由で競争的な選挙によって正統化された権力の共同運営の過程が生じている。決裂(ruptura)によるのではなく、改革(reforma)によるこの体制変動は、新たな民主的諸制度にいくつかの特殊な問題を生じさせる。これらの諸制度はフランコ体制憲法の公式の改正手続きに従って生み出され[18]たが、民主的憲法の規定を濫用してデモクラシーを否定するのと酷似した過程を通じて基本法の精神を踏みにじり、しかもこれとは逆の帰結を生じさせたのである。こうしたスペインのようなデモクラシーの設立と復元の事例が抱える問題のいくつかは、新たな予期せぬ複雑さを帯びることがある。

危機に陥ったデモクラシーの重要な特徴の一つは、政治的イデオロギー軸のいずれかの極に位置する過激派の敵意に直面したときに、システムを創建した政党さえ忠誠的なシステム内政党の典型像から逸脱する傾向があることである。こうした状況による制約は全ての政治勢力を、民主的システムに対する準忠誠すら含む、何らかの形の準忠誠へと追いやる。

後講釈を行う歴史家や社会科学者と比べてさえも、危機に苛まれるデモクラシーの政治過程におけるアクターたちには、誰が忠誠・準忠誠・非忠誠であるかについて一致した見解を見いだすのが確かに難しい。結局この曖昧さがデモクラシーの政治過程の擁護を非常に難しくし、緩慢ながらも避け難く見える崩壊過程に大きく貢献する。かなりの支持がある非忠誠的反対派が存在する場合、特にそれが二つの分極化した勢力である場合には、準忠誠的な政治的アクターが発生しやすくなる。しかもそれらは分極化する傾向にあり、民主的で競争的な政治システムに対してはっきりと忠誠的な人々を孤立に陥らせやすくする。

危機的状況における政治過程のこうした本来的な曖昧さは、事後における単純な道徳的判断を極めて危険なものとすることがたびたびあるし、時には不当なものとすることもある。その際には、体制の存続に関心を抱くエリートどうしの相互信頼に基づいて集中的に相互作用と意思伝達を行うことだけが、忠誠と非忠誠に関する意見の一致を生み出す。そのような条件のもとでのみ、異なるシステムへの傾倒やイデオロギー的親近性や利益よりも、現行システムへの忠誠を優先させる態度を実現することができる。

ここで浮上するのが、民主体制への忠誠的反対派を構成する政治勢力に関する定義である。理念的には、こうした勢力は次のように特徴付けられるであろう。

(一) 選挙という手段のみに基づいて権力を獲得することを明確に宣誓していることと、同様の宣誓を行う他の参加主体にも無条件に権力を明け渡す用意があること。

(二) 非合法的な権力獲得の試みに遭遇したとき、権力を勝ち取り維持するために暴力的手段に訴えることを、憲法上の正統な手段によって行う場合を除いては、明示的に、また断固として拒否すること。

(三) 忠誠的な民主的反対派に対抗して権力を獲得または維持するために、軍に対していかなる非立憲的要請を行うことも拒否すること。

(四) 権力を獲得することや、憲法上の負託を逸脱して権力を保持することや、没民主的または反民主的挑戦者をも含む反対派を粉砕することを目的として、支持者を動員するために暴力的レトリックを用いるのを断固として拒否すること。デモクラシーの防衛は、多少なりとも限定的に解釈された法的枠組みの範囲内で、大衆の感情や〔体制の擁護者を自任する〕政治的な自警団活動を刺激することなく行われなければならない。

(五)　まずまず公正な民主的政治過程に必要とされる市民的自由を保障すること以外に条件を設けずに、政治過程・選挙・議会活動への参加に専念すること。手続きに関する政策ではなく実質的政策の承認を求めることは、原理的に次の前提と両立しない。すなわち、少数派は多数派の決定を一時的に(pro tempore)尊重せねばならず、同様に多数派は、仮にその少数派が多数派に転じた場合には、競争政治を支える諸条件に関するものを除いて、彼らにも〔現在の多数派たる自分たちとは〕逆の政策を採用する権利があることを尊重しなければならないという前提である。

(六)　システム内諸政党が現政権に代わるものを組織できない場合に、原則として統治の責任または多数派に加わる責任を担う姿勢があること。危機に瀕して通常なら弱体化する可能性がある政府に参加する姿勢があることは、さらに厳格であるとはいえ、もっともな必要条件の一つであろう。

(七)　イデオロギー的距離があっても、民主的政治秩序の存続に尽力する反対派とは連携しようとする態度を持つこと。(この条件はさらに厳しく、もしかすると無理難題である。）　これは、暴力の使用あるいは暴力的レトリックによって、正統な反対派から市民的自由を剝奪しようとすることで民主的政治過程の空洞化を促進することに加担している政党には、イデオロギー的に近接していても対抗しなければならないことを意味する。

（八）　非忠誠的反対派と水面下で接触することや、反民主的活動を容認する代わりとしてそうした反対派から支持を提供されるのを拒否すること。原則的に、広義のシステム内政党と反システム政党とを公私にわたって可能な限り明確に区別しようとする努力は、システムに忠誠的な政党／政治勢力の主要な特徴である。

（九）　正統な民主的政府の打倒を目指す反対派勢力または軍の活動を、その政府に告発しようとする姿勢があること。この基準は確かに厳しく、適用がより難しい。というのは、そのような謀略への参加を避けようとする姿勢はもとより、脅威に直面して政敵を支持することまで求めているからである。

（十）　大統領、国王、司法、軍のような中立的権力(neutral powers)[19]の政治的役割を、原則として民主的政治過程の真正性を保証する狭い範囲に限定しようとする態度を持つこと。

これら一〇項目の必要条件を疑いの余地なく満たす必要があるならば、深刻な危機を経験しつつある社会の多くにおいて、民主的政治過程における忠誠的な参加主体の数が極めて少なくなるはずであるが、そうはならない。そればかりか、一九三〇年代のスペインのように、詳細な史料を紐解けば、本書の分析対象となる事例ではこうした理想的定義を完全に満たす主要政党や中心的指導者が存在しなかった、という結論に達するかもしれない。危機的状態にある全てのデモクラシーにおいては、デモクラシーの安定に最大の力を注ぐ政党、すなわち通常であれば本書の基準を満たすはずの政党さえ、準忠誠的要素を帯びていることが明らかとなるだろう。

本書で行ってきた区別は、体制の権威に関するリチャード・ローズの分析と関連付けると、明確になるだろう[43]。システム内諸政党と忠誠的反対派は、高水準の支持と高水準の服従を示すことによって体制の権威の正統性を最大化することに貢献する。公然たる本心からの非忠誠的反対派の特徴は、低水準の支持と低水準の服従である。彼らの目的は体制の否定であるが、これに失敗すれば、彼らの活動がその体制を準抑圧的に変化させる。強力な反対派が強力な体制と対峙するとき、反対派の活動は体制を抑圧的にさせる傾向がある。しかしながら現代の非忠誠的反対派は、その主張に曖昧な部分があるせいで〔体制に対して〕中間的水準の支持を与えている印象がある。しかもその服従の度合いは、体制派の諸政党の強さや、政府を支える諸勢力の凝集性や、状況によって生み出される機会や、解決不能な問題に応じて変化するのである。非忠誠的反対派の存在は、リチャード・ローズの言う、部分的正統性を有する(partially legitimate)体制か、分断型体制か、あるいは崩壊型(disrupted)体制を生み出す〔中間的水準の支持＋高〜低水準の服従〕。これらの表現が表しているのは、体制の権威が問題解決能力と政策遂行能力を減じるにつれて、非忠誠的反対派の服従拒否に直面したシステム内諸政党がコントロールを喪失していく一連の流れである。しかしながら、部分的正統性を有する権威の状態や、分断された権威の状態に体制を追いやるのは非忠誠的反対派ではなく、相対的に高水準の服従か、あるいは少なくとも両義的な服従の姿勢を示す準忠誠的反対派である。本書で研究される政治体制はこうした中間的状態にあり、ローズの類型論に従えば、部分的正統性を有する体制から分断型体制へと移行したあと〔中間的水準の支持＋高〜中間的水準の服従〕、抑圧型体制あるいは準抑圧型体制という形で存続して〔低水準の支持＋高〜中間的水準の服従〕、最終的には孤立型(isolated)体制か、崩壊型体制か、拒絶型(repudiated)体制に至る〔低水準の服従＋高〜低水準の支持〕。ここで言いたいのは、与党であれ野党であれ、政治ゲームの中心的な参加主体が準忠誠的に振る舞ったり、さらには準忠誠の疑いをかけられたりする状況をもたらす諸条件が、崩壊過程を説明するうえで、非忠誠的反対派の役割とほぼ同じくらいに重要だということである。

危機・権力喪失・崩壊・権力掌握

本書では、政治システムの展開におけるその時々の正統性・問題解決能力・政策遂行能力が、蓋然論的で流動的な性質を持つことを強調することに努めてきた。また、崩壊過程の叙述において決定的役割を演ずる、ある体制とりわけ民主体制への忠誠的反対派、非忠誠的反対派、そしてここでは準忠誠と呼ばれる反対派の類型の特徴を描いてきた。しかし、出来事が順を追って起きていく様についてはまだ述べていない。そのダイナミックな過程は、民主的政治システムにおいて、なぜこれらの次元〔正統性・問題解決能力・政策遂行能力〕が異なる時点で異なる性質を示すのかを説明するのに役立つのである。

近年では、どういった出来事がデモクラシーの不安定化や倒壊や、時には再均衡化に決定的に寄与するのかということが、膨大な理論的考察と経験的研究の対象になっており、とりわけ暴力とその結果としての政府の対応がどう始まり、どのような特徴を持つのかという点に関心が持たれている。内閣の安定性は体制の危機の指標でも原因でもあり、経験的に研究されてきたが、体制の安定性という、より大きな問題との関連では研究されていない。[44]たとえば政党システムの違いがデモクラシーの安定性にどのような意味を持つのかということや、政党システムと選挙制度とがどのように関係するのかといった他の諸側面については、ヘルメンス（Ferdinand A. Hermens）の重要な研究をはじめとして多くの考察がなされている。[45]マルクス主義理論の伝統においては、資本主義のもとでの経済的危機と、その結果としてのデモクラシーの崩壊やファシズムの権力到達が重視されているにもかかわらず、経済的危機と政治的危機との関連についての研究は残念ながら比較的少ない。[46]民主体制の崩壊を促進するあれこれの過程に関する理論的・経験的研究が足りないわけではない。しかしながら、こうした分析に由来する洞察が、より複雑な記述モデルに統合されることはなかった。本研究の見方からすると、歴史調査によって徹底的に史料が発掘されたパラダイム的諸事例、その少なくとも一部に関する帰納的分析からのみこのようなモデルを導ける。この点で、ブラッハーの研究は新境地を切り開いた。[47]最近の合衆国での出来事[20]に反応して同国の社会科学者は政治的暴力への強い関心を極めて鮮明に示し、第三世界の不安定な政体の研究に知的努力を集中させている。しかし、残念ながらそのことが、危機・崩壊・再均衡の過程が持つ別の諸側面の無視につながった。思い起こすべきは、多くの国では内戦と政治的暴力が政府と体制の転覆を引き起こしてきたが、本書の研究対象である相対的に安定したデモクラシーはより複雑な過程の中で倒壊したのであり、その過程では、暴力は体制の不安定化に寄与する要因の一つでしかなかったということである。もしかするとある事例では、暴力が〔体制崩壊に至る〕過程の引き金であったかもしれない。しかし、組織された暴力の行使が体制の運命を決定したのは、軍が直接介入した場合のみであった。軍の政治的役割に関する最近のより洗練された分析が明らかにしているように（アルフレッド・ステパンのブラジル軍に関する研究を参照(48)）、そうした事例においてさえ、軍の行為は現体制が腐朽していく複雑な過程の産物であった。

体制の敵対勢力とりわけ急進的・暴力的運動や不満を抱く一部の人々の行為、そして軍の介入に視点が偏ると、民主体制の存続に関心を抱く者の行為を見落としてしまうかもしれないし、体制に好意的であるか少なくとも中立的でありえた多くの組織的社会勢力と諸制度が、最後には支持を撤回したことも見過ごしてしまうかもしれない。社会科学的分析の強調点は、根本的な構造的緊張(とりわけ社会経済的紛争・不平等と急速な社会経済的変動や従属)と、崩壊直前の公然たる敵対の時期との間を揺れ動くのである。いずれが強調される場合でも政治過程そのものは無視されるのだが、政治過程は様々な制約のもとで機能して、しばしば反乱や暴力的紛争を生み出す条件に寄与する。次のチャールズ・ティリー〔アメリカの歴史社会学者〔一九二九～二〇〇八年〕。政治的暴力/強制力の観点から、国家形成、革命、社会運動、民主化等を探究〕の主張はもっともであると思われる。

最近の革命研究では、不安・疎外・期待上昇などの着想を導入してこれを心理学的に行おうとする試みや、不均衡・役割葛藤(role conflict)・構造的緊張(structural strain)などの概念を用いて社会学的に行おうとする試みが多く見られる。[21]にもかかわらず、綿密な調査のもとでも説得力を持つのは概して政治的要因である。権力構造、正義概念の競合、強制力の組織化、戦争の遂行、連合の形成、国家の正統性——こうした政治思想の伝統的関心が、革命を説明するための重要な手引きとなる。人口増加や産業化や都市化その他の大規模な構造変化は、確かに革命の蓋然性に影響を及ぼす。しかし、これらの構造的要因の影響は、権力への潜在的挑戦者(potential power contender) の形成や政府の統制技術の変容、そして挑戦者と政府とが利用できる資源が次々に変化していくことを媒介とした、間接的なものとなる。(49)

従って、ここで焦点を当てる主な対象を列挙すれば次のようになるだろう。すなわち、現職政治家とその行為、彼らによる体制のためのアジェンダ設定、彼らが問題を特定する方法とその問題を解決する能力、体制支持勢力が統治を行うための十分な凝集性を維持する能力、権力の責任を積極的に引き受けようとする民主的指導者の姿勢、政治的決断を避けようとして没民主的な政治的メカニズムに訴えようとする誘惑の拒絶、超党派的(nonpartisan)な正統性の根拠に積極的に目を向けようとする姿勢、体制防衛への舵切りではなく非忠誠的反対派の包摂または提携を求める態度、危機的な雰囲気に対する不適切な対応、すなわち間が悪い選挙を実施したり国家の強制手段を不正に使用したりすること、そして、権力喪失の後や権力真空が始まった後の政治的アリーナの縮小である。非忠誠的反対派を台頭・強化・増長させ、準忠誠的反対派を出現させその煮え切らない行動を助長するのは、こうした政治過程である。現職者が深刻な危機を克服することを可能にする再均衡化の過程についての説明も、民主体制の変容の過程についての説明も、彼ら自身が始めたこの政治過程の中にこそ求めるべきである。またそれは、崩壊過程の帰結を説明するのにも、後継体制がなぜ多様な形をとるのかを説明するのにも大いに役立つ。

民主体制の設立と固定化、およびに民主体制の将来的安定性

デモクラシーの運命は本書の主題であるが、その歴史によれば、体制の発足と初期段階の固定化が、将来の深刻な危機に対峙する能力を獲得するために重要であることは明白である。憲法制定をめぐる議論が新たなデモクラシーの建設に多大なエネルギーを投入し、制定された憲法の長所と短所に政治家や伝統的政治学が極めて強い関心を寄せるのは偶然ではない。有名なヴァイマル憲法第四八条[22]のような憲法規定の一部を、起草時には意図されなかった、そしておそらくは予想だにされなかった結果に基づいて後知恵で非難するのは容易である。臨時政府による論議もあまりなく急いで制定されたスペイン第二共和制の選挙法[23]や、実質的な執行府の規定がないエストニア憲法[24]についても同じ

ことが言える。

しかしながら、憲法の起草は、民主的な体制建設において長期的な影響が予想される唯一の過程ではない。臨時政府や最初の政府だけでなく体制自体にとっても同程度かそれ以上に重要なのは、憲法起草段階で採用される初期のアジェンダである。なぜなら、そのアジェンダは現行の枠組み内では満たされない期待をしばしば生み出し、やがてその期待が体制建設過程に関与した勢力の側における準忠誠性の原因となるからである。ところが、初期のアジェンダが政府のプログラムではなく、単純多数による破棄が難しい憲法の本質的部分として規定される場合は特に、それは体制の正統性に対する基本的立場を固定化する一因となるだろう。加えて、体制が変動するときには、大部分の人々は体制を創建した人々への強い支持も、崩壊した体制への忠誠も表明することがなく、日和見か中立の立場である。このことが特に当てはまるのは、先行する権威主義体制が組織的反対派の政治過程への参加をどんな形でも認めなかったときがまさにそうなのだが、前体制のもとで新体制の政党システムが形をなし得なかった場合である。そのような事態において、新体制の正統性と問題解決能力に対する態度は、初期の段階で恒久的に形作られる可能性が非常に高い。この段階で新たな統治者は〔体制を〕社会的に特徴付けるような諸政策を策定し、そうした政策の恩恵を受ける人々の堅固な支持基盤を創り出すことができる。まさにその時点において、新たな統治者は、体制変動には中立的ながらその意味を気に掛ける人々の不安を、最小限に抑え込むこともできる。

新たな民主体制の指導者は、支持を最大化するためであると思われるが、社会のあらゆる未解決の問題を同時にアジェンダに盛り込みたい誘惑に駆られるかもしれない。しかし、そうすることで、改革の負の影響を被る可能性のある人々も最大限に膨れ上がることには気付かない。解決に何十年も費やされてきた多くの複雑な問題が同時にアジェンダに盛り込まれれば、ほとんど統治の経験がないうえに、限られた情報とわずかな財政的資源しか持たない指導者に過剰負担を与えることになるだろう。提案された対策全てが問題解決に資すると仮定しても、その一方で体制は、それらを迅速に実施するうえでの政策遂行能力を欠いていることによって傷付くかもしれない。その過程において、体制は支持者の期待を過度に煽るとともに、受益者と目される人々の支持を獲得しないまま、改革の負の影響を被りそうだと考える人々に不安を抱かせてしまうかもしれない。

このパターンがなぜ新生デモクラシーで繰り返されるのか。本書の見方では、これには複合的な原因がある。一つは、問題山積の責めを、社会的現実の扱いにくさではなく、前体制の不作為に負わせようとする傾向である。特に長期にわたる独裁の後には、投票よりも街頭の群衆や祝祭的気分によく表れた初期の多幸感や広範な支持のイメージがあることで、善意さえあればあらゆる問題は解決できるという感覚がしばしば生じる。民主体制の指導者は、大抵は社会問題とその解決策について考える時間はあったが、問題を正確に定式化し、どのみち抵抗に直面せざるをえない場合の解決策を特定の事実と関連付けるという課題に取り組んでこなかった。一般に新生デモクラシーは連合によって創設されるが、その連合には、力量不明の小集団も代表を送り発言機会を求めるであろう。多民族社会においては前体制の危機と将来の不確実性が中央政府を弱め、自治主義あるいは分離主義の要求さえも誘発して、これらをアジェンダに加えざるをえなくなる傾向にある。また、前体制と結び付いた社会勢力が組織としての能力(organizational capabilities)を回復したときには、新指導者はこれからの自分たちの強さについて何らかの不安を覚えることから、自分たちの綱領的な願望を法制化し、それを新憲法に加えることとすら望むかもしれない。

ある社会における根本的諸変化を立法上の専断によって達成しようとするこの欲求は、そうした変革を成し遂げるための資源と釣り合わない。いかなる体制変動も何らかの攪乱的影響を経済に与える可能性があり、公的信用の撤回、資本逃避、投資減少をもたらすことも珍しくない。資質を欠いたスタッフが支えるなじみの薄い官僚機構に対処しながら、政府の指導者が憲法上・立法上の議論に没頭するには集中力の限界がある。こうした限界と相まって、大がかりなアジェンダは実質的に実行不能に陥ることがよくある。結果として生じる失望や挫折が、初期の体制創設連合の中に対立を生み出すことになる。

新体制が導入する変革の多くは象徴的性格のものである。たとえば国旗の変更に深い感銘を覚えるのは一般に少数の人々だけであり、伝統に固執する人々には心痛を与える。[50]こうした変更は当初は熱狂を引き起こすが、新体制の支持者には具体的利益を意味しないので、社会の大きな部分を新たな秩序に惹きつけるような画期や政策にはならない。しかしながら、それは非忠誠的反対派の重要な結集点となり、非忠誠的反対派の支持を得ようとする政治的諸集団の側における準忠誠的態度を助長する。

新たな統治者には、おそらくは道徳的優越感に基づいて、旧秩序に連なる人物や組織に対するルサンチマン(ressentiment)の政治なるものにエネルギーを無駄づかいする傾向もある。[51]ルサンチマンの政治は、旧秩序派の尊厳と感情に向けられた些細な攻撃から成る。中央官庁でも地方政府でも(とりわけ農村社会において)、下級職員のレベルでこうした手段が模倣され、個人的復讐にすら利用されるかもしれない[52]。象徴的変革に対する敵意もルサンチマンの政治の感情的コストも、簡単に忘れ去られるものではない[53]。こうした政策に根を持ち、後年の深刻な危機に際して顕わになるかもしれないのが、非忠誠的反対派であり、体制に対する潜在的な両義的態度である。体制変動に伴う心理的衝撃はしばしば実際に起きた社会の諸変化より大きく、このことが主な原因となって、一方では強い敵意が生まれ、他方では実際の諸変化に対する幻滅が生まれる。

従って民主体制の固定化局面では、各政策の政治的な費用《コスト》と便益《ベネフィット》に関する理性的分析がとりわけ重要である。特定の政府が成功するか失敗するかではなく、体制に対する基本的な先有傾向[25](predisposition)の形成がかかっているのである。問題を厳選して、小規模ながら非常に目立つことのある少数派を失望させるという費用《コスト》を負担しながらも、相当数の人々に便益《ベネフィット》と安心を与える改革に比較的素早く着手すれば、得られるものは大きいだろう。このことは容易ではないが、幸運な体制もあった。たとえば東欧諸国の中には、大地主が外来のエスニック少数派に属していたために大規模な農地改革が可能になった国(具体的にはポーランド、チェコスロヴァキア、ルーマニア、ユーゴスラヴィア、エストニア、ラトヴィア、リトアニア」がある。

対外政策上の争点は新体制の重荷となる場合が非常に多い。なぜなら新体制は、他国に対する従属関係に置かれていることを初めて知ることになるかもしれないからである。これは第一次世界大戦後のドイツ、オーストリア、その他の後継諸国にとって特に重大な問題であった。共和国の形成と完全な民主化は敗戦とヴェルサイユ条約の受諾に伴うものであったことから、多くのドイツ人は新体制に正統性を認めず、旧秩序に懐古的忠誠心を抱くようになった。(54) このことは軍将校や公務員に特に当てはまったが、プロテスタント聖職者や教員ですらそうであった。オーストリアには独立国家の地位(statehood)が押し付けられ、「オーストリア」共和国が経済的危機に陥ると常に蒸し返されたドイツとの統一も、連合国により完全に禁止された。このことは、強烈な汎ゲルマン感情を抱くオーストリア人の間で、デモクラシーが正統性を得られないことの一因となった。パオロ・ファルネーティがイタリアの危機の分析において示したように、参戦論が全ての陣営内に作り出した亀裂、戦争の損害、戦果に対する失望があったことが大きな原因となって、形成途上のイタリアのデモクラシーは戦後における経済と社会構造の困難な再調整に対処できなかった。(55) 第二次世界大戦後のラテンアメリカにおいては、従属と経済的ナショナリズムが同様の役割を演じた。

固定化局面においてこうした争点が特に厄介に見えるのは、国家のアイデンティティが危機に瀕しているからである。外国との約束事は、その後のいかなる政権も制御できない国外の権力に依存するので、国内政策のようには簡単に破棄することができない。またそうした制約が課せられてしまったことをめぐって、非忠誠的反対派は特定の政権ではなくシステムを非難しがちとなる。加えて国際交渉の過程は、〔政府を〕矛盾に満ちた曖昧な立場へと導く可能性がある。国内消費用の声明は会議の席上における表明とは異なるかもしれないが、〔国家間の〕妥協は心裡留保〔真意では条約や合意の内容を履行する意思がないこと〕付きで受け入れられ、〔国内では、不本意な諸条件の〕改定に向けての期待が膨らみ始める。こうした両義的態度の極端な例は、イタリア政府のフィウメ政策[26]や、ヴェルサイユ条約に違反したドイツ再軍備[27]に見ることができる。これらの政策は著しく政治化したパラミリタリー（準軍事的）集団の台頭を促したが、そうした集団は、政府とは逆のことを強く主張していたにもかかわらず容認されたのである。

体制創設連合の外部にある勢力の包摂

本書の見方では、新たな民主体制は、前体制に反対し最初に権力を掌握して新たな諸制度を創出した人々の強い忠誠心を当てにすることができる。新体制の創設者に共感を抱く多くの分析者が信じていることとは逆に、一般的には、崩壊した体制に正統性を与え続ける人々はどちらかといえば少数である。結局のところ前体制の崩壊の原因は、正統性や問題解決能力、あるいは政策遂行能力に関する危機の結果として、〔体制への〕関わりが希薄な市民すなわち没政治的(apolitical)な人々が忠誠対象を移動させたことにあるのが常である。こうした市民が忠誠対象を移動させなければ、前体制の統治者は変革に抵抗できたであろうし、少なくとも挑戦者との暴力的対決に向けて十分な支持を結集できたであろう。そして今度はこのこと〔前統治者が大半の市民の忠誠をつなぎとめられたこと〕が、デモクラシーへの道ではなく、ほぼ確実に独裁時代への道を開くことになったであろう。従って固定化期とは、主として、相対的にどちらの立場にも与しない人々の忠誠をめぐる闘争の期間なのである。

中立派の市民は未組織で方向性がなく、当初は怯えてさえいるので、当初は新たな体制創設連合のより穏健な部分に加わるか、少なくともそれに投票するだろう。(ドイツではドイツ民主党[DDP: Deutsche Demokratische Partei]への支持という形をとった。) しかし、デモクラシーが政治的組織化の機会を提供し、固有の利益に対する意識が高まり、しかもこの局面では政府の失敗がほぼ避け難いことを考えると、これら無所属の人々は、新興政党はもとより、前体制ゆかりの政界人さえも支援して結集するかもしれない。こうした新たな政治勢力は、暫定的多数派の名のもとに行われた決定を疑問視し、続く選挙でかなりの支持を得る可能性がある。新生デモクラシーの創設者にとって問題となるのは、こうした挑戦者を政治過程における完全に正統な参加主体と認めるべきか、行われた改革をことごとく承認することをその参加の条件とすべきかということである。この争点は、体制創設連合および政治エリートを分断する可能性がある。選挙のレベルを超える参加に対して高い敷居を設定し、多くの領域から原則論的反対派を排除すれば、〔デモクラシーが〕危機的状況を迎えたときの将来の協力が困難になるかもしれない。潜在的には忠誠的民主派であるはずの勢力が、他の勢力が体制に付与したいと考えている実質的内容を支持しないことによって、原則論的反対に回り、非忠誠的反対派との協力に追いやられることもある。こうした傾向が選挙制度によって助長されることもある。彼ら〔すなわち、潜在的には忠誠派だったが原則論的反対派に追い込まれた者たち〕には、準忠誠的な印象が生じるかもしれない。体制創設連合内でイデオロギー軸の対極にある政党はこうした〔準忠誠的な〕勢力の政権参画を拒否して、これを体制に包摂することに前向きな中道派政党を激しく批判する。その結果、全ての参加主体の間に強い遠心的傾向が生じ、政党〔システム〕が断片化する。（極端な場合には、オドンネルが「不可能なゲーム」[impossible game]と呼んだ、ペロン後〔一九五五年のリベルタドーラ革命によるファン・ペロンの失脚・亡命以後〕のアルゼンチンのような状況になる。[28]）[56] その直接的帰結は党派間の深い人格的敵対であり、両極の過激派に対抗して幅広い中道連合を柔軟に構築する可能性が失われることである。最終的に、民主的諸制度の正統性が弱まり、非忠誠的反対派や準忠誠的反対派の躍進という結果がもたらされる。つまりは、深刻な危機によって民主派の再結集が必要となっても、その可能性がないことが明らかとなるだろう。

非忠誠的反対派を明確に見定め、ある段階で政治的に孤立させることが重要なのは強調すべきだが、こうした流れがうまくいくのは、体制創設連合の一部が少なくとも準忠誠と見ている勢力を、体制に包摂しようとする姿勢が同時に存在する場合のみである。

この段階では、政治的手腕、柔軟性、タイミングが大いに必要とされる。なぜなら、この包摂過程は必ずしも問題解決能力を高めるものではないが、開放的な競争的デモクラシーの正統化においては極めて重要でありうるからである。

ここでもまた、デモクラシーとその前の体制との連続性が重要である。政治的エリートたちは互いに面識があるどころか、長年の議会生活の中で信頼関係といったものを強めてもきたので、政治的経験を共有していない敵対勢力よりもこうした包摂を受け入れやすい。一九二〇年代中葉にヴァイマル共和国やオーストリアのデモクラシーが実現した相対的安定と、第一次世界大戦後のイタリアおよび一九三〇年代のスペインとの対比は、議員の連続性の差によって部分的に説明できる(57)。ラテン諸国のデモクラシーにおける二つの新興政党、すなわちイタリア人民党〔PPI: Partito Popolare Italiano〕とスペイン独立右翼連合の登場は、若く無名の指導者のもとにカトリックが新たな形で政治生活に参入したことを意味し、ブルジョア自由派を混乱に陥れた。他方でドイツのカトリック中央党〔DZP: Deutsche Zentrumspartei〕とオーストリアのキリスト教社会党〔CSP: Christlich-soziale Partei〕〔オーストリア国民党〔ÖVP: Österreichische Volkspartei〕の前身〕が及ぼした作用は、これら〔イタリア人民党やスペイン独立右翼連合〕とは対照的〔に、前体制との連続性を象徴する存在として、新生デモクラシーの安定化にもある程度貢献したの〕であった。

民主的リーダーシップにとっての正統化問題

序論で提示された命題は、《より多くの人々がより強く体制の正統性を承認するほど、その体制が未解決の問題に直面したときに、問題解決能力と政策遂行能力に関する深刻な危機を乗り越える能力が高まる》というものであった。同程度の問題に直面したときに、正統性の高い承認を得ている体制は、それがない体制より良好な存続可能性を示す。従って、正統性〔の確保〕は民主的リーダーシップの最優先の課題となる。固定化期において初期アジェンダを確定すること、ルサンチマンの政治や対外政策上の責務が悪影響を及ぼすこと、体制創設連合の外にある潜在的忠誠派を包摂するのが難しいこと、これら全てがこの課題と関係することは明らかである。しかしながら、新生デモクラシーが後年になって露呈する弱さを説明するには、その固定化の研究においてほかにも分析すべき次元がある。

デモクラシーは国家またはネイションに対する忠誠に基づいて自らの正統性を確立す

る。実際、一部の社会的部門、とりわけ軍将校や公務員、時に知識人は、特定の体制よりも国家またはネイションとの一体性感覚が強く、国家を党派と関連付けることを原則的に拒絶する。体制が幅広い革命的な社会的動員から生み出されたのでなく、そのため国家の連続性の観念を否定することができない場合、これは深刻な問題となる。

成功の見込みがある対策の一つとして考えられるのが、新たな政治的秩序を明確に、また公然と支持することを嫌がる分子を〔軍や官僚機構などから〕追放することである。実のところ民主体制の崩壊に関する分析の多くは、〔非忠誠的分子を追放せずに〕これらの制度的諸部門の民主化（またはデモクラシーへの忠誠〔強化〕という観点からの浸透）を怠ったとして、体制創設者を非難する。しかしながら、獲得された権利を承認する現代の社会において、加えて言論の自由を保障するリベラル・デモクラシーではなおのことそうであるが、これを行うことは並大抵のことではないし、そのような試みは、期待された成果を達成するのではなく、影響を被る人々の怒りを引き起こす両義的で矛盾した政策に帰結することがよくある。

この政策領域においては象徴的な断絶が極めて重要な事柄となる。これによって、通常なら明示されない体制の正統性に関する信念を、公的に表明することが強いられるからである。国旗、国歌、あるいは祈りの儀礼的文言の変更といった些細な問題がしばしば紛争や悪感情を引き起こし、非忠誠的反対派の結集を促進する。新体制の支持者がこうした象徴上の変化に満足する場合もあるが、本書の見解では、政治的安定化に必要とされるのは、国家的・国民的象徴の最大限の連続性である。それが新体制に関与する勢力と彼らが新体制に包摂しようとする勢力との間の合意基盤となる。こうした象徴上の連続性によって、初期段階における情動的な選択が回避され体制の受容が容易になる。

国家およびネイションの境界線の確定に失敗することは、体制とりわけデモクラシーが正統性の確立において直面するもう一つの深刻な問題を提起する。たとえば北アイルランドのような状況では、いかなる形の民主的多数支配であれ、少数派はそれを圧制であると感じる。また、その少数派に属する者が別のネイション・ステイトへの忠誠を標榜することによって、多極共存型の解決すら難しくなる。問題となっているのはデモクラシーの正統性や不安定性ではなく、国家の正統性や不安定性なのである。この問題は、より穏健な形ではあるが、多くの多民族国家に見られる。とりわけ、第二次世界大戦前のユーゴスラヴィアのセルビア人、チェコスロヴァキアのチェコ人、歴史的にはスペインのカスティーリャのように、国家ないし体制が主に一つのナショナリティ〔民族体／ネイション意識を共有する人々の集団〕によって建設されている場合である。これらの事例が示すように、完全なデモクラシーのもとでは周辺部のナショナリズムの表明が認められなければならないし、このことが自治主義や連邦主義の要求はもとより、分離主義の要求すらも可能にする。国際情勢からこうした要求に対する寛容が強制される場合もあるが、民主的リーダーシップにとってはほぼ解決不能な問題が生じることになる。

同じことは、ネイションが、国境をまたいで人々を幅広く包摂する超国家的な実体と捉えられている場合にも成立する。こうした考え方は、民主的諸制度に対する汎民族的運動の忠誠がなぜ両義的であるかを説明する。なぜならこうした運動は、体制の指導者が現在の国境線を受け入れていることを問題にするからである。イタリア、オーストリア、ヴァイマル期のドイツそしてある程度まではフィンランドの経験が示すように、民主的指導者たちは、自らの政策公約のほかに国際的圧力によっても両義的態度を余儀なくされている。このために、彼らはシステムの正統性、あるいは少なくともその一部の参加主体の正統性を剝奪することに貢献する。このような状況においては、民主的指導者はネイションではなく国家を正統性の源泉として強調する方がよいのかもしれない。想起すべきは、ファシストの主張が、社会内の亀裂と利害対立を容認するシステムに抗して、ネイションの紐帯を確認すべきだということを根拠としていた点である。一般的には粗雑な歪曲を通じて、国際社会とのつながりゆえに「民主派は無国籍である」との烙印を押されることが、デモクラシーの脱正統化の過程ではしばしば重要であった。このことは、国際主義および平和主義の遺産を受け継ぐ社会主義、ローマ教皇庁および国際的教会組織と結び付くカトリック政党、国際資本主義と結び付くブルジョアの実業家政党、そして明らかに国際主義的であり、権力に参与することなく民主的自由を享受した共産主義にも当てはまるであろう。

革命とインテリ層(intelligentsia)に関するあらゆる研究は、権威に対して正統性を付与したり剥奪したりする者としての知識人の役割を指摘する。パレートが指摘するように、聖職者による、そして現代世界では知識人によるイデオロギー的定式化が重大な影響を及ぼし、従属階級には反抗の権利があり、支配階級には現行秩序の防衛のために強制力を用いる道徳的権利があることを確信させるのである。(58) 大学には政府職員、判事、弁護士を訓練する役割があり、ジャーナリストと著述家には思想と表現の自由を保障する社会において世論を形成する役割がある。こうした役割を前提とすれば、体制の正統性に関する態度の流布や体制非難の様々な根拠は、当然ながら、これらインテリ層と学界の多様な部門が生み出した思潮によってほぼ決まる。政治的・社会的運動を支持するのは各々のお抱えの知識人であることから、知識人は二義的役割しか演じないとも言えよう。しかし、カール・マンハイム〔知識社会学を提唱したハンガリー出身の社会学者〔一八九三〜一九四七年〕〕ならば、自由に浮動するインテリ層という概念を用いて逆のことを言うであろう。(59) 知識人の党派的傾倒にもかかわらず、あらゆる社会には、その創造力や文学的・美的・科学的業績ゆえに特別な立ち位置にあり、どんな正統性危機においても政治秩序の批判において重要な役割を果たすような知識人が必ずいくらかは存在する。知識人と芸術家の主要な関心事であり続けているのが、表現の自由、検閲の拒否、文化的・宗教的・政治的異論の権利、異議申し立ての自由である。〔デモクラシーが〕これらの規範からたまに逸脱することを考慮に入れても、今日の政治システムの中で、デモクラシーほどこれらの自由を存分に許容するものはない。そして本書がその崩壊を論じる体制は、確かに知識人が創造的役割を追求することを認めている。リベラルで民主的なシステムが知識人の世界で広範な支持を受けることは当然であるが、次のように言わねばならない。危機的状況に陥った多くのデモクラシーにおいて、知識人の政治的役割に関する証拠からしばしばわかるのは、民主的自由の諸制度を左右の敵から公然と守る責任を引き受けた知識人がほぼ皆無であったということである。

学問・文学・芸術部門の間の違いだけでなく、文化的・宗教的・制度的伝統の結果として紛れもなく重要な違いも国ごとに見られ、加えて歴史的状況の変化を反映した違いもある。しかしながら、そうした多くの差異が説明するのは、体制支持政党と知識人の一体化というより、リベラル・デモクラシーの政治を批判する知識人の左右の指向性、すなわち様々な形の過激派への共感である。知識人がリベラルで民主的な政治に対して両義的な態度を示すという逆説は、以下に列挙した諸要因によって説明できるかもしれないが、単純ではない(60)。

①知識人はエリート主義的であり、結局は平均的有権者に過ぎない一般人に敵意を抱いていること。②よりよい社会の理想ではなく自己利益に基づく政治を嫌悪していること。③政治家が自分たちより劣っているとしばしば考え、自分たちの理念について理解することも敬意を払うこともないのを不快に思っていることから、職業的政治家を嫌悪していること。④現代的大衆政党の官僚制的規律やキャリア・パス制度(cursus honorum)を受け入れようとしないこと。なぜなら、労働組合職員や、地方政治経験者や、利益集団幹部と異なり、そうした原理は知識人の影響力を減殺するからである。追加的

要因としては次のようなものが考えられるだろう。⑤有権者大衆とその代表者がハイカルチャーにも前衛芸術にも資源を投入したがらないのに苛立つこと。⑥創造的アイディアの持ち主として影響力を発揮する知識人とは対照的に、強力な利害関係者が有利な立場を求めて大衆政党の内外で金を使って影響力を行使するのを嫌悪すること。⑦専門家が、自らの最善の提案が実用的見地から歪曲されることに不満を抱くこと。そして最後になるが、⑧権力の座にある勢力に喜んで奉仕する他の知識人が、インテリ層の批判的役割を空洞化させることへの敵意を抱くこと。

民主体制の創出を支持する場合でさえ、知識人はやがて批判的立場をとり、政治過程から身を引く。文人たち(literati)とりわけ芸術家は、型通りの政治過程の陳腐さに憤慨する傾向がある。政党のサブリーダー、下級の政党職員、選挙運動の低劣なレトリックや扇動を彼らは冷笑する。民主政治の「日常」(Alltag)的性格は、他の社会で実現した偉大な歴史的変革の見込みとは対照的であるが、このような大変革が〔知識人の〕非現実的な評価基準となっている。学生の中には〔知識人の〕これらの対応の全てに同調する者が現れるが、教育水準の高い者も低い者も含んでいる勢力が、システムへの反対を動員するためにこれらを単純化することもあるだろう。保守派であれ革命派であれ、彼らはこのシステムから裏切られ、より高い精神的価値を実現することに失敗したと感じているのである。知的風土が生み出したそのような先有傾向は、体制の指導者たちが任務に失敗したときに、別の理由で再び表面化する可能性がある。

競争的で多元的なリベラル・デモクラシーに対して多くの知識人が両義的感覚を抱く原因は、もしかするとさらに深いところにあるのかもしれない。それは、形式的・手続き的・合法的な正しさに基づいてなされる決定を正統化する、政治システムの基本的な道徳的曖昧さである。しかもその正統化の際には、市民的自由と法の前の平等の尊重以外の内容が問われることも、実質的正義に触れることも、根本的な価値体系と関連付けられることもない。深刻な不正義と深い文化的亀裂に苛まれる社会では、有権者の意思、立法過程の専門性、裁判所の判決が、道徳的憤激を招く社会秩序の維持に役立っているか、逆に、受け継がれた価値体系を改革主義的多数派が疑問視することを許している。このようなシステムを理論的に正当化することは難しい。ケルゼン〔オーストリア出身の公法学者〔一八八一～一九七三年〕。純粋法学を提唱し、ヨーロッパ型の特別憲法裁判所を考案した〕がすでに指摘しているように、デモクラシーは、ある種の相対主義またはプラグマティズムに基づく特別の思考様式によってのみ正統化される。そうした相対主義やプラグマティズムは、サルトーリの表現を用いれば、開放的認知構造（open cognitive structure）、流動的要素（flexible elements）、弱い感情（weak affect）に基づく経験的処理コード化（empirical processing-coding）を基盤としているのである。[61] 社会が切迫した難問に直面するときに、このような態度が優勢となるかどうかは、必ずしも自明ではない。

第三章　崩壊の過程

解決不能な問題と危機

ひとたびある程度の正統性を備えて成立した政治システムならば、多くの市民の消極的服従を頼りにできるし、治安部門によって非忠誠的反対派の暴力的挑戦をそれなりに有効に鎮圧することもできる。非忠誠的反対派が得票数でも議席数でも絶対多数を達成しない限り、また忠誠派諸政党が体制存続を望ましいものと考える点で一致する限り、民主体制は生き延びることができる。しかし、この段階に達する前に、おそらく何度かの危機が民主的諸政党の合意を損ない、それらが互いに協働する能力の基盤を掘り崩してしまうだろう。こうした危機をもたらした原因は、歴代政権が迅速な決定を必要とする重大問題に直面したときに、問題解決能力や政策遂行能力を喪失してきたことである。要するに体制崩壊とは、非忠誠的反対派が自分自身を解決策として提示する問題に対して、政府が解決能力を失うことに端を発する過程が行き着く結末の一つである。こうした能力喪失が起きるのは、ある争点に関して互いに折りあうことができない体制支持政党の一部が、システム内の反対派からは非忠誠的と見なされている勢力の支持を得ることで問題を解決しようとする場合である。状況が違っていたなら体制を支持していたかもしれない人々の間に不信感を生じさせている社会では、こうしたことが分極化を推し進める。

〔政府がこれといった解決策を提示できない〕こうした諸問題に解決不能の烙印を押すのは、それほど誇張ではない。なぜなら、体制支持政党の中に多数派が許容できる解決策が見出せないまま、そうこうするうちに、政治的・社会的に動員された人々の大部分が、実行可能な政策的対応というものにあまり期待しなくなるからである。ということは、ますます多くの人々がシステムの正統性を撤回して非忠誠的反対派を支持するか、少なくともそうした反対派と解決策を模索して協働することを弁護するようになる。以上のことを踏まえると、問題がこれほど深刻化する原因が、非忠誠的反対派の行為とりわけ暴力行為にあるとするのは的外れである。むしろデモクラシーに敵対する反対派は、我こそがその問題を解決し、中途半端に見えるあらゆる解決策を阻止できると力説する。この過程は、解決不能な問題から権力喪失、そして権力真空、最終的には権力の移譲または社会の分極化と内戦に至る。分極的・遠心的多党制が、こうした過程の結果でも原因でもあるということには疑問の余地がない。

システムの制約を考慮すると、体制はどうして解決不能な——あるいは少なくとも多数派がそう認識している——諸問題に直面するようになるのか。理由は多くあるが、ここでそれらを詳細に分析しようとするのは僭越であろう。もしかするとどんな体制であっても解決できない構造的問題があるのかもしれない。民主的な自由と手続きを傷付けまいとする体制には、その能力を超える問題もあるだろう。さらには、民主的指導者の処方に問題があった場合や、ある種の解決策を実施できなかったり、乗り越えられないはずのない制約を克服できなかったに過ぎない場合もある。(1) とりわけヨーロッパのように、民主体制が高度の安定を達成した社会には構造的問題が比較的少ない。つまり多くの難題は、民主的指導者が行った決定によって、デモクラシーの枠組みのもとでの解決が不可能になったことを受けて発生した。やや単純化し過ぎであるとはいえ、ある体制にとって解決不能な諸問題とは、しばしばそのエリートの所業である。

明らかに一部の問題は、社会の需要とその資源との間の明白なアンバランスから生じるが、もしかするとそのアンバランスは、外部からの支援がなければどんな政府でも解決できないようなものかもしれない。貧しく人口が過剰な第三世界の国々は確かにそうであり、およそ民主的自由の完全な尊重に責任を持つ政府であれば、そうした問題に取り組むことができないだろう。指導者が構造的な困難を認識せず、問題の原因を他に転嫁し、誤った期待を作り出すならば、事態は悪化するかもしれない。しかしながら、過去から受け継がれた厄介な構造的問題は、すぐさま手に負えないことが明らかになるだろう。とりわけ、望ましい解決策が、〔問題の〕出発点との関係においてではなく、他のより発展した社会を参考に評価される場合がそうである。ハーシュマンは、進歩に対する構造的な見方がどのように悲観主義に向かうのかについて当を得た指摘を行っている。この悲観主義は相対的進歩を軽視し、あらゆる基本的問題を統合的・包括的・同時的に解決するもの以外にどんな解決策も認めない。(2)〔構造的問題への無理解と悲観主義に加えて、指導者が陥る〕もう一つの誤謬は次の通りである。すなわち、《社会内の権力関係が完全に再編成され、障害となりそうな集団が追放または粉砕されるまでは個別問題に取り組めないし、取り組むべきでない》と思い込み、それらの集団を温存しつつ、やり過ごしたり影響を与えたりする方策を探ろうとすらしないことである。結局のところ、これは最大限綱領主義的なマルクス主義的社会主義の立場である。この立場〔に立つ政党〕は、デモクラシーの枠組みの中では他党との協働が不可能であると思い込み、政府に参画して喫緊の問題への個別的解決策を練ることに消極的であって、今後に向けた解決の道具として民主的諸制度を擁護することさえためらっている。

経済的相互依存が深まりつつある世界において、ある種の問題の解決は多くの中央政府の意思決定能力を超える。このことは、権威主義の政治と結び付きやすい反応として、国粋主義的で意志の力に重きを置く反応を生み出したし、これからもますますそうなるであろう。国家どうしが、平和的手段によっては、少なくとも軍事的威嚇の信憑性を高めるような資源動員によらずには直ちに現状変更を認めそうにないとすれば、そうした国家の間には紛争が存在したし、おそらく存在し続けるであろう。民主的な政治過程はこの種の問題解決を困難にし、それゆえに、国際的地位や国境の変更に傾注する政府は、ナショナリスト的な非忠誠的反対派の原則論的攻撃にさらされる。別の解決案を示すことによって漠然とした期待をもたらすのではなく、事態を現実に即して評価し、平和的な現状変更を明確に支持すれば、多くの困難が回避されるかもしれない。クラウゼヴィッツは他の手段による政治の継続として戦争を描いたが、その古典的分析〔である『戦争論』〕の中で強調されるように、政治的指導者が軍事的指導者のために目標を定め、その目標を軍により設定されたものとし、その達成に必要な手段を提供できるかどうかは、確かに成功の鍵である。そうした手段を提供できなければ、目標の追求は断念されねばならない(3)。要するに、軍事的手段によって追求されるべき目標について圧倒的な意見の一致が存在せず、比較的速やかに成功を収めることができなければ、デモクラシーのもとでは目標の意味がますます疑われるようになり、加えて、徴兵のような方法や、夥しい犠牲者や、特定の目標の追求に費やされる経費をめぐっても重大な疑問が提起される事態となる。こうした状況において、民主的指導者は目標を放棄するのではなく、〔目標達成に〕必要な手段を要求することから生じる反対が弱まるのを期待して、社会に対してそのような要求をせずに目標を追求したいという誘惑に駆られるかもしれない。このように軍事的機関の内在的論理を理解せず、手持ちの手段では軍事的目標が達成できないことを認めようとしない姿勢は、体制の安定にとって深刻な影響をもたらす可能性がある。それは、軍事的指導者と政治的指導者とが必然的に疎遠となることを意味する。なぜなら軍自身が政治家の失敗の責任を取らされるのに、当の政治家には本質的な選択を行って社会と向きあう覚悟がないと軍には見えるからである。とりわけ民主体制は、平和主義者や裏切り者的な反戦論者すらも容認せざるをえないのだから、こうした〔政軍関係の動揺という〕問題が最も深刻な体制の危機を引き起こすことがあった。確かにそれは、一九二三年にスペインで立憲君主制が崩壊したこと、本土の外に亡命したフランス政府のもとで戦争を継続することに軍司令部が躊躇して第三共和制の最終的危機が起きたこと、そして一九五八年の反乱が幸いにも第四共和制から第五共和制への転換をもたらすだけに終わったこと、こうした事象の主要な促進要因であった。ポルトガルで最近起きたこと〔一九七四年のカーネーション革命〕[1]が示すように、この種の問題は民主的政治システムに特有ではないが、ことに重要である。留意すべきは、むしろ手持ちの手段では勝算がないと考えた軍が、必ずしも戦争継続への積極姿勢からではなく、戦争中止を要求して文民政府に挑戦するかもしれないということである。

　クラウゼヴィッツの分析から導かれたこの例は、本書で言うような解決不能な問題の根本的な発生源の実例となる。すなわち、政治的指導者が自ら必要な手段を提供できないような目標を設定し、手段の調達が不可能であることがわかっても目標を取り下げようとしないことである。しばしばそのような無能力の原因となるのは、特定の手段と、指導者自身には断念する能力も意志もない別の目標との間の不一致である。ある場合には、指導者が、一致しない目的と価値を同時には追求できないことに気付いていないかもしれない。マックス・ヴェーバーは、『職業としての学問』において、社会科学者の中心的課題とは次のようなものであると指摘している。すなわち、《諸価値の間の競合を明らかにし、特定の手段の利用に間接的に伴うしばしば不測の結果についての知識を深めること。これに加えて、目的と手段の関係についての知識を深めることにより、人間生活における合理性の向上に寄与すること》である。(4) 政治的指導者がこうした関係性の一部を見落とす主な要因とは、イデオロギー的硬直性や、サブリーダーへの依存や、有権者の間にもたらされる期待や、利益集団の課す制約である。とはいえ、その要因には無知と無能力をはじめとする多くのことがある。これらの要因が民主的指導者に突き付けるのは、自らが力を注いでいる目的や価値を追求するか、あるいは民主的制度の存続のために部分的・暫定的にそれらを断念するかという困難な選択である。(5) 政治的指導者が断固として掲げる政策目標や支持者の利益、あるいは自らのよき社会のイメージを犠牲にしてまで、こうした目的の追求に役立たないような政治的諸制度を維持するべきだと言える人はいるであろうか。

以上の議論を踏まえれば、あるイデオロギーに固執したり、特定の社会的利益と一体化したりする政治的指導者が、諸制度の維持を最優先に考えることなどおよそ不可能であるとしても当然である。労働者階級と労働組合の利益に深い関心を抱く多くのマルクス主義的社会主義の指導者や、イデオロギー的社会観と教会への無条件の忠誠とを結び付けているカトリック政治家のように、イデオロギー的動機と社会的動機とが融合するようになると、政治システム自体への揺るぎない支持が極度に疑わしくなる。こうした制約の中で喫緊の問題が解決できなければ、容易に責任撤回や体制への準忠誠的態度につながる。

デモクラシーにおいて、指導者は、とりわけ危機的状況には有権者でなく党組織の支持に依存する。これはしばしば(最もイデオロギー的になりやすい)中堅幹部と個別的利益集団の指導者に敏感に反応することを意味し、このことが問題を特に難しくする。(6)ある場合には、非忠誠的反対派の一つと結び付いた新興の指導者が草の根レベルで利益集団に浸透するにつれて、システム(そのもの)の利益に関わる政治的指導者の行動の自由はますます制約されるようになる。(7)

とりわけリーダーシップが分裂している状態では、複雑な問題によって不作為や玉虫色の解決がもたらされる。これによって非忠誠的反対派はシステムを攻撃し、明快な解決策を実行に移すための権力を要求する機会を得る。ヒトラーは次のように述べて、そのことを存分に示した。「私は諸君に、何が私を今の地位に押し上げたかを明らかにしたい。我々の問題は複雑なものに見えた。ドイツ人民はそれをどうしたらいいのかがわからなかった。この状況において人民は職業政治家に身を委ねることを選んだ。これに対して私は問題を単純化し、最も簡素な形にまとめた。大衆はこれに気付いて私に従った(8)」。

政府が問題を処理する能力には明らかに限界がある。すなわち、ハーシュマンが指摘するように、その能力は改革の立案における戦略の種類に依存するが、多くの政府が成功するのは特定のタイプの問題の処理だけである(9)。確かに危機に陥った社会では、同一の政治勢力があらゆる問題に取り組む場合と比べて、連合が組み換えられ、結果として不安定化した政府のほうが、体制にとってはより高い実績を上げうるのではないかと主張できるであろう。しかしながら、政府の不安定性は、問題解決能力という点で何らかの成果を生み出すかどうかと関係なく、社会にとっては体制危機の兆候であり、原因であると認識される。(10) 体制内での連合の組み換えによって難問を順次うまく処理できるかどうかは、おおむねタイミングの問題である。

従って、未解決の構造的諸問題は体制の問題解決能力を損なうし、長期的には正統性すら損なうものの、崩壊の直接的原因になることは滅多にない。それらが解決不能になりうるのは、問題が尖鋭化し、即座の対応を必要とする場合だけである。こうした事態に至る可能性があるのは、深刻な不況や、激しいインフレや、国際収支の赤字化のような経済的条件の急速で圧倒的な変化、あるいは敗戦や戦況の膠着である。また、一般には非忠誠的反対派の指導のもとに、大衆動員を伴って、不満がアノミー的暴力を超える形で発現する場合もそうである。最も深刻な危機とは、デモクラシーの枠組みの中で公的秩序の維持が不可能になる場合である。つまりその時点では、体制が鎮圧部隊の忠誠を再確認することが必要となり、また、いずれかの集団に対してこうした実力が行使されて体制維持連合の存続が危うくなる。また、問題が解決されなければ、非忠誠的反対派が大部分の人々または戦略的位置にある部門を動員できる存在と見なされるようにもなる。

結局のところ体制崩壊は、立憲的伝統の中で「非常事態」と呼ばれるもの、すなわち尋常でない権限の要請もしくは例外事態によって引き起こされる。カール・シュミット(Carl Schmitt)がかなり誇張気味ながらも鋭く指摘するように、主権者とは非常事態において決定を下すことのできる者である。[11] この時点では、問題が民主的主権者には歯が立たないものとなり、他の主権者への忠誠の移転が起きる。そしてティリーの見方によると、この移転によって、大まかに言えば革命というものが定義される。[12] 体制変動が生じるか、紛れもない再均衡を示唆する体制内変化が生じなければならないのである。

しかしながら、体制維持勢力がこうした状況を処理する能力は、正統性の供給源が長期にわたって蓄積されていることと、過去の危機において問題解決能力が証明されていることに由来するものである。

アルバート・ハーシュマンの忠誠理論は、期せずしてヴェーバー流の正統性の概念に似ているし、本書でそれを安定性の問題に適用したことにも似ている。[13] ハーシュマンは、ある製品の需要——本書の場合には体制支持——が、認識上の慣性と遅延のせいで、現在の品質のほかに、ある程度まで過去の品質にも左右される様子を示した。本書の表現で言えば、正統性は、現在のパフォーマンスのみならず過去のパフォーマンスの関数でもある。ハーシュマンが述べているように、「忠誠は、企業または組織の過去のパフォーマンスが顧客または成員の現在の行動に与えるこうした影響力を、著しく強化する」。ハーシュマンが「忠誠」「組織」「成員」と述べるところを、本書では「正統性」「体制」「市民」と呼ぶ。彼の分析の中心的テーマは、《成員は、忠誠の結果、改善や改革が「内部から」達成できるはずだと期待して、より厳密にはそうした根拠ある見通しを持って、忠誠が欠如している場合より長く組織に留まるだろう》という点である。本書の文脈では、市民は非忠誠的反対派に支持を移さず、体制維持政党を支持し続け、問題解決能力や政策遂行能力が回復することを期待するだろう。このことが、適切な政策を実施するか少なくとも時間を稼ぐ機会をそれらの政党に与え、政府がどうすることもできなくなった状況を改善できるようにする。この場合は、長期にわたって安定した体制のほうが、新しい体制より有利である。

不況が引き起こす失業のような問題に適切な解決策を見出すことは、体制が異なっても同じように不可能かもしれない。しかし、非忠誠的反対派が、最初にどれほど強い調子で、特定の政府ではなくシステムに当の問題の責任を負わせようとするのか。予測される動員や暴力の程度がどう違うのか。そして、あらゆる挑戦者に立ち向かう治安部隊の無条件の忠誠に、どれほどの信頼が置かれているのか。これらのことが、ある場合には問題を解決不能にし、ある場合には危機の原因そのものとなる。要するに、最終的に崩壊過程の引き金になるのは、問題の技術的性質ではなく、問題が位置付けられる政治的文脈や体制の制約条件であり、さらには一つ以上の非忠誠的反対派の存在によって代替案が提供されることである。

危機の諸階層とその社会的・政治的位置

危機的状況にある体制に反旗を翻す大衆運動や暴力行為に個々人がどの程度動員されるかは、社会ごとに異なる。人々が反乱を起こす理由に関する最近の研究では、大衆社会の理論と、端緒となる攻撃的反応の根底にある心理的過程に関する調査を用いて、かなりの経験的証拠を集めている。社会学的分析と記述的研究が焦点を当ててきたのは、促進条件、とりわけ暴力行為を正統化する諸条件や、こうした行為の組織化と成功を可能にする諸条件である。本書の目的に照らしてみると、残念ながらそうした研究が重きを置くのは、フランス革命や一九世紀の諸革命などの歴史的事例や、第三世界の農民反乱であった。

本書の分析対象となっているデモクラシー諸国における危機の諸階層（crisis strata）の役割とその影響に関しては、体系的な比較データが存在しない[14]。国際比較研究の元となる失業に関する基本統計は若干あるものの、大恐慌が独立中間階級や農民に与えた社会的衝撃に関しては同様の統計がない。また、こうした経済的・社会的変動と、具体的には党派的パラミリタリー組織の形をとる政治的動員の比率とを結び付ける体系的なデータはさらに少ない。第一次世界大戦と戦後の国内紛争、また国境の防衛やルール占領への抵抗といったナショナリズムに衝き動かされた動員が、ナチズム運動の活動家、とりわけ暴力行為に従事する者の拠点の形成に及ぼした影響を、伝記的データを用いて跡付けることは可能である。他方で、北イタリアのファシスト行動隊の起源については、これに匹敵するような分析がない。

危機に打ちひしがれた社会集団の内部に、指導者の資質や、自由な時間や、規律の経験や、暴力行使の技能を持つ個人が存在することは、非忠誠的反対派の性格と、想定される行動の方向性を説明する点で特に重要である。これに関連して、［スペインの］共和制下における危機は、土地所有農民のかなりの部分を含むスペインの上層階級および中間階級に影響を及ぼしたものの、ナチズムやイタリア・ファシズムのような政治運動は出現しなかった。第一次世界大戦に参戦しなかったスペインでは、結果的に、学業を完了せず半失業または失業の状態にあった学生の数が少なかったことに加え、退役軍人世代も中間階級的基盤を持つ予備役将校も存在しなかった。これらのことによって、ファシズム運動の幹部になりうる人材の規模は小さくなった。その結果、共和制の危機によって影響を被り、労働者階級の動員によって脅かされた社会諸階級は、大勢のファシスト活動家を当てにすることができず、従って自分たちの利益を守るために軍に頼らねばならなかった。

政治的暴力とその影響

軍が介入する場合を除けば、民主的指導者からの権力の奪取が、クルツィオ・マラパルテ(Curzio Malaparte [Kurt Erich Suckert])がクーデターの手引書の中で述べたような直接攻撃の結果であることはまずない(15)。ヒトラーは一揆〔一九二三年一一月八日のクーデター未遂事件[ビアホール一揆/ミュンヘン一揆]〕の結果としてドイツ国首相府(Reichskanzlei)に入ったのではなかった。そしてムッソリーニは、ファシスト軍団の先頭に立ちクイリナーレ宮殿〔イタリア王宮〕を襲撃するためにローマ進軍を行ったのではなく、国王に召喚され寝台車で向かった。しかしながら、暴力がデモクラシーの崩壊において重要な役割を果たすことは確かである。ただし、権力掌握そのものではなく、そこに至る過程においてである。暴力は正統性喪失に貢献し、権力喪失と権力真空を作り出してデモクラシーの問題解決能力を制限するのである。暴力のパターンと原因に関する豊富な研究は、残念ながら、そうしたパターンと、暴力が体制の安定に及ぼす影響とをうまく関連付けられていない。(16) ところが実際には、政治的暴力がひどく、不安定型に分類される諸国が体制変動を未だ経験していないのに対し、より暴力的でないとされる諸国が深刻な危機に陥り、体制変動すら経験していることもある。そのほか、単に未遂の体制変動の結果として暴力が噴出する場合も珍しくない。

《政府の弾圧行為は挑戦者の行為より多くの犠牲を生む傾向があり、そのためさらなる暴力の動員を促す可能性がある。》今やよく知られたこの命題のほかにも、今後いっそうの分析が必要なのは、どの程度まで《暴力および暴力に対する恐怖の肥大化が政府当局の行為の結果である》のかという点である。政治的目的のための暴力や政治的結果を伴う暴力は怒りの表現であったが、研究者たちはそうした怒りを積極的に正当化してきた。もしかすると、先行研究がこうした事例に集中してきたせいで、暴力鎮圧の試みの逆機能に関心が寄せられたのかもしれない。暴力的活動に従事する人々の動機に共感したり、その犠牲者に反感を抱いたりする政府当局・警察・司法が、暴力的政治行為を非難しながらもそれを大目に見る状況には、ほとんど関心が払われてこなかった。(17) 同じくこれまでの研究があまり注視してこなかったのは、暴力に対する決定と処罰が、政治システムの中で、政治過程や、政党とアクターとの関係にいかなる影響を及ぼすかという点である。本書の見方では、暴力に起因する脱正統化の影響は、暴力への対応としてなされた諸決定において部分的に見出すことができる。

ある行為は、政治的なものか、あるいは社会的不満の表れか、あるいは責任能力がない精神異常者や常習的犯罪者の脳裏に、彼ら自身の主張や特定の社会的部門の認識とは無関係に閃いたものか。ここで述べているのは、そうした複雑な決定についてである。それは、暴力の最初の発生を阻止すべきか、それともその実行犯と交渉することによって彼らを承認すべきかをめぐる決定であり、ひいては暴力を鎮圧するために用いられる実力の規模と種類、とりわけ警察・軍・政府支持派のパラミリタリー集団をどう利用するかをめぐる決定である。さらに複雑な決定としては以下のようなことがある。殉職した治安部隊員をどの程度またどのような形で顕彰すべきか。非常事態宣言の段階設定と市民的自由の制限に関する対応をどうするか。暴力に携わった人々と手を組んでいた可能性がある指導者たち、とりわけ彼らが議員免責特権を持っている場合に、どのような措置がとられるべきか。軍に権限を付与する非常事態のもとで事件が発生したときに、通常裁判と特別軍事法廷の特別裁判のいずれに訴えるべきか。また次のことについても決定しなければならない。実際の残虐行為に加担したことがあって容易に有罪を立証できる個々のアクターを積極的に追及する一方で、犯人側を支援しながら本人の有罪証明ができない政治的指導者については、これを追及する能力も意志もないことをどう考えるか。こうした状況における減刑あるいは判決の執行についてどう考え、そしてこの問題をめぐる統治連合の内部の対立、あるいは政府と国家元首との間の対立をどう解消するか。ある種のデモ・挑発的行進・制服着用など、暴力的状況を生じさせかねない活動に政党が参加する自由を制限し、公務員とりわけ警察官と軍人が特定の政党に所属する権利を制限するような判決や立法措置は必要か。そして最後に、違法行為と社会平和への脅威を根拠として、政党をはじめとする特定の組織を非合法化すべきかどうかである。

こうした決定は全て、社会的・政治的立場の違いに応じて、政府の正統性・問題解決能力・政策遂行能力を損なうこともあれば、強化することもある。しかし、こうした決定を行うことで好ましい成果をもたらしうるかどうかは、政府と体制の両方の過去の正統性・問題解決能力・政策遂行能力に大いに依存している。状況変化の中ではこのような〔政治的決定と統治実績との間の〕相互作用が常に生じるので、社会科学者が一般的命題を提示することも、政治家がこうした曖昧な状況に取り組むことも困難になる。

多くの同調者を従える指導者が政治的意図を含む違法行為や暴力行為を容認し、社会の大部分もこれを〔承認しないまでも〕非難しなければ、極めて深刻なことに、対応を迫られるのは体制、特に中央集権的政府である。その体制／政府が、個人的犯罪やアノミー的社会暴力に対処するかのように自らの決定の政治的含意を無視するはずはない。なぜなら、政治的イデオロギーのいずれかの極に非忠誠的反対派が存在している社会では、体制支持勢力がどんな決定を行おうとも、間違いなくいずれかの陣営に利用されて体制の正統性を損なうと考えられるからである。こうした状況においては、一部の政治集団や指導者の準忠誠的姿勢が露見し、不信と分極化の雰囲気が強まる可能性が高い。

本書の各章〔分冊第二巻以降の所収論文〕では、この分野での決定が、そうした危機を生み出した人々を必ずしも利することなく、民主体制の権威の喪失とその最終的崩壊にいかに様々な形で寄与したかについて、多くの証拠が示されるはずである。

組織された政治的実力に対する独占の喪失

現代国家の主要な特徴は、政府当局の指揮下に警察と軍が正統な実力を独占していることである。実力の行使の決定が政府単独では行えず、軍を掌握する人々の協議や同意を必要とする場合には、政府は正統性の深刻な喪失に直面する。パラミリタリー的な規律を有し、社会的浮上という政治的企図のために実力を行使する組織集団を政府が容認するときにも、同じことが当てはまる。こうした集団はますます自律性を高め、独自のイデオロギーと目的とを推し進めて、一般的傾向としては、民主的に選出された政府に同調しない可能性が高い。たとえ非忠誠的反対派に対抗し、非常事態にある政府を支援するために、民主体制の支持勢力と見られる政党によって政府公認で結成された場合であっても、パラミリタリー組織は、民主的政治システムにおいて有効でも適切でもないだろう。民主体制が非忠誠的反対派によるパラミリタリー組織の創設を黙認すれば、体制自身の存続を極めて深刻に脅かすことになるのは確かである。この寛容が、イタリア、

ドイツ、オーストリア、そしてある程度まではスペインにおいても、民主的統治を崩壊させる致命的要因となった。(18)

独特な歴史的環境が、戦間期ヨーロッパにおけるパラミリタリー集団の出現に寄与した。(19) たとえば、ドイツ、オーストリア、フィンランド、バルト諸国において、国境地域とりわけエスニック構成が混合的な地域の防衛を担ったのは、義勇軍・復員予備役・退役将校の指揮下に曲がりなりにも自発的に創設された民間防衛隊であった。そうした諸国の中には職業軍を持たない新国家もあったという事実がこうしたパターンを説明する。ヨーロッパ北東部ではソ連に対する国境防衛の必要があった。この事実は、そのように形成された諸集団や、固有の伝統を保持した退役軍人組織の政治的志向性を理解するうえで重要である。オーストリアとドイツの場合には、軍の敗北と解体や、戦勝国が軍に課した制約や、軍の役割と規模がその他の原因として挙げられる。(20) そうした集団は、国境の脅威に対してだけでなく、バイエルンにおけるクルト・アイスナー(Kurt Eisner)の短命支配〔一九一八〜一九年のバイエルン自由州暫定政府〕のような、多少なりとも成功した革命的あるいは疑似革命的な試みに対しても差し向けられた。(21) それらの組織は、ロシアとハンガリーの革命が引き起こした恐怖の産物である。

これらの新興デモクラシー諸国は、資源の貧弱さゆえに一連の非正規組織を容認し、また多くの場合、その支持に頼らなければならなかった。しかしながら、これらの集団は独自の精神を発展させ、国粋主義的で右派的なパラミリタリー集団の核となって、〔ドイツでは〕共産党だけでなく体制創設者である穏健派の社会民主党にも敵意を向けた。その構成員は、パラミリタリー的存在である突撃隊（SA: Sturmabteilung）や親衛隊（SS: Schutzstaffel）の中で活動することになるナチ党員となり、加えて後年には、共和国軍司令部も政府から一定の支持を受けて次のように判断した。すなわち、こうした組織と戦闘的な退役軍人組織が内外の非常事態に備える予備軍の中核をなし、同時にヴェルサイユ条約が課した軍事訓練への制限を迂回する手段になりうるという判断である。

それはイタリアでも同じであった。つまりそこでは、多くの軍司令官やいくつかの政権が、イタリアの要求に反対する連合国側の怒りを買わないように国軍の介入を回避する一方、ダヌンツィオ（Gabriele D'Annunzio［Gaetano Rapagnetta］）のフィウメ進軍の参加者やイタリアとユーゴスラヴィアの国境係争地域に進駐したファシスト〔イタリア戦闘者ファッシ［Fasci Italiani di Combattimento］〕のような国粋主義的パラミリタリー組織を黙認し、あるいは激励さえした。政治的に組織された暴力に対するこのような両義的な態度は、後にポー川流域平野部の赤色ベルト地帯の郡部を支配する左派組織との抗争の中で、全国ファシスト党(PNF: Partito Nazionale Fascista)に対してもとられるようになっていった。

これら全ての事例において、非忠誠的反対派の暴力行為に政府側が寛容になっていった原因は、政府当局の両義的な態度、反対派鎮圧の潜在的コスト、多くの旧将校が指導部に加わっていたことによる反対派と正規軍との結び付き、そしてそうした集団の活動に対抗して左派陣営がパラミリタリー集団を組織することへの恐れであった。さらに、体制支持政党が独自のパラミリタリー組織を創設しようとすれば、こうしたパラミリタリー組織を完全に非合法化する決定は、政党自身にも適用されねばならなかっただろう。そしてこれが、抵抗に直面したもう一つの政策だったのである。加えてドイツにおいては、ラント(州)政府ごとに政治的構成が異なり、こうした組織に対する政策の面でも違いがあったことが、全国一律の統一的政策の展開を妨げた。政府が国軍に対する独占的支配を失ったことがもたらした最も重大な帰結の一つは、国内秩序の問題をめぐり、結果的に政府が軍に依存するようになったことである。こうして共和国軍司令部は、武装した非忠誠的反対派に関する意思決定に加わった。

もう一つの好例は、民主的政府または政党指導者が国軍ばかりか政府の下部組織の忠誠さえ疑問視した場合に見られる。政府や指導者はその〔忠誠義務違反の〕兆候と闘おうとして、労働者防衛隊すなわちブラジルの一一人組[3](Grupo de Onze)やチリの産業労働者防衛組織[4](Cordón Industrial)のような非政府系武装勢力を創設・奨励・容認したり、あるいはその創設を話題にしたりする。デモクラシーの枠組みの中では、政治集団や、革命政権ではない政府がこうした武装勢力を生み出す力は限られていると思われる。このような武装勢力が結成されるかもしれないことを察知した軍組織が、前もって、そうした動きが見られない場合より強い団結をもって政府に立ち向かうだろう。〔社会集団による〕軍事的一揆の予防策として兵士と下士官の政治化を促進する政策についても、おそらく同じであろう。こうした措置は政府または体制が国軍の内部で正統性を喪失したことを示す明白な証左であり、〔体制そのものの〕正統性喪失を加速し増幅するだけであろう。警察あるいは軍諸部門の政府に対する忠誠が維持されるならば、十分に組織された職業軍を擁する現代社会において最もありそうな結末は、内戦には至らないまでも、こうした〔非政府系〕武装勢力の敗北と弾圧である。

　政治的要因となる奨励・容認されたパラミリタリー組織の黎明期については、おそらく通常の指標で測定される暴力の量が小さいためであろうが、最近の暴力研究で考察されることがほとんどない。体系的データはないのだが、ヴァイマル共和国末期における民間人の暴力を示す標準的指標は体制初期より低いと推察される。しかし、政治的な軍団の存在が認知されるようになり、政府が組織された実力に対する独占を取り戻せなくなることは、デモクラシーの暗澹たる未来を示すものであった。

これに関連して、挑戦者と政府諸機関の双方が行使する暴力の政治的重要性は、議会や権威ある言論機関やエリートの代弁者といった、暴力への制裁措置を発動すべき諸制度がどう対応するかに大きく依存することも強調されねばならない。このような行為を弁護したり非難したりする際の不公平さは、政治過程の参加主体が正統性を喪失していることの証左であり、その原因でもある。スペインの事例に関する章〔分冊第二巻第五章〕が示すのは、こうした過程が解決不能な問題をどのように作り出すのかということであり、体制支持者がこれを阻止する抜本的決定を行わなければ崩壊過程が加速するであろうことを、理性的な当事者がどう理解したかということである。

逆説的ではあるが、民主体制は、安定した独裁制より多くの治安部門を必要とするかもしれない。というのは、民主体制は恐怖の波及効果を当てにすることができないからである。民主体制が暴力と対峙するには、大規模でありながらも抑制が効いた対応が必要である。つまり、数のうえでの優位だけが、過度の力を与えられた権力諸機関の致命的な反動を阻止することができる。民主体制は、政府だけでなく反対派の指導者をも保護し、過激派集団さえも別の過激派集団から保護しなければならない。おそらく民主体制の再均衡化に必要なのはこうした挑戦への理性的対応であり、時には市民的自由の許容範囲の再定義も求められるのである。

デモクラシーの危機と多民族国家

機能する民主的政治システムに関する前提の一つは、《どのような体制や政府が権力を握るかとは無関係に、国家に対する市民の忠誠が、既に存在するか形成途上にある別の国家に対する忠誠よりも大きくなくてはならない》ということである。(22) 国境線の内部における国家の正統性は、あらゆる政治体制の正統性に先立つ条件であり、全ての市民に市民的自由を保障しなければならないデモクラシーの場合にはとりわけ重要である。〔ネイションの〕境界が別の国家にまたがっていて、そこが未回収地と見なされ、相当数の市民がこの地に帰属意識を有する場合に、多民族国家における安定は深刻に脅かされる。こうした事例では、とりわけ分離主義的目的を内に秘めた何らかの強力なナショナリズム運動が存在するときに、デモクラシーの存続能力や、ともすれば国家の存続能力さえもが失われかねない。安定した政治システムが前提とするのは、全国津々浦々の市民が政府当局の決定に拘束されていると感じ、他の国家を忠誠の対象とはしないということである。(23)

民主的政治過程の基本的前提は、《現在の少数派が、現在多数派にある人々を説き伏せることで将来的に多数派に転じるか、あるいは社会構造の緩慢な変化の結果として多数派となる期待を抱くかもしれない》ということである。労働者政党はその典型であり、労働者の階級意識の昂揚や、マルクス主義的な意味でのプロレタリアすなわち無産者層の増大に期待をかける。同じことは、様々な性格を持つイデオロギー政党についても当てはまるだろう。エスニック的・文化的・言語的少数集団については状況がかなり異なる。それは集団が多数派に同化する希望を持てない場合や、集団に影響を及ぼす政策の決定が、その集団が多数を占める現地の自治機関に委ねられない場合である。全国的には少数派でも地方レベルでは多数派の集団が、自らの地域が抱える〔全国的には多数派である〕大規模な少数派集団を同化する見込みが一切ないような社会では、残念ながら上に述べたデモクラシーの基本的前提すら解決策になりえない。多極共存のメカニズムはこうした場合に避けられない緊張を緩和できるが、ますます蓄積されつつある多極共存型デモクラシーの研究を瞥見すれば、その成功の前提条件は必ずしも揃わないし、また容易に達成されないこともわかる(24)。

要するに、ナショナリティの原則は、安定したデモクラシーをもたらしそうにないと言えるだろう。支配的なネイションの文化とアイデンティティを擁しながら、様々な〔エスニック集団の〕コミュニティが明確に領域的に区分けされていない多民族国家において、文化的・言語的ナショナリズムはとりわけそのように作用する。もしかすると、下位の政治的単位の同質性を保証する同化過程をめぐる交渉が絶えず繰り返されることで、ネイションのアイデンティティではなく、国家への忠誠を基本的感情とする多民族国家の創出が可能となるかもしれない(25)。現代世界において、目標は国家ではなくネイションを建設することであると思われるが、おそらくこの課題は、残念ながら、ナショナリズムの時代が到来する前にネイション・ステイトの特徴を獲得できなかったあらゆる国家の能力を超えるだろう。〔今や〕文化的同質性に基づく単一のネイションの形成は不可能である。あらゆるナショナリティの文化や言語が原則的に対等と考えられ、あらゆる職業的役割が書記言語の使用といっそう強く結び付くようになり、ますます多くの人々が官民の官僚組織やマスメディアなどと常にやり取りしつつ、大規模で非同質的な都市中心部に居住する時代だからである。連邦制論者や地域・地方のコミュニティ自治の提唱者は、大部分ではなくとも多くの問題を中央政府が地方政府に積極的に移譲しようとすれば、ネイションの形成自体は大した問題ではないと言うだろう。近代的な産業経済と国家機構がこうした分権化によって有効に、また公正に機能しうるかという点を脇に置くとしても、この権限移譲が国から地方への問題の移転を意味するだけならば、問題は解決されないままである。分権化がひとつの国家の領域内で多様なナショナリティの共存を可能にし、特定の集団をその地域の多数派にすることで、恒常的少数派の地位に留めることを回避させるのは確かである。別の集団がその自治地域内での恒常的少数派となる場合にしばしば起きることだが、こうした政策が元でトラブルが始まる。このことは大部分の多民族国家に当てはまるかもしれない。というのは、数世紀にわたる共存や、国内移民や、支配的文化への同化や、人口のかなりの部分の文化的アイデンティティの喪失や、より強力な言語の優越によって、下位単位の文化的同質性が破壊されてしまった可能性が高いからである。さらに、急速な経済発展と産業化の過程および先進地域と低開発地域との間の出生率の差によって、低開発地域から先進地域への大量の国内移民が生み出され、ひいては下位単位の同質性が減少する可能性がある。このことが意味するのは、自治権を付与されたあらゆる下位単位の中に恒常的少数派が必ず現れ、〔地方では今や多数派となった〕全国的政治単位におけるかつての少数派が抱いたような、自らの地位についての〔不満の〕感覚を抱くだろうということである。市民的自由を認めている民主的過程そのものによっては、法律上も事実上も、こうした少数派を巧妙な差別と同化の試みから守ることができない。多数派が自らの地域におけるネイションの文化的同質性を高めることに力を注ぎ、少数派が固有の文化的遺産の維持を目指すならば、あるいはまたの政策課題が紛争の原因となるかもしれない。たとえば全公共サービスの言語別提供のような一定の解決策は、豊かさによって可能になるが、そうした方策の中には貧困国で実施できないものもある。加えて、社会言語学者が強調するように、言語の順位付けや使用空間の隔離が起きるかもしれない。このことが意味する不平等は、最終的にはいずれかの集団にとって耐え難いものとなる可能性があり、政治的手段によってこの状況を是正しようとする試みにつながるだろう。(26) このようなタイプの恒常的少数派は、外国政府の力に訴えかけることを除いて、自らの価値を奉ずる多数派に対抗する救済手段を持たず、その結果として、極度に解決困難な政治的・憲法的紛争が生じざるをえない。加えて、その少数派が国外勢力の支持を要請することができるなら、活動はとりわけ威圧的となり、おそらくは自由な社会と両立しない合法的な行為や非合法的な行為を生み出すだろう。ありそうな結末は、別の国家との合同あるいはネイションからネイション・ステイトへの変容を目的とする、分離独立である。しかしながら、同一の領域内に様々な人々が共存することは、引き続き新国家に同じ問題を残す可能性がある。

デモクラシーが、《分離独立がいかなる条件のもとで正統であり、不可避であり、実行可能であるのか》という問いに対する単純な答えを提供しないのは明らかである。誰が分離すべき単位の領域的境界を決め、どのような種類の多数派が必要とされ、どのような保障が新たな残留少数派に与えられるべきなのか。意思決定の過程が行われる範囲の境界線を歴史が規定する場合もあるが、そうした歴史的境界は、文化的・言語的境界、そして長期にわたり発達してきたアイデンティティ感情としばしば乖離している。分離独立を支持する多数派に勝利を約束する単位は地域全体なのか、県なのか、市町村なのか、近隣社会なのか。単位が大きくなれば、それだけ新国家から分離しようとする少数派の数も増える。その決定を民主的に行うのに用いられる単位が小さくなれば、この新興国が地理的境界線、経済的資源、コミュニケーション、歴史的アイデンティティの点で存続できる可能性がそれだけ低下する。地理的飛び地が新国家のただ中にあったり、同化や国内移民の結果として生まれた大規模で不均質な都市の中にあるとき、そうした飛び地に何がなされるべきか。これまでの解決策の一つは、征服戦争と敗戦の後の東欧でも、第一次世界大戦後のギリシアとトルコの間でも大規模に行われた住民の移送と交換であった。しかし、わずかな例外はあるものの、このような移送は、当事者である住民が長年生活してきた土地から移動したいのか、そこに留まりたいのかを確認することなく実施されてきた。住民に選択させることがもっともであるように見える場合でさえ、こうした決定を力ずくで押し付けるのはそれほど民主的とは思われない。しかし、現代の発展途上国の現実のもとで大規模移住が恒久的解決として認められることもなさそうであるし、言語と文化の平等を約束しなければならない以上は、同化を目的とする差別政策が許されることもなさそうである。

ナショナリズムが蔓延する世界では、リベラルな社会の文脈におけるこうしたジレンマを容易に解決する手段は存在しないし、解決自体が存在しないかもしれない。このことが多民族国家におけるデモクラシーが不安定であることの原因である。[27] また様々な集団が自らの利益を守るために外国の介入に目を向けたり、権威主義体制による上からの押し付けに頼ったり、あるいはせいぜいのところ、複数のナショナリティの間の調整をしてもらうために、上位の政治的単位と一体化して下からのナショナリズム的要求には耳を貸さないエリートを当てにしようとするのも説明がつく。デモクラシーを、《少数派の権利とその意思決定過程への参加機会を尊重する多数派の支配》と理解するならば、多民族国家のネイション・ステイト問題をめぐって起こりそうなこれらの反応のどれもが、デモクラシーの終焉を意味する。

〔国家レベルでは少数派である地域レベルの〕多数派のナショナリズム感情がこうした分離独立を究極目標とする排他主義的な解決策を支持しない場合であっても、多民族的な民主国家の枠組みの中でこの問題を処理することは決して容易ではない。下位単位とより大きな政治的単位の両方で政策争点をめぐって合理的妥協を試みる多数派がこうした国家を支持する場合でも、時には暴力的に、完全独立以外の解決策をことごとく疑問視する強力な少数派が存在する可能性がある。国家のような大きな単位を主張し、あるいは同化や実力行使にまで訴えて国家形成に積極的に参加しようとする少数派も存在するかもしれない。残念ながらこうした過激主義的少数派は、いずれかの政治的単位によって抑圧されるとき、とりわけ〔分離主義を掲げる〕最大限綱領主義的解決策に反対する勢力も同じく抑圧されようとしているときには、程度の差はあれ、この反対勢力から支持される可能性さえある。分離主義的な熱狂的ナショナリズム少数派と穏健なナショナリズム運動、あるいは中央の協調的政党と中央の極端な中央集権的政党との間の相互作用は、民主的国家に対して重い負担を与える。分離主義的少数派と中央集権主義的少数派は中央・地方の穏健派を格好の標的とし、過激派は、妥協的解決を見出そうとする穏健派の試みを、裏切りとは言わないまでも、正統性がないと見るだろう。階級や宗教／世俗の亀裂のような別の争点、すなわち経済的な先進諸国に生じやすい仕切りが上記四つの政治的編成〔穏健派／過激派×中央／地方〕のいずれかを分断する場合に、こうした相互作用はさらに複雑になる可能性がある。その場合には、別の争点について反対の立場をとる中央と地方の穏健派はネイションの問題に関して協力するのが難しくなる可能性があり、いずれかの単位において、反対派の中の穏健派や過激派とすら協働しようとする誘惑が高まる。このことは民主的諸政党にとっては至極当然であろう。しかし、ある政治的色彩を帯びた政府が地域の自治や独立を掲げ、すすんで中央の反対派と提携しようとする場合や、あるいは中央政府が自らの要求を支持する地域反対派と提携して地域政府に対抗する場合には、また違った深刻さを持つことになる。このような文脈では、利益とイデオロギーをめぐる通常の対立が分離主義の脅威と解釈されたり、地域自治を弱体化させようとする試みと解釈されたりするので、対立がさらに激化し、そこに新たな意味も加わる。怒りが噴出し、憲法の範囲内での通常の紛争が、国家を脅かさないまでも、体制を脅かすものと見なされるかもしれない。このような文脈においては、多数派の移り変わりによる通常の民主的決定のメカニズムが、格別の正統性に恵まれる可能性は低い。

言語・エスニシティのうえでの親近性や単なる権力政治といったそれぞれの動機から周辺的ナショナリズムに好意を持つ近隣諸国への働きかけも考慮に入れれば、不安定な状況がますます助長される可能性があり、準忠誠的反対派や非忠誠的反対派と見られる少数派への抑圧措置をとろうとする潜在的傾向も強まるであろう。こうした措置は緊張を高める可能性がある。バラバラな忠誠対象を持つ人々が混住していることが、この構図をさらに複雑にする。中央政府がそうした人々の様々な利益を擁護し、彼らを操作することによって、地域政府や地域政党が民主的に代表されることに対抗する契機となるのである。

従って、ほとんどの多民族国家が安定したデモクラシーでなかったのは偶然ではない。

他の多くの要因とともに、このことが、戦間期の東欧・バルカン諸国のデモクラシーや、独立後のラテンアメリカを除く多くの第三世界諸国のデモクラシーが固定化しなかったのはなぜかを説明する。本書に収録される事例は、市民の多くがネイション・ステイトと見なす相対的に安定した国家群に限定されることになったので、上記のような複雑な問題を探究することはできない。結果的に階級的・イデオロギー的紛争のほうが決定的ではあったが、スペインに関する章〔分冊第二巻第五章〕では、複数のネイション／ナショナリティによる統治(multinationalism)がデモクラシーの危機を促進したことを示すいくつかの証拠が示されるはずである。ヴァルター・ジーモンが示すように、ネイションに対応する独立国家の地位の曖昧さがオーストリア第一共和制の抱えた問題の一つであった。(28) 取り立ててナショナリズム的要素がない場合ですら、ヴァイマル共和国期のラントとライヒ(連邦)の紛争、とりわけバイエルンにおける右派の牙城の形成、ラインラントに見られたような第一次世界大戦後の分離主義運動の記憶が、〔6〕ドイツの政治情勢の悪化をもたらした。(29) このように見れば、デモクラシーの安定を危うくする内外の圧力が結び付いた例として、チェコスロヴァキアの事例はぜひとも分析すべきであっただろうに、そうしなかったのが残念である。こうした問題を考えると、中欧の新生デモクラシーの相対的安定の研究は、理論的見地からすればさらに価値があるだろう。

危機・民主的政党システム・政府の形成

非忠誠的反対派と暴力の増大に直面した体制維持勢力が、喫緊の問題に対する解決策を見出せないことの表れが、①政権の流動化と連合形成の困難化、②政党の破片化やその結果としての断片化、③有権者の両極への移動という現象である。三つの過程は相互に関連し強化しあう傾向があるので、それらの阻止を目的とする体制指導者の行為は、危機を前にしての再均衡化の過程における不可欠の段階となりうる。

しばしばこれら三つの過程は、権力喪失と、憲法における没民主的要素への権威の移譲を特徴とする新たな局面を切り開く。これは民主的指導者たちが責任を放棄し、より恒久的で、有権者とそれほど直接的な関連を持たない国家の諸機構から支援されることをますます当てにするようになった結果である。最終的には一連の出来事を通じて政治的アリーナが縮小し、小規模で得体の知れない集団の影響が増大する可能性がある。このような終盤の局面になると、様々な政治勢力が、非忠誠的反対派を孤立させたり抑圧したりする能力も意志もないまま、その取り込みの可能性を模索し始める。(30) この段階では、体制支持政党すら体制に対して準忠誠的に振る舞おうとする。ここで描いた一連の出来事の流れは必然ではないが、その蓋然性はますます高まる。それは下り坂・選択の幅の狭まり・行き詰まりの過程を意味し、最終的には体制変動か、最もうまくいく場合には、体制の枠内での解決を通じて対処されなければならない。危機が政党システムに与えるより直接的な影響と、政党システムが安定的で問題解決能力を持つ政府を生み出し、その結果として十分な規模の有権者の忠誠を維持する能力に注目してみよう。

本書で解決不能と定義しているものに当てはまる問題は、政府を守勢に立たせる。〔それほど深刻でない〕他の争点はなおざりにされがちである一方、議会討論にはいっそうの注意が必要となる。政策の失敗に最大の責任を持つ閣僚は辞任する可能性がある。与党内および与党間の潜在的緊張が表面化し、内閣改造がこれに続く。複数政党から成る連立政権の場合、このような問題がより深刻に、よりはっきりと目に見えるようになるかもしれない。政権連合を構成する一部の政党、とりわけ政権連合内で政治的イデオロギーの極に位置する小政党は、現政権への関与を見直して、別の連合への参加や政権担当の責任からの一時撤退を模索し始める。自党の利益と期待に負の影響があるとなれば、大政党の一部にも同じことが当てはまる。政権に留まることが選挙結果にどのような影響を与えるかを懸念して、これらの政党は直接的な統治責任から手を引くよう促されるかもしれない。国家元首が議会を解散し、新規選挙を実施する憲法上の権限を持つ場合、この元首は連立政権の再編成か、問題解決能力の低い少数派政権か、あるいは議会解散のいずれかの選択に直面する。

本書で述べてきたのは議会制デモクラシーにおける通常の過程であり、フランス第三・第四共和制や戦後のイタリアで頻繁に起きたように、民主的諸政党の間の勢力再編成という結果に終わるだろう。左右両翼との連合形成能力(Koalitionsfähigkeit)を持ち、議会内でも十分な影響力を有する政治勢力が中道の位置に現実に存在すれば、議会制デモクラシーの政治過程は長期にわたっても機能しうる。しかしながら、そのことがシステムの問題解決能力を制約し、優越的地位にある中道政党の内部崩壊を促進するかもしれない(31)。

選挙日程が固定されていないうえに、極度に断片化した遠心的多党制のもとでは、こうした解決が不可能になると、多くの理由から、議会を解散し有権者に決定を委ねることになる。次のような社会では、結果は危機以前とさして変わらないだろう。すなわちそれは、政党が有権者全体に浸透してごくわずかな浮動票の移動しか許容しないサブカルチャーを形成する社会であり、また特定の過激派政党が非忠誠的反対派をなしていて、そうした過激派政党は孤立したままであるべきだという幅広い合意が存在する社会である。こうした状況では、有権者は現行体制に代わる現実的選択肢がまったくないことを認識し、民主的諸政党の主張は、体制支持政党の実績に基づいてではなく、両極の過激派政党の拒否に基づいて行われる。結果としての何らかの小規模な再編によって、システムは作動し続けることができる。しかしながら、非忠誠的反対派が選挙でかなり躍進すれば、状況は劇的に変化する。結果として、非忠誠的反対派と競争しやすくなり、弱体化した政権連合への反対に自由に参加できるようになるために、システム内政党は政権の外に留まるべきだと感じるかもしれない。

今述べた周期が比較的短期間に何度も生じ、政権レベルや選挙レベルで体制支持連合の形成を通じた再均衡に向けての努力がなされなければ、問題解決能力が失われ、究極的には体制の正統性喪失が起きるかもしれない。ヴァイマル共和国の最後の三年間は、ヒンデンブルクが過激主義的候補に対抗する民主的諸政党に支持されて選挙に勝利し、再均衡化の可能性がある程度示されたものの、〔正統性の喪失に至る〕この過程の実例である。一九三六年にベルギーで起きたことは、体制危機を生じかねない事態に対して逆の対応がなされた好例である。このとき、補欠選挙に際してファン・ゼーラント（Paul van Zeeland）の背後に結集した諸政党が〔極右政党の〕レックス党を後退させた[32]。

遠心化傾向を有する極端な多党制の原因は、かなり多く研究されてきた。その主な要因が、社会構造の複雑さとそれに起因する複合的亀裂、様々なイデオロギー的伝統の存続、イデオロギー政治がもたらす敵対であることは明らかである。脆弱な選挙制度、とりわけ純粋な比例代表制を伴う選挙制度は有権者に何の圧力も及ぼさないので〔自分の票が死票になるかもしれないという恐れがなく投票できる〕、政党システムが脆弱である場合には断片化の持続を促す。断片化した分極多党制のもとで、選挙法がシステム内諸政党による協調の努力に見返りを与えず、かえって非忠誠的反対派に対抗しつつ互いに競争することを促すならば、新たに選挙を実施しても危機の解決にはそれほど役立ちそうにない。結局のところ、選挙競争はおそらく体制支持派の諸政党の間で利益やイデオロギー的公約の食い違いを浮き彫りにし、選挙後の協働をますます難しくするだろう。さらに、反システム政党が特定の政党ではなくシステムそのものを非難し、単純過ぎて実施を求められることもないような解決策を提示することで、有権者の不満から利益を得てシステムの機能不全に拍車をかける可能性がある。反システム政党は、最終的には多数決原理に基づく議院内閣制政府をほぼ成り立たなくさせるような負の多数派（negative majority）〔体制支持政党だけで多数派政権を組織できない状態〕を達成し、政府を議会外勢力の信認に従属させないとも限らない。あらゆる証拠が示すように、危機的状況においては、民主的諸政党が、断片化・責任回避・相互拒否を招くような極めて尋常でない緊張にさらされるという結末がもたらされる。

内部分裂は政党内の派閥化の進行として現れる可能性があるが、その派閥化は党大会において顕在化し、一連の分裂を引き起こして政党数を増加させる。危機的状況で必要とされる決定は、イデオロギーや利益集団とのつながりや人脈に起因する潜在的亀裂を否応なくあぶり出す。危機は政党に課せられたイデオロギー的拘束とは矛盾する決定を余儀なくさせるとともに、緊密に結束した利益集団にも犠牲を強いて、指導者間の権力闘争の機会を拡げる。不満を抱く有権者がどのように反応するか予測がつかないことは、隣接する諸政党との競争に加えてこうした〔指導者どうしの闘争という〕反応を促し、指導者の中には新たな連合の形成に向けての期待が生まれる。（フランス第四共和制がそうであったように)このような政治的流動状況のもとでは、連合の組み換えを通じて、分散的で逐次的な問題解決が可能になるとしても、人々の脳裏には、不安定や、原則の欠如や、政党の利益集団への依存や、日和見主義などのイメージに加えて、指導者間の個人的権力闘争といったイメージが作り出される。

通常なら限られた影響力しか持たないはずの事象も、危機的状況においてはこのような緊張をあぶり出す役割を果たす。とりわけ歴史的記録が示すのは、次のようなことである。すなわち、公的秩序に関わる問題が重要であり、そうした問題への政府諸機関の優柔不断な対応や過剰な対応の責任が指導者にあるということ。金銭的・人的スキャンダルが政党と指導者のイメージを悪化させるということ。政治犯罪に関して、恩赦や刑執行、とりわけ死刑執行といった、非常に重苦しい問題が発生するということ。行政・立法・司法の間の三権分立(議院内閣制における大統領または国王との関係)が複雑な争点を作り出すということである。これらの問題自体は本書で言うような解決不能には当たらないかもしれないが、政治階級を分断する可能性のある政治的レトリックや道徳的憤りが表明されるための劇的な環境を提供する。これらの問題に加えて、教会・ローマ教皇庁・フリーメイソン・大企業・大型投資家・外国勢力のように、しばしば間接的権力と呼ばれて政治過程に干渉することができる勢力・組織と、指導者や政党がつながりを持っているのではないかという疑惑が挙げられるだろう。

崩壊過程における外部からの干渉――公然であれ非公然であれ――この要因が近頃とりわけギリシアとチリの事例〔一九六七年にギリシアで、一九七三年にチリで起きたクーデター〕で強調されていることからすれば、これを本書で取り上げていないことに一部の読者は驚くだろう。こうした批判に応えるならば次の通りである。すなわち、確立したネイション・ステイトにおいて、軍事介入にまでは至らないようなこの種の干渉は、体制の危機をもたらす国内的過程がなければ起きることはないし、まして成功もしないだろう。外部からの干渉はある程度まで最終的帰結に寄与するだろうが、危機の原因でもないし、この過程の主要な変数であるはずもない。さらに、ファシズムの台頭、ヴァイマル共和国の崩壊、一九三六年のスペインにおける軍事蜂起〔長期化したスペイン内戦とは違う〕へとつながった諸事件[7]のように、〔デモクラシー崩壊の〕古典的な事例は外国の干渉とは無関係であった。

デモクラシーの真正性の放棄

体制支持連合に加わる諸政党の凝集性が失われた結果、激しい対立を引き起こす紛争を、法律的・技術的問題に転換することで党派政治のアリーナから排除しようとする試みがたびたび行われる。法的解決は鈍重なことで知られるが、その狙いは時間稼ぎにある。典型的には特定の法律や決定の合憲性をめぐる疑義が提起され、問題が憲法裁判所に付託される。デモクラシーにおいては、本質的に政治的な決定を司法機関に行わせることの正統性が常に疑問視されるが、司法制度が最近ようやく確立された諸国では判決が拘束力を持つと見なされる可能性がさらに低い。もう一つの手段は、政治的に矢面に立たされる立場にある政党代表者の代わりに専門家と高級官僚を用いて、決定の技術的性格を隠れ蓑とすることである。経済政策は、没政治的に見える中央銀行総裁の手に委ねてもよいし、より多くの閣僚ポストを無所属の大臣や官僚に割り当てれば、政治家と政党は責任を逃れられる。政党指導者は所属政党の指令を受けずに個人として政府に参加するかもしれないので、政党の発案を支持する義務を負わない。最も強力な政党指導者は、首相職の拝命を拒んだり、連立政権の編成の手助けを拒否したりする。彼らはその責任をサブリーダーたちに委任するが、一般にサブリーダーは独自の権威や威信を持たず、すすんで指導者の命令のままに行動すると思われるし、能力が高くない場合さえある。[33] これらサブリーダーと彼らが代理を務める人物との関係が曖昧であることや、サブリーダーどうしの意思疎通が困難であることに加えて、別の指導者がサブリーダーの野心を刺激することもあるため、政治過程がさらに複雑となる。結果として、民主的諸制度の真正性、とりわけ議会の権限と責任の真正性が低下する。

このような状況では、大統領であれ国王であれ、国家元首の影響力が増大する。国家元首は自分自身で判断したい誘惑に駆られ、その結果、政府はますます不安定になり、しばしば新たな選挙が実施される。国家元首・司法・高級官僚・時に軍首脳部の影響力の増大が意味するのは、民主的アカウンタビリティを課された指導者からの権力の移動である。すなわち、カール・シュミットが中立的権力と呼んだ、党派的な権威の源泉を超越した無党派的権力への移行と、それに伴う民主的過程の実質の変性と消失である。[34]「国家」と同一視され政党と区別された持続的な権威の中心に、重要な諸制度——とりわけ軍であるが、官僚その他の諸集団も含む——が強い一体感を感じている社会では、こうした変化が権威主義的諸傾向を正当化する。ライナー・レプジウスは、彼が担当した章〔分冊第二巻第二章〕で、ヴァイマル憲法第四八条の拡大解釈の可能性が指導的な民主的諸政党による責任放棄をいかに助長したか、大統領内閣と非常事態法制の「不可能なゲーム」をいかにして作り出したか、一九一八年以前の伝統と一致する反民主的・権威主義的・官僚制的支配へと向かうイデオロギー的諸傾向をいかに促進したかを明らかにしている。ドイツではこの解決策があまりにも不安定であったので、一九三三年初頭の静かなる革命への広範な支持を結集する能力を持ったカリスマ的人物が率いる、ダイナミックな非忠誠的反対派に抵抗できなかった。

権威主義的統治への独特な移行が生じたのは、一九三〇年代のエストニアとラトヴィアであった。これら二国は一九一八年にソ連国境に接して誕生し、文化的にはフィンランドに近く、西欧を志向するヨーロッパの民主的小国であった。両国はともに農地改革に成功したが、その農地改革はロシア革命当初の急進化のレベルを引き下げ、後に比較的同質的な社会構造を達成した。(35) 民主的諸制度の通常の作動を阻害したのは、左右の過激派の挑戦でも軍でもなかった。むしろそれは、民主的に選ばれた指導者、すなわちエストニアのパッツ(Konstantin Päts)大統領であり、ラトヴィアのウルマニス(Kārlis Ulmanis)

大統領であった。[8] 二つの主要な方向性がありえたようである。一つは、有力なファシズム運動の存在や、（とりわけラトヴィアでは、エスニック少数派を代表する政党や比例代表制によって増殖した）無数の小政党と世界的経済危機による政権の流動化を原因として、不安定な状態のもとでデモクラシーの枠組みが維持されることである。もう一つは、既存の政治的枠組みの外部に根を持つ権威主義体制であり、（一九四〇年以降のソ連とドイツによる占領がなければ）これはほぼ確実に、ファシズム体制に帰着していたことだろう。民主的諸政党の指導者は、議会外部の右派勢力によってもたらされた脅威をくじくために、独立闘争期に獲得した威信を用いて権威主義体制を確立し、これを克服した。最後の民主的内閣は無血の宮廷革命を実行し、一九三四年にデモクラシーの自壊を先導した。[9]

政治的指導者が閣僚や首相の地位すら上級将校に提供し、それによって軍司令部の支持を求めようとするのは、危機的状況にあるシステムの再均衡化の試みの中で時折経験されるが、それは、デモクラシーの真正性の放棄と喪失の具体例である。これは（軍上層部の）確実な支持を取り付ける方法ではあるが、平時における軍の暗黙の忠誠が揺らいでいることを意味する。このことは必然的に将校団の政治化を促進し、究極的には、政党が連立政権に閣僚を送り込むことで支持を与えるのと同じように、体制支持を続けるべきかどうかを軍自身に決断させることになるだろう。この状況は将校団内部のイデオロギー的分裂状況を助長し、結局のところ政府の、ともすれば体制の正統性をめぐる判断を迫るだろう(36)。

流通制度の危機と初めてのトラック運転手ストライキに直面したサルバドール・アジェンデが、三軍の最高指導者たちに入閣を要請することを決めたのはその好例である。彼ら制服組は自らの入閣が非政治的であって、状況を鎮静化し公正な議会選挙を保証するための工夫に過ぎないと理解した。プラッツ将軍(Carlos Prats)は自分たちの入閣が一時的なものでなければならないと主張した。なぜなら彼は、「イデオロギー的立場をこれほど鮮明にする政府と関わりがあるように見えることは、軍にとって危険である」と感じたからである。多くの将校は、自分たちの職業専門的[10](professional)な性格を傷つけるように思える、そうした政治的役割に反対した。

危機的状況ではこうした行動がとられる蓋然性がますます高まるものの、本書の見方では必ずしも必然的にそうなるわけではない。それらは一般に、長期的に何を意味しているかが明確には意識されないまま、暫定的手段つまり遅滞行動(delaying action)〔戦闘において敵を特定の地形に誘導したり、時間的猶予を確保したりする目的で後退すること」として選択される。民主的諸政党の指導者が政策を形成し、支持者に現実的な選択肢を突き付け、服従を求めて信任問題を提起し、自らの支持者の内部でも強力な利害と対決し、イデオロギー的硬直性と私怨を克服しようとする用意があるならば、幅広い大衆的支持基盤が得られる。この段階においてさえ、デモクラシーの真正性の喪失過程はしばしばリーダーシップの失敗の問題なのである。

大統領制型のデモクラシーと議院内閣制型のデモクラシーに関する補論

本書では、ヴィットーリオ・エマヌエーレ国王(Vittorio Emanuele III)とヒンデンブルクのほか、フィンランドのスヴィンフヴド(Pehr Svinhufvud)やフランスのコティ[11](René Coty)の役割に基づいて「中立的」権力の役割を強調したが、それはヨーロッパの経験に依拠している。本書の分析を読み返せば、ヴァイマル共和国のような議院内閣制あるいは準議院内閣制と、合衆国やラテンアメリカの諸共和国のような大統領制との間には明確な違いがあることがわかる。直接投票によって選出された大統領は、独自の民主的正統性と強力な執行権を持ち、議会の信任投票を必要としない内閣を自由に指名するので、明らかに政治体制においてまったく異なる地位を占めている。ある意味でヴァイマル憲法下の大統領と現在のフランス大統領は、中間的で混合的な位置にある。

　アメリカ合衆国の典型的な大統領制型のデモクラシーが安定しているのに対し、議院内閣制が繰り返し危機と批判にさらされてきたという印象に引きずられて、研究者たちは、立憲的デモクラシーの二つの主要な類型と政治的安定との関係をほとんど問題にしてこなかった。ラテンアメリカの立憲的伝統の一部になっている大統領制に対するほぼ自動的な支持と、ラテンアメリカ政治に関する行動論的(behavioralist)な社会学的分析〔数量データの統計的解析に基づく選挙行動・政治心理に関する研究〕が近年優勢になりつつあることが、〔アメリカ合衆国とメキシコとの国境線をなす〕リオ・グランデ川以南の政治的不安定における大統領制の役割をほぼ完全に無視することにつながっている。初期の研究は、とりわけ「カウディリスモ」(caudillismo)、「ペルソナリスモ」(personalismo)、「コンティヌイスモ」[12](continuismo)への言及で溢れているが、これらの現象は制度的配置や制約との関係においてではなく、歴史的・文化的観点から解釈されている。スペイン語圏の知識人は、ヨーロッパの議院内閣制、とりわけフランスの議院内閣制に対して否定的イメージを抱くとともに、長年にわたって合衆国憲法に傾倒してきた。このようなスペイン語圏の文化的伝統のおかげで、〔ラテンアメリカでは〕大統領制の長所をめぐって疑義が喚起されることはなかった。一方、自らの憲法に全体として満足していたアメリカ合衆国の人々は、（イベロアメリカやアフリカの大統領制に頻発する）多くの大統領制で繰り返される危機が自国にも存在することについて、大統領職という制度に原因があるとは考えない傾向にあった。こうした二重基準に基づく見方は、本書に収録された諸論文〔分冊第三・四巻〕にも表れている。

しかし、本書の研究対象となっている事例を検討すれば、ある疑問が生じる。すなわち、ラテンアメリカのデモクラシーの政治的不安定に、大統領制が何らかの関係を持つのではないかという疑問である。無論極めて表層的だが、この疑問の一端はイタリアとアルゼンチンの比較から生じる。両国には比較的同じような得票率の反システム政党、すなわち〔イタリア〕共産党（PCI: Partito Comunista Italiano）と（少なくとも〔一九五五年の〕ペロン失脚後には）ペロニスタ（Peronistas）／ペロン党（Partido Peronista）〔現在の正式名称は正義党［PJ: Partido Justicialista］〕がある。両政党は強力な労働組合と結び付き、社会の大部分とエスタブリッシュメントに不信を抱かれているものの、両政党が存在することがどういう帰結をもたらしたかは、長期間にわたって大きく異なっている。ペロン党と他の政党および社会集団とのイデオロギー的距離は、ネオ・ファシスト〔イタリア社会運動［MSI: Movimento Sociale Italiano］〕は無論だが、キリスト教民主党またはイタリア自由党（PLI: Partito Liberale Italiano）とイタリア共産党との距離に比べて（少なくとも最近までは）大きかったと言っても過言ではない。とりわけ〔ペロン派により支持され一九五八〜六二年にアルゼンチン大統領を務めた〕フロンディシ（Arturo Frondizi）の時代の「不可能なゲーム」に関する本巻所収のギジェルモ・オドンネルの所論〔分冊第三巻第五章〕を読めば、読者は自問したくなるであろう。イタリアの政治的ゲームはなぜこれまで「不可能性」の程度が低かったのか。

解答として次のような仮説を考えてみよう。大統領選挙の「ゲーム」がゼロサム的性質を有するのに対して、議院内閣制は結果を分けあう可能性を提供する。議会選挙は多くの選択肢を提示する。連立政権の形成、立法過程における政府と反対派の公然または非公然の協力、（とりわけ遠心的多党制において）続いて行われる選挙で反対派諸政党が勝利を収める可能性である。このことが敗者の欲求不満を緩和し、将来への期待を作り出し、しばしば敗者が権力に参与することを可能にする。大統領制においては、三三・一％の相対多数を得た者が固定任期で執行府の主導権を握り、高級官僚の指名、法案の提出、立法府の提案に対する拒否権を比較的自由に行使できるので、反対派は無力感に囚われ激昂する可能性すらある。選挙で分裂した反対派が敗北の後に結集するのには、多くの理由がある。他方で、現職者は自らのプログラムに向けられた不満を恐れ、任期終了とともに打倒されてもおかしくないと考えがちである。ただ一人の首長職であることや選挙の人民投票的性格、さらには大統領選挙の争点が有する全国的射程と対比される、議会選挙の地域志向・クライエンテリズム・起こりうる腐敗——これら全ての要因は、権力の感覚、すなわち、実際の支持を上回る可能性が高い何らかの負託を受けているという感覚を大統領に与えるであろう。また、大統領のリーダーシップに応答しようとしない議会と対峙するとき、これらの要因が大統領の苛立ちを募らせるであろう。上に述べた要因の一部は、〔一九六四年三月に経済危機と左派の急伸を恐れた軍のクーデターで失脚した第二四代大統領〕グラール（João Goulart）政権下のブラジルや、アジェンデ政権下のチリにおける危機に際して、確かに存在した。

「だが、なぜアメリカ合衆国は違うのか」と疑問に思われるかもしれない。しかし、合衆国の政治の次のような特徴を忘れるべきではない。すなわち、連邦政府と州政府の間で政治的アリーナが断片化し、最高裁の制度的地位が強力であり、上院が威信を有し、そしてしばしば無視される要因ではあるが、〔閣僚を含む〕多くの公職者の起用や特定政策の形成が超党派的（bipartisan）に行われるということである。結局のところ〔アメリカ合衆国の〕政治学者が「責任政党政府」〔政府の権力が議会多数派を構成する規律ある政党の支持に基づくこと〕を求めるのは、〔逆説的ながら〕合衆国政府が多くの点で政党を基盤とする政府ではないからである。

イデオロギーあるいは利益が分極化している場合、大統領制のゲームが持つゼロサム性が、ゲームの帰結を制約する圧力を生み出すことは疑いない。すなわち、〔分極化した大統領制のゲームのもとで起きるのは、大統領の〕再選が阻止されたり、意思決定過程に対して議会の拒否権の行使や議事妨害が試みられたり、法廷を利用して大統領権限を制限しようとしたり、〔とりわけ一般投票で選出され、大統領と異なる政党に所属する強力な知事が率いる〕州政府の抵抗が起きたり、よくあることだが、大統領と副大統領が異なる政党や選挙連合から別々に選出されたり、そして遂には「調停権力」として軍が介入したり、といったことである。これらの策略は全て憲法上の対立へとつながり、それはシステムを弱体化させ、その正統性を危険にさらし、人民投票によって有権者の直接的な負託を受けたことを自負する大統領を苛立たせることになる。〔言うまでもなく議院内閣制の場合には、この負託は相対多数に過ぎず、〔政府は〕反対派との協働や、「存在を許された」[tolerated] 少数派政権として活動せざるをえない場合が多い。〕他方で、有権者の大部分は人気者の大統領と心理的に一体化し、上に述べた〔大統領制のゲームにおける〕策術も法律的・憲法的な争いもほとんど理解しないまま、既得権益と結び付く「少数派」と目される人々に不満を抱きがちである。これら全てのことを考えると、大統領の支持派と反対派との間のイデオロギー的距離が議院内閣制における与野党間の距離と同じか、それより小さい場合でさえ、対立はより激化するかもしれない。

大統領制が、立憲君主制なり共和制なりの議院内閣制と異なるもう一つの点は、調停権力が存在しないことである。裁判所という例外はあるものの、それは往々にして弱体である。ヨーロッパにおける国王や大統領は、議会内の政治的勢力配置の変化に対応することができる。議会解散権あるいはその行使をちらつかせることで、重大な局面では政権の再編を促すことができる。失敗を犯した政府の指導者は、一般的には国王や大統領の協力によって交代させられる。これとは対照的に大統領は固定任期で選ばれ、その放逐は憲法危機を引き起こす。このことは、なぜ軍がしばしば「調停」機能を担うのかを理解する一助になる。往々にして軍は不満を抱く反対派に鼓舞され、憲法の擁護者とする憲法規定により「正統化」されていると自負する。

本節で指摘してきた差異は、ヨーロッパにおいて、なぜデモクラシーから非民主的支配への数々の移行がしばしば準憲法的または疑似憲法的に生じたのか、そうした移行さえも民主的正統性の断絶と見なされなかったのはなぜかを理解するのに役立つであろう。多くの観察者がムッソリーニの首相就任をどう見たかを思い出してみよう。首相に任命されたムッソリーニがローマに到着する前日の〔一九二二年〕一〇月二八日に発行されたイタリア共産党の声明（*L'Ordine Nuovo*, 29 October）は、ファシズムの解決策とデモクラシーの解決策が等価であることを再確認するものであった。その二日後、『共産主義論評』誌（*Rassegna Comunista*）は次のように書いた。「権力への到達に何らかの革命的性格があることも、クーデターとわずかに似た点があることも、我々は否定する。……クーデターとは主導的階級を打倒し、国家の基本法を変更するものである。しかるに、今日に至るまでファシストの勝利がもたらしたのは内閣の交代であった」。イタリア社会党党首ネンニ（Pietro Nenni）は一九六〇年に当時を回顧して、「イタリアでは誰もがファシズムを真剣に受け止めないことで一致していた」と書いている。

〔議院内閣制ではなく〕大統領制であれば、権力移譲(Machtübergabe)——第一次世界大戦後のドイツとオーストリアで起きたようなこと、ムッソリーニとヒトラーの任命や、マクドナルドによる労働党政権から挙国一致内閣への移行——は不可能だったかもしれない。大統領制において、大統領自身が職を放棄するのに乗り気でなく、ほとんどの閣僚も辞めそうにないときに政府を変えるには、最高責任者の民主的選出のルールを断ち切ることが必要となる。政府の危機はほぼ当然のように体制の危機に転化する。一部の政治学者は、「調停権力」による軍事的介入が、機能としては議会連合の再編と同じであると言いたがるだろう。しかし、デモクラシーの正統性と安定性や、国民の支持に支えられた政府の諸制度の持つ正統性の観点から見れば、これら二つ〔軍の介入による政府の交代と、政党間交渉による政権連合の組み換え〕は等価ではない。

以上のことを考えれば、デモクラシー諸国における「大統領制」のゲーム対「議院内閣制」のゲームの帰結について、さらに体系的な分析を加える意味があるだろう。

第四章　デモクラシーの終焉

権力喪失・権力真空・権力移譲または対決への準備

解決不能な問題、それを利用して体制に挑戦しようとする非忠誠的反対派の存在、体制支持政党の間でのデモクラシーの真正性の衰退、問題解決能力の低下、(とりわけ暴力に直面した際の)政策遂行能力の低下、そして究極的には正統性の喪失が、全般的な緊張の空気を、すなわち何かしなければならないという感情を蔓延させ、高度の政治化をもたらす。この局面の特徴は、広範にわたる噂の伝播、街頭における動員の拡大、アノミー的でありながら組織された暴力、これらの活動の一部を社会の一部の人々が容認または正当化すること、そしてとりわけ非忠誠的反対派からの圧力が増大することである。時には状況のコントロールのためにニュースメディアに縛りがかけられることで、陰謀の安易な信じ込みや噂の急速な流布が助長され、経済的危機を悪化させる不確実性と予測不能性が高まる。

この状況において、指導的アクターは政府の基本的諸問題に立ち向かうのではなく、政治的危機を克服しようと決断するかもしれない。〔第一の選択肢として〕典型的には執行府の権限強化が試みられる。その方法は、憲法改正案の提出、非常事態権限の付与、議会審議の停止、地域政府または地方政府への介入・停止・妨害、あるいは軍司令部の首脳の入れ替えである。体制支持政党の結束の強化、優れた政党指導者たちの断固たる責任受諾、与党に近い勢力を支えて公平無私に秩序を維持する能力と意志、非忠誠的反対派との協力の全面的拒否と結び付けば、こうした執行権強化の方策は再均衡化をもたらすかもしれない。

第二の選択肢は、非忠誠的反対派の少なくとも一部を包摂したり、その指導者を新たな連合に取り込んだりして体制の基盤を拡大しようとする試みである。後に触れるように、このことはひいき目に見ても体制の変容であり、より多くの場合に権力移譲につながるが、非忠誠的反対派は素早くこれを権力継承に転換させるかもしれない。これは一九二二年のイタリア、一九三三年のドイツ、一九四八年のチェコスロヴァキアで起きたことであった。

第三の選択肢は、分極化の過程が続くのを容認し、権力を掌握しようと試みる非忠誠的勢力が現れるまで、内戦前夜の状況下で非忠誠的反対派や準忠誠的分子からの脅威を無視することであろう。その場合、民主的指導者が選択できるのは次の二つに一つしかない。すなわち、第一に、自らは手を引き、時には最高裁のような没政治的制度の陰に隠れて軍に権限を引き渡しても、その調停権力が体制変動を容認せず通常の民主的過程を一時停止させるだけだろうと期待することである。第二に、国民に訴えかけ、非忠誠的または準忠誠的と見られる勢力も含めて、組織勢力(たとえば労働組合)を動員することで権威の拡大に努めることである。分極化が甚だしい社会では、この選択肢は内戦を意味する(スペインのブルジョア少数派の共和派政府は、軍の蜂起宣言[1][プロヌンシアミエント]との妥協に失敗した後にこれに踏み切った)。政府は迅速な勝利を収めることによってのみ、体制の革命的変容を正統化する役割を担うことも権力移譲を進めることもなく、民主的正統性を主張し続けることができるだろう。フランスの政治家たち、中でもギー・モレ(Guy Mollet)〔旧フランス社会党[SFIO: Section Française de l'Internationale Ouvrière〕に所属し、一九五六年二月から一九五七年五月まで中道左派政権の首班を務めた〕が、一九五八年五月、アルジェリアにおける軍の反乱に対抗して大衆動員を呼び掛けるのを拒否した際には、確かにこの〔内戦の〕可能性に気付いていた。このような動員は、共産党が主導していたかもしれなかった。[1] 彼らは一九三六年七月の〔内戦勃発時の〕スペイン政府を思い出し、その政府がプロレタリア革命政党、とりわけアナルコサンディカリストと最大限綱領主義的な社会党の義勇兵に依存していたという記憶に苛まれていた。[2]

民主的指導者がこうした権力喪失に陥ってしまった社会で〔非忠誠的反対派への合法的な〕権力移譲というパターンが生じる可能性が大いに高まるのは、軍が調停権力の役割を引き受けそうにないうえに、非忠誠的反対派が問題解決に加わろうとする意欲と革命の脅威を示す能力とを結び付けた曖昧なシグナルを発信している場合である。実際に、〔軍以外の〕中立的権力が権力移譲に正統性のお墨付きを与え、軍がこれを容認し歓迎までして、少なくとも一部の体制支持政党が自己の利益と制度的配置を守る交渉力を十分に持っていると自負するならば、これ〔権力移譲〕は考えられる解決策の中でも最善のものとなるだろう。

合法的革命は第一次世界大戦後に敗戦国で最初に試みられ、ドイツとオーストリアに民主的共和国を樹立する道を開いた。(2) しかし、ムッソリーニは非忠誠的反対派と反民主的体制を支持することで、この革命の過程を完成させた。ビアホール一揆の失敗後、ヒトラーは合法性の外観をまとうことで初めて権力の獲得が可能になることを知り、一九三三年にイタリアのファシスト党よりはるかに短い時間でそれに成功した。否定し難い違いはあるものの、一九四八年のプラハのクーデター〔二月事件〕とはいくつかの類似点がある。一九五八年五月のパリにおいては、ド・ゴールの独特の個性と彼のデモクラシーへの傾倒によって、デモクラシーが脅威にさらされているように見えた状態から、〔デモクラシーの〕再均衡と判断できる形勢へと転換した。とはいえ、その状況にも類似点がある。歴史的記録からすれば同じ枠組みを今日に適用することは難しいが、「合法的」権力掌握の過程がこれらの事例でもそのように成功を収めたことからすれば、分析には今日的意義があるように思われる。スペインのスアレス（Adolfo Suárez）政権（一九七六〜七七年）が、合法的革命――憲法的諸制度をその明らかな意図に反して利用することと、あるいはドイツ人なら違憲的憲法改正（verfassunguswidrige Verfassungsänderung）と呼ぶであろう手法――を通じて、権威主義体制から民主体制への移行を可能にしたことを指摘しておきたい。この場合、反対派から加えられた圧力、その街頭動員、そして抑圧コストの上昇が、〔権威主義体制の〕統治者をデモクラシーへの移行に踏み切らせたのである。この体制移行には、反対派指導者の政府への編入も制度的枠組みの破壊〔決裂[ruptura]〕もなかったものの、明らかな不連続性が伴った。[3]

このような状況〔合法的権力移譲〕は、権力と正統性の深刻な喪失に陥った民主体制が、高い攻撃力を持つ非忠誠的反対派と遭遇した場合に生じる。この攻撃力は、大衆動員能力と実力行使の姿勢に加えて、議会内に存在しているという事実に由来する。このことによって、非忠誠的反対派は他党と協力し、形のうえでは合憲的な権力の獲得を推し進めることが可能となる。非忠誠的反対派は街頭の人々を動員し、組織されたパラミリタリー集団を用いることで権力基盤を獲得した。しかし、その指導者は慎重に発言し、権力への参画が認められれば、少なくとも中核的制度の一部を尊重するとともに、過激主義的な支持者を落ち着かせる用意があることを、曖昧な形ではあれ宣言する心構えができている。そうした非忠誠的反対派は、自らが権力掌握のための最もよい位置につけていることに気付く。非忠誠的反対派が様々な利益や制度に対して日和見主義的に譲歩する目的は、政府への参画に対する反対を無力化することにある。この戦術を成功させるもう一つの条件は、同質的でない支持者たちを統制する能力に加え、権力の座に向かう途上で行われる妥協を疑問視するような副官がいないことかもしれない。ナチ党におけるヒトラー反対派の中に同党内の賛同者を統率できる者がいなかったことは、紛れもなくヒトラーの決定的な強みであった。

しかしながら、この戦術を成功させるには、非忠誠的反対派と手を組んだことのない一部の政党や指導者の側の、また国家の中立的権力の側の、何らかの反応が必要である。デモクラシーの打倒を支持しているつもりはまったくない政党や指導者の一部が、システムに危機をもたらすことなく、執行権の強化、政党の非合法化、一部の市民的自由の制限のような体制の変容を代償として反体制派の指導者たちを引き込めると確信するときに、外形的には合法的・準合法的な政権掌握の過程が始まる。フォン・パーペンは、自分がヒトラーを関わらせたのであり、その逆ではないと考えた。これと同じように、そうした者の行為は、我こそが新たな連合の主導権を握っているはずだという前提に基づいている。時として体制の指導者は、非忠誠的反対派の手法とは言わないまでも、彼らの目的の一部を受け入れて、非忠誠的反対派の全体またはその一部を政治過程に参加させるべく、彼らとの合意達成の条件を探りたくなるだろう。シュライヒャーがシュトラッサー(Gregor Strasser)とヒトラーとの離反を利用しようと思い描いた時のように、露骨な戦略の一つが、非忠誠的反対派を分裂させようとすることである。[4]

こうした行動を支持する論拠は、以下の通りである。指導者に付き従う多くの人々よりも、指導者自身は妥協的であるかもしれない。責任の共有は、過激派の立場を穏健化させるだろう。権力への参画は、手に負えない街頭の暴力を止めるだろう。体制への編入は、より危険に見える別の非忠誠的反対派を抑圧することにつながるだろう。非忠誠的反対派の指導者の曖昧な声明はこうした期待を助長するが、指導者自身が率いる運動内部の緊張関係によってそれは確実なものに見えるのである。一連の交渉の主導権は、こうした解決法を支持する固有の動機を持つ仲介者に握られている場合が多い。交渉は秘密裏に行われ、露見すれば中止される。この段階では、体制支持政党あるいはその内部派閥と個々の指導者は、本書における準忠誠の位置に移動する。しばしば中立的権力は、このような解決策を好都合と見るか、自らの生き残りのことを考えて、少なくとも露骨に拒否することはない。その結果として、政治階級の中に疑惑の空気が醸成される。この疑惑は、非忠誠的反対派自身を含む政党内部の分裂状態を進行させるとともに、彼らの運動や、より根本的な諸目標や、指導者たちを、党指導部が閣僚ポストと引き換えに売り渡そうとしているとの非難を巻き起こす。この状況は、終局に向けて事態の進行

を加速させる。(3)

秘密の交渉や、中立的権力の承認を得る必要や、軍の好意的中立や、危機を解決したいとする利益集団の意向、これらは全て、議会のアリーナから、表から隠れたはるかに限定的なもう一つのアリーナへと、政治過程を移行させる要因である。アリーナが縮小し私的な小集団が重要な役割を果たすのが、この崩壊過程の最終段階の特徴である。(不思議な偶然の一致ではあるが、ダニエル・ベルが指摘するように、陰謀団[conspiracy]、クラブ[club]、委員会[committee]、秘密結社[cabal]、宮廷[court]、黒幕[camarilla]、党幹部会[caucus]などの集団は、全て小文字の「c」で始まる。)これらの存在は、崩壊過程がなぜこれほど頻繁に陰謀論の観点から分析されるのかを説明する。これらの集団は、当面の権力移譲において重要な役割を演じるかもしれないが、〔デモクラシーの崩壊に至る〕過程全体の産物なのである。

非忠誠的反対派への門戸開放をゆっくりと、しかしさらに深く試みていくと、もう一つの帰結が生じる。すなわち、かつては敵視されるか少なくとも相当胡散臭いと見られていた過激派が権力に到達する可能性を、〔そうした過激派〕より重要で長続きしている社会的諸組織〔経営者団体、労働組合、宗教団体など〕が理解し始めるということである。(4) その結果こうした組織は、民主体制とも、自らの政治的利益を託してきた政党とも、緩やかにではあるが歴然たる断絶に至る。典型的には、経営者団体は非忠誠的政党に資金を提供し、教会はこうした政党への支持または参加を禁止する命令を撤回して、〔イタリアの〕人民党や〔ドイツの〕中央党のような宗教政党に対する帰属意識を弱める傾向を示すだろう。労働組合は社会民主主義政党のような政党との提携を見直すかもしれない。軍は特定の政府や体制を忠誠の対象にしないという暗黙のメッセージをもって、国家と軍指導者に対する忠誠を強調するであろう(5)。もちろん非忠誠的反対派の指導者は、これらの組織が現行体制に肩入れしないように、諸組織への畏敬の念や、特別の約束と保証や、やや遠回しの威嚇を巧みに利用しながらこの離反傾向を助長する。

それほど確固たる政治的信条を持たない人々までが非忠誠的反対派の包摂を容認し始めるのは、より安定した政府とより高い問題解決能力を求めるからであり、とりわけ傍観者ながら不快に思っている、政治的動機に基づく暴力の終結を期待してのことである。先頭に立って社会的無秩序の雰囲気を煽ってきた非忠誠的反対派が、この段階では、皮肉にも、秩序形成の可能性を提供する存在として浮上することがある。このことによって、より戦闘的なデモクラシー支持勢力は、敵対勢力が政府に参画することに反対して支持者を動員する能力を弱らせる。なぜならこの段階では、デモクラシー支持勢力が〔そのような対抗動員に訴えれば、かえって〕暴力と内戦を引き起こした張本人として非難されるかもしれないからである。

ナチが合法的革命と呼んだものの発見は、民主的システムへの忠誠に疑いが持たれている反対派の成員を体制に編入することをますます難しくしてしまった。このような政党の代表者に閣僚ポストを提供すれば、民主政治に参加する完全に正統な主体として認められていく過程で、最後の障壁を乗り越えることが可能になる。そうすれば、その政党は、街頭においてよく組織された大規模な支持をはじめとする様々な圧力によって勢いづけられ、急激に要求を吊り上げることになるかもしれない。国家の強制力の運用が、党民兵組織《ミリシア》の活動を正統化する方向に向けてわずかに変化するだけで、デモクラシーの破滅は避け難いものとなるだろう。

しかし、権力奪取とそれに続く権威主義的統治あるいは全体主義的統治の固定化は、この場合、デモクラシーに対する唯一の脅威ではない。人口の大部分や、軍を始めとする中核的制度が、ある政党を民主的諸制度との関係において準忠誠的であるか、非忠誠的であると見ているとしよう。そうした政党が政府に参画すれば、政権掌握の意図がなくても、革命的抵抗という形での「予想通りの」反作用を惹起することがある。またこの抵抗は、デモクラシーの防衛手段あるいは予防的な軍事反乱として正統化される傾向がある。これが一九三四年のスペインで起きたことである。当時はスペイン独立右翼連合の入閣〔同年一〇月〕が、アストゥリアス地方のプロレタリア革命や、カタルーニャ自治政府(ジャナラリタット[Generalitat])の分離主義的反乱や、リベラル左派的なブルジョア諸政党が諸制度から撤収することを正統化する役割を果たした。デモクラシーは辛うじて生き延びたが、すでに致命的に傷付いていた。[5] ムッソリーニやヒトラーの権力掌握に見られるようなマクロ歴史的な政治過程のモデルが、同一の台本に沿って繰り返されることがないのは強調されてよい。事の是非はともかく、新たな状況の当事者がそれとよく似た過去の教訓なるものを参考にする可能性が高いからであろう。にもかかわらず、実際には、一部のパターンがマクロ社会学的過程の中で繰り返されるのは驚嘆に値する。こうした理由によって、マクロ社会学におけるモデル構築は、ミクロ社会学におけるほど容易ではない。

この権力の合法的征服のモデル、すなわち上からの革命によって、共産党がデモクラシーへの消極的統合から全面参加に移行する過程は、二〇世紀初頭の社会主義政党の経験と比べてはるかに危険で困難なものになる。革創期の革命運動の道徳的立場によれば、民主的に選出された多数派とならない限り、その成員には政府に参加することが認められなかった。参加が認められる場合とは、《参加は、システムを転覆させる実力の行使に役立つというよりも、多数派形成に有効である》という前提がある時であった。次のような声明は不道徳であるとして拒絶されたことだろう。

憲法は闘争の行われる土俵を定めているだけであって、目標を定めるものではない。我々は、正統な組織に入り込み、このようにして我々の党を決定的要素に仕立て上げるのである。そうすればもちろん我々は、憲法に合致した権利を手に入れて、(体制変革が必要だとしても、)国家を、我々が正しいものと見なす鋳型に入れて鋳直すことになろう。(6)

民主的社会主義者〔イギリス労働党〕が初めて民主的政府に参加したとき、彼らは、(ハロルド・ラスキ〔の一節「第一章原注(33)」〕を読み直せば明らかなように)自分たちの合法的な政策追求を敵対勢力が容認するとは思っていなかった。(7)多くの場合、彼らは間違っていた。しかし、時には彼らが正しかったという事実が、マルクス主義の伝統に含まれる最大限綱領主義的な解釈に新たな命を吹き込んだ。その立場は〔スペイン第二共和制期に書かれた〕次の文章によく表現されている。

このことにより、我々は、第三インターナショナルが〔当時は〕許可しなかったことを実行できるようになる。すなわち、共和派とともに政府に参加し、しかもプロレタリア革命の過渡的独裁を、科学的社会主義の避け難い公理として承認し続けるということである。

ブルジョア新聞はどう考えていたのか。明らかに、我々が人畜無害な社会民主主義者であって、疑似民主主義的な偏見に満たされ、あまりにも愚かであるから、ファシスト独裁を阻止するために必要であれば、新たな選挙の実施を要求するだけだろうと見ていたのである。(8)

このような曖昧な立場が、イタリア、オーストリア、スペイン、チリをはじめとする多くの国々において、デモクラシーに致命的影響を及ぼした。

イタリアおよびフランスの共産党の政権参画の可能性や、一九七五年のポルトガルの事態における共産党(PCP: Partido Comunista Português)の役割を考えると、こうした問題提起は純理論的なものでなくなる。[6]

民主体制の終焉とその後

しばしば歴史書では、デモクラシーの死は特定の事件が起きた日時と結び付けて記録されている。ローマ進軍・ヒトラーの首相任命・スペイン内戦の勃発・モネダ宮殿〔チリ大統領公邸〕への攻撃とアジェンデの死などである。だが実のところ、ある体制の終焉を示す出来事に先立つ運命的な日々や時間は、長く複雑な過程の頂点に過ぎなかった。出来事が起きたとき、おそらく多くのアクターは、その運命的な結果を意識することも意図することもなかった。多くの事例において、このような運動の中で生まれつつある体制の性格は、現行の政治的秩序の打倒を意図していた人々にすら明らかではなかった。しばしば新体制への移行が可能となったのは、非常に多くの当事者が自らの行為の基本的な含意に気付いておらず、さらによくあることだが、彼らの情勢分析が間違っていたせいであったに過ぎない。振り返って見ると、体制崩壊の蓋然性を低くしたかもしれない別の行為が進行する機会が存在し、その時点を確認することが可能である。

権力喪失から権力真空へと移り変わる過程の終盤になると、決定と行為のタイミングに関する問題が特に意味を持つようになる。統治者と参加者の対応は、(残念ながら大抵は後知恵であるが)時期尚早・適時・遅延・「瀬戸際」(eleventh-hour)・時間切れと特徴付けることができる。再均衡化には時宜を得た行為が必要となるだろうが、他の危機からの類推に基づく行動は、崩壊を食い止めるのではなく、むしろこれを加速させるような時期尚早の対応につながるかもしれない。(スペインの〔一九三四年〕一〇月革命はこの視点から捉えることができよう。)しかし、多くは(一二〇年代のイタリア危機の際にトゥラーティが率いた改良主義派のイタリア社会党に見られたような)対応の遅延である。従って、本書における分析の知的な意義は、深刻な危機に陥ったデモクラシーの指導者たちが、自ら直面している選択と危険についてより自覚的になれる点にある。

デモクラシーの死を説明する観点からは、最終局面の状況の分析はややつまらないかもしれない。しかし、誕生しつつある体制の性質――その固定化、将来における安定性、変容の可能性、社会の未来に与える効果――を理解するうえで、それはかなり重要だと言えないだろうか。

デモクラシーの再建のための困難と機会は上記の〔権力喪失から権力真空への〕局面推移に依存するが、ある程度までは崩壊過程の最終段階の産物であり、もしかすると、社会と多様なアクターがそうした劇的事件について行った解釈の産物かもしれない。デモクラシーの終焉の日時を象徴的に確定できる場合でさえも、それは新たな体制の建設の始まりであり、言い換えれば、記述モデルが必要な、特有の問題とパターンを持つと考えられる過程の起点でもある。

本書で焦点を当てたのは、デモクラシーの存続に献身した人々が、最終段階においてその崩壊を防げなかった事例である。しかしながら、その段階における彼らの選択は、民主的秩序への挑戦者がどのように行動することができ、また行動するつもりなのかに決定的影響を及ぼす。確かに、デモクラシーの終焉には、さらに深く研究するに値する多くの異なるパターンがある。主要なパターンには、以下のようなものがあると思われる。

(一)　非常事態用に設計された制度的メカニズムによって活動を正統化された、実力行使の用意がある集団が、民主的に選出された政府を非立憲的な手段により排除する場合——民主的過程の再建を意図した暫定的統治が確立されるが、後に一定の逸脱を伴うようになる。

(二) 没民主的で、一般的には前民主的な政府諸機構の連携による権力の継承——旧民主体制の政治階級の一部を包摂し、非忠誠的な反対派分子を統合するが、社会構造と多くの制度的領域に関する限定的改革が着手されるにすぎない。

(三) 社会的勢力を再編成し、以前の民主体制の指導的な政治的アクターを全て排除することによる、新たな権威主義体制の確立——しかし、この体制が自らの統治を支える新たな政治制度や大衆動員の形態を作り出すことはない。

(四) 大衆的な社会的基盤を持ち新たな政治的・社会的秩序の創出に力を注ぐ、十分に組織された非忠誠的反対派による権力掌握——ただし、旧体制の政治階級とは、移行局面におけるジュニアパートナーとしての連携を除いて権力を共有しようとしない。その結果として成立する政治体制は、自信にあふれた権威主義体制から前全体主義体制[7](pretotalitarian regime)まで様々であろう。

(五) 弱体化した体制に対して試みられた権力掌握すらうまくいかず、長期間の抗争(内戦)が必要となる場合——こうした紛争は以下の二変数のうち片方の結果として起きるが、両変数が結合する可能性のほうが大きい。一つには、敵対勢力を打倒する能力を持たない民主的政府が、国家の強制手段〔軍・警察など〕の忠誠と大勢の支持とを要求することで、権力の放棄を迫る圧力に抗おうとすることである。もう一つには、その社会に高いレベルで政治的・社会的に動員された勢力が存在し、民主的政府と共同歩調をとるとは限らないにせよ、敵対勢力の権力掌握に反対の姿勢をとっていることである。

これら五つのパターンのうちの第一は、一九世紀のスペインおよびラテンアメリカにおける軍の介入、すなわち調停権力の伝統的モデルであった。このモデルが可能であった社会とは、政治的動員が比較的低水準で、指導者の個人的追随者あるいは有力者やカシーケ(cacique)[8]の連合体である政党と、独自の政治的目標を持たない軍が存在している社会だけである。寡頭制的デモクラシーのもとでは選挙過程が腐敗しているので、政治階級の大部分はこうした〔調停権力である軍の〕介入をすすんで奨励したり容認したりする。このことを前提とすれば、〔軍の介入の〕社会的効果は操作された選挙と大差がない。社会的構成と目的の点で似通った政治家集団を、順番に入れ替えるものだからである。本書の定義を満たす（研究対象となった）デモクラシーはそれとはタイプが異なるか、または異なるタイプに変化し始めていた。そうである以上、軍事クーデターに参加した軍人の一部が自らの役割を自覚し、政治家の一部が彼らに昔ながらの調停権力の役割を演ずるように促した場合であっても、結果は〔第一のパターンではなく〕第二・第三のパターンに近いものとなった。

第二のパターンは、バルカン諸国の多くで見られた国王独裁への移行のモデルにあたると考えられる。戦間期のカロル国王〔カロル二世［Carol al II-lea］〕のルーマニア、およびユーゴスラヴィアは、興味深い事例を提供している。軍と一部の人々にとっての伝統的あるいは準伝統的な君主制的正統性の名残は、民主体制の失敗と諸民族間の対立という問題に結び付いて、軍─官僚制的性格を持つ権威主義体制を可能にする。こうした体制は多くの職業的政治家を任用しているが、彼らは自らの地方権力基盤によって、あるいは政府への接近手段を利用することで行使できる影響力によって選出された者たちである。社会的・政治的秩序に挑戦しようと身構える取るに足りない活動家集団を政治生活から排除したり、支配的ナショナリティの特権的地位に挑戦している複数のナショナリティの要求を無視したりすることで、準民主的メカニズムや疑似民主的なメカニズムを維持することはできるであろう。「中途半端な」デモクラシーにとって代わるものは準権威主義的な体制である。これの主な特徴は、反対派の自由の喪失である。そうした反対派はすでに民主的に権力を獲得する機会を制限されているものの、自由な活動が認められていれば、長期的には〔体制の〕脅威となっていたかもしれない。

デモクラシーがすでにかなりの正統性を享受し、政党が社会に定着して様々な利益と独自のイデオロギーを代表するとともに、その指導者たちが少なからぬ人気を得ている場合、そうしたデモクラシーの崩壊は後半の三つのパターン〔上記の(三)〜(五)〕に道を開く可能性がある。これらはより大きな断絶と紛れもない体制変動を意味する。これら三つの中でも先のリストにある四番目のパターンの頻度が一番高くなるとは考えにくい。というのは、イタリアとドイツのファシスト政党のように、非忠誠派の大規模な政治運動がデモクラシーの中で権力を獲得することは極めてまれだからである。ある環境のもとでは、このような大衆運動が選挙で成功を収めて国家による軍事力の独占に挑戦し、他の政治勢力の準忠誠的態度と軍の中立に助けられて、一般の人々の抵抗に遭うことなく疑似合法的な権力移譲へと進むことが可能になる。しかし、そのような独特の環境が現代社会において繰り返し生じる可能性はない。イデオロギーや、スタイルや、新たな組織戦略を創造する能力や、非同質的な社会的基盤を持った大衆運動としてのファシズムは、第一次世界大戦後の独自の歴史的状況の産物であった(9)。保守派の利害関係者は、ロシア革命や各地の疑似革命、あるいは革命のレトリックに驚いて、ファシスト政党を潜在的同盟者と見なした。とりわけイタリアにおいて、民主的でリベラルな指導者たちは、この新たな運動が彼らの地位に突き付けた深刻な脅威に気付かなかった。今日、起こりうる左翼革命の脅威への備えとして、容易に内戦を引き起こす可能性がある反民主的な大衆運動に彼らが期待をかけることはない。彼らはデモクラシーの枠組みの中で役目を果たそうと努め、国家の強制手段を駆使して急進的な挑戦からその枠組みを守ろうとし、その枠組みの中で自らの利益を守れると確信している。同時に、左派の敵対勢力が選挙で権力を獲得する可能性があまりなく、実力でそれを達成する能力もないことを熟知している。デモクラシーが好ましい社会的秩序を保証しないという結論に到達すれば、彼らは脅威にさらされている社会的部門から相当活発に、あるいは受動的に支持されて、軍による予防クーデターに着手する可能性がますます高まる。そうすると結果は、ファシズム体制の性質を多く有しながら、本質的には官僚制的・専門家支配的で、デモクラシーの崩壊に先立つ大衆の動員に基盤を持たない権威主義体制となるだろう。予防クーデターが失敗した場合には内戦となり、主に軍事的手段と高い確率で起こりうる国際的干渉とによって大きく左右されることになるだろう。

多くのデモクラシーの崩壊に先立って社会の高度の政治化、大衆の動員、分極化が生じるにもかかわらず、その後のテロと敵対勢力の弾圧がドイツと同じ程度に激しかった場合を含めて、多くの事例では権力掌握が特に血なまぐさいわけではなかった。本物の内戦につながる崩壊はこれまで例外的であった。確かにムッソリーニが発明した合法的革命のパターンは予想外であり、よく理解されなかったため、左派は内戦につながりかねないような暴力的対応に手を染めることができなかった。戦間期の共産党によるファシズム解釈が示唆するのは、戦わずしてファシズムは敗北するということであった。すなわち、独占資本主義の最後の抵抗が失敗したことが大衆の眼前に明らかとなり、この最後の抵抗によって大衆が社会民主主義に対する幻滅を抱くようになったのと同じく、とりわけモスクワが社会ファシズム論を掲げていたときには、ファシズムが一時的現象として自ずと消滅するであろうと見られたのである[9]。準合法的な権力掌握を可能にしたのは、中立的権力によって正統性を付与された準忠誠的反対派の存在、民主的諸政党が強要されて行った決定、軍の好意的中立、加えて権力奪取の結果に関する多くの指導者たちの自己欺瞞である[10]。こうした権力掌握がいかなる対応をも不可能にし、結局は遅きに失して、ナチ国家の権力の急速な固定化に対抗できなくなった。このパターンが繰り返されることはなかった。

オーストリアでは、ドイツやイタリアほど威嚇的ではないが、権威主義的な代替案〔ドルフース[Engelbert Dollfuß]によって導入され、ドルフース暗殺後にシュシュニック[Kurt von Schuschnigg]に引き継がれたオーストロファシズム体制〕が権力を強化するには、〔一九三四年二月中旬の〕短期の内戦が必要であった。また数カ月後のスペインでは、勘違いされた類似の事態〔いよいよファシスト政権の成立かと左派が身構えることになった、スペイン独立右翼連合党員の入閣〕が一〇月革命へとつながった。三〇年代半ばに状況は一変した。すなわち、様々な信念を抱いた民主主義者が協働して民主体制をファシズムの脅威から救おうとする姿勢を強め、共産党は、かなり逡巡した後に社会主義政党に向けて〔人民戦線戦術へと〕路線を転換した。相対的に安定した社会では、多くの潜在的民主派をファシズムの影響下に押しやった革命的レトリックが捨て去られ、保守派も大規模な動員に支えられたファシズム運動にはおそらくそれほど乗り気でなかった。多くの国でデモクラシーが敗北した後にデモクラシーの危機が訪れたスペインでのみ、民主主義者とプロレタリアートの双方から危機への軍事的反応が生じた。国家の権威が軍とその右派側の支持者からの挑戦を受けているときには、民主主義者とプロレタリアートのどちらの集団も、自らの利益が脅かされていると感じながら、革命の好機が訪れたと考えた。政府は自らの民主的正統性を確信し、また人口のかなりの部分から、さらには(しばしば無視される事実であるが)軍・警察・公務員からも支持を得ていたので、軍事蜂起に抵抗することを決断した。同時に、労働者階級は、革命に向けて、あるいは少なくとも政府に対して疑似革命的な圧力を加えるために組織されていたが、政府の威嚇や呼びかけに対応する用意があった。軍の一部が(共和国への)忠誠派に留まるか、少なくとも曖昧な態度であったこと、プロレタリア組織が大勢の人々を動員したこと、地域ナショナリストが中央集権的右派への敵意を抱いていたこと、これらのことによって、(共和国に反旗を翻した)軍への抵抗と、軍を支持する文民への抵抗がスペイン各地で引き起こされた。スペインの他の地域では、軍の行動に対する文民の幅広い支持が動員できたので、体制忠誠派(共和国陣営)が反乱を迅速に鎮圧することが不可能となり、内戦が不可避となって、さらにこの内戦は外国の干渉によって長期化したのである。ほぼ三年にわたって互いに戦った二つの政治システムは、一九三六年七月に存在したものとも、まして一九三一年に確立されたものともほとんど共通点がなくなった。

ムッソリーニやヒトラーのような人物が政権の座に就くというモデルは繰り返されなかったが、現代のデモクラシーにおいて無視できないのは、スペインのように、左派的傾向を持つ民主的政府と動員された労働者階級とが手を組んで抵抗する可能性である。民主的統治と急激な社会的・経済的変革とを結び付けることは、体制の支持者にも反対者にも革命的に映るのだが、敵対陣営が軍の支援を得られる場合には、残念ながら、そうした結び付きを期待する人々の望みが内戦を経ずにかなえられることはなさそうである。たとえ体制忠誠派が勝利を得ることになっても、政府がデモクラシーとして機能し、敗者に対して勝者と同じ政治的権利を保障するようになるまでには、内戦の後もかなりの時間を要するであろう。内戦は、結果がどうあれ、デモクラシーの死とある種の独裁の成立を意味する。

民主主義者の信念と期待には反するが、支持者たちが積極的に街頭に出て戦うことに体制の存亡が託されている状況に向かっていくことは、民主体制にとって決して認められるべきではない。危機的状況においてさえも、デモクラシーの打倒を欲するような人々をすすんで支援する市民はほとんどいないが、現代社会において、市民はこうした状況ではまったくなす術がないと感じている。(11) 政治的イデオロギーの両極に位置する者だけが、戦う覚悟やその組織的手段を有しているのかもしれない。民主的政府が少数派の非忠誠的態度に対抗するには、彼らを非武装の状態に保ち、政治的には大衆の支持から隔離することで、彼らが暴力的手段に接近することを阻止しなければならない。万が一このような少数派が、国家の強制装置の忠誠や中立を意のままに操ることを認めてくれる有力者の支持を得られたなら、体制の運命は危殆に瀕する。安定した民主体制の第一の要件は、強制手段を直接支配する地位にある人々の間で体制の正統性が保持されることである。彼らを徹底的に疎外して反乱の意志を固めさせるような政策は、いかなるものであれ現実的ではない。ある点で現代社会における軍は、カルフーン(John Calhoun)の言う意味における「競合的少数」[10](concurrent minority)である。しかし、現代デモクラシーにおいて、選挙における自前の支持以上の正統性を享受する政府が、単に軍の一部門に留まらないような非忠誠的勢力に遭遇する可能性はない。政府が存続できるかどうかは、クーデターに加担しない将校たちが、政府の正統性の主張にどう対応するかにかかっている。徴集兵の市民としての忠誠、その状況ではどちらの陣営にもつかない人々の存在、そして部分的な政治的目標に専心する人々(別の理由でデモクラシーの正統性を疑問視してきた人々を含む)の動員は、大して効率的な反応を生むことはないだろうし、むしろ非生産的でありうる。それほど危険が迫った体制にとって、唯一の希望となるのは、反乱者が強過ぎる場合にはその反乱者と妥協するか、プロヌンシアミエントに関与しなかった軍の支持を求めることかもしれない。すなわち、「人々を武装させる」ことで反乱者を打倒しようと期待するのではなく、特定の組織された社会的部門に頼るべきである。政策の変更・制度の変更・市民的自由の部分的剥奪・準忠誠的指導者の包摂といった犠牲を払うとしても、抵抗運動や内戦と比べれば、この解決策はデモクラシーの将来により大きな希望を与える。第四共和制の民主的指導者たちが、こうしたことを考慮し、また独自の党派的支持をはるかに超える大きな正統性を獲得していたド・ゴールのカリスマ性を利用できたからこそ、再均衡化のまれな事例としての第五共和制への移行が可能となったのである。

再均衡化は、民主体制の崩壊寸前の状況の帰結でありうる。残念ながら、デモクラシーの危機をこの角度から研究したものはほとんどない。ところが実際には、最終的に崩壊したデモクラシーの中にも従前の危機を克服したものがいくつか存在する。従って、研究者はそうした危機からの脱出方法の肯定的側面をより強調すべきだろう。(12)

第五章　再均衡化の過程

民主的システムの再均衡という難問

デモクラシーの再均衡化とは、基本的な民主政治のメカニズムの連続性と安定性を深刻に脅かした危機の後に、結果として、デモクラシーが以前と同等かそれ以上の水準の正統性・問題解決能力・政策遂行能力をもって存続するようになる政治過程である。[1] その前提には、政治体制の権威を一時的に崩壊させる、制度の深刻な動揺や、政策遂行能力または問題解決能力の喪失、そしておそらくは正統性の喪失がある。再均衡化は（広義の）デモクラシーの範疇の中での変化と両立する。すなわち再均衡化には、フランス第四共和制から第五共和制への変化や、あるいは納税要件に基づく制限選挙制（régime censitaire)から現代的大衆デモクラシーへの変化や、あるいは多数決ルールに基づくシステムから多極共存型メカニズムに基づくシステムへの変化が含まれる。再均衡化とは、たとえそうである必要がなくとも、ある体制の崩壊または徹底的な変容でありうるが、デモクラシーの正統性と基本的諸制度の変化ではない。

再均衡をもたらしうるデモクラシーの崩壊とは、反憲法的または没憲法的な手段によるか、当初は没民主的正統性を有していた（カリスマ的指導者のような）政治的アクターの通常の民主的過程への介入の場合か、あるいは軍事蜂起のような実力行使による場合である。従って再均衡化は、一九二〇年代のドイツの政治学者が言う「合法性」と「正統性」の分裂を伴うことがありうる。新たな体制は非合法的に樹立されるかもしれないが、その体制は後に民主的過程によって正統化され、とりわけ民主的なルールに則って運営されねばならない。明らかに再均衡化は、体制の連続性の条件、現行ルールの継続的作動、そうしたルールを変更するために制度化されたメカニズムの侵害を意味する。この点で、ド・ゴールが一九五八年に権力の座に就いたことは、イギリスにおける保守党から労働党への政権交代や、〔ウォーターゲート事件に伴う〕弾劾手続き開始後にフォード(Gerald Ford)がニクソン(Richard Nixon)の後を継いだこととは異なる。この点に関して本書では「どのような条件のもとで再均衡化が可能か」という問いが提起され、これに対して仮説的な答えが与えられる。

第一の条件は、次のような指導者を得ることだろう。すなわち、危機に陥った現行体制の問題解決能力と正統性の喪失に怯まず、しかも、将来の民主的手続きにより正統化されることになる、新たな諸制度を持つ新体制の創出に専心する者である。第二にその指導者は、現行体制への忠誠を保つ人々に加えて、危機的状況では非忠誠的立場を選択するような人々、すなわち非民主体制の潜在的支持者にも受け入れられなければならない。第三に、体制の指導者が権力・問題解決能力・政策遂行能力を失い、そしておそらく正統性をかなり失ったときには、その事実を受け止めて、権力移譲に反対せず、むしろそれを推進できなければならない。これと密接に関連する〔第四の〕条件は、かつての指導者が、特定の政策目標・イデオロギー・利害に肩入れしつつも、デモクラシーの実質的内容を救うために、一時的中断の犠牲を払ってこうした目標の実現を後回しにしようとすることである。こうした意志と能力は、権力を譲り受けることになる指導者の民主的信条に対する信頼を前提としている。体制とその指導者が権威と正統性を完全に失うことはないから、非合法的挑戦に抗したいという衝動もその根拠もある。だが、その敵対勢力も正統性を強く主張する可能性があるので、そうした対立する主張が、権力の移譲と体制の変容に抵抗するために人口の一部を動員するのに利用されれば、その帰結は権威主義的統治の確立か内戦しかない。重要性は若干異なるが、第五の条件がある。すなわち、危機の最終段階において、人口の大半に一定の無関心と受動性がなければならない。加えて〔第六の条件として〕、この再均衡化のモデルが成立しうるのは、特定の体制に対して準忠誠的な反対派が、その特定の体制や政府のほかに民主的システムにまで疑問を抱く非忠誠的反対派を制御し、無力化できる場合に限られる。再均衡化とは、非忠誠的政治勢力がある体制に挑戦することでその体制の崩壊を早め、権力の座に就いていたかもしれない状況で、準忠誠派がそのような非忠誠派を自覚的に裏切るゲームである。

　再均衡化の必要条件は、様々な要因の独特の配置であるようだ。再均衡化の起点は、危機に陥った体制の外部にあって、しかも多くの体制支持者に受け入れられている指導者である。同時にこの指導者は、挑戦者の多くを新体制に引き入れ、筋金入りの敵対勢力を孤立させる能力を持っている。指導者は新体制を民主的手段によって正統化し、その後は民主的な諸制度を維持することにも力を注ぐ。再均衡化は体制の変容や変動を有権者がすすんで承認しようとする場合に起きるが、その承認を条件付けるのは、新体制ならば最終的危機を招いた解決不能な問題を解決できるはずだ、という信頼である。フランス第四共和制から第五共和制への移行はこうした前提条件を見事に満たした。この移行を可能にしたのは、危機の時代においてフランス本土の住民の大部分が受け身であったことだけではない。そのほかにド・ゴールという人物を得られたこと、彼個人のカリスマ的正統性、彼自身が理解したデモクラシーへの肩入れ、そして第四共和国の主要な政界人たちの協力姿勢であった[2]。もう一つの要因は共産党の低調な動員である。多くの民主的指導者が右派の脅威に対抗するために共産党の支持を求めようとしなかったことも、その傾向を助長した。

アルバート・ハーシュマンは、パフォーマンスが低下した企業や組織の回復の問題について考察し、先に挙げた再均衡化の過程と似た要件についていくつか注意を促している[3]。一般的に企業にとって非常に望ましい状況は、機敏な(alert)消費者と緩慢な(inert)消費者が混在していることである。すなわち、機敏な消費者は、回復努力を始める企業にフィードバックのメカニズムを提供し、緩慢な消費者は、この努力が実を結ぶために時間と金の緩衝材を企業に与える。ハーシュマンはこのように指摘することによって、再均衡化の過程に関する本書の叙述内容に対応する要素に言及しているのである。その要素とは、民主的システムから離反してしまった非忠誠的反対派と、積極的には彼らを支持しようとしない大多数の受動的なデモクラシー支持者である。こうした受動的大衆は、危機を解決しようとする政治階級の努力を待望するか、〔デモクラシーの〕質の低下に気付かないか、それを何とも思わない。非忠誠的反対派に参加する意欲も民主的諸原理の徹底的遵守を要求する心構えもないとはいえ、デモクラシーの失態に寛容な人々が、民主的合法性すら犠牲にしながら再均衡化の過程を可能にする。

次のように問うこともできる。非合法的・暴力的な圧力と形のうえでは合法的な新政権の発足とが結び付くことによって成立した非民主的体制が、とりわけ国内情勢の一定の鎮静化と問題解決に向けての兆しが部分的に見られた後で、挑戦者を連合のヘゲモニー的基盤とするような新生デモクラシーに発展する可能性はなかったのか。ムッソリーニは、一九二二年にはこうした可能性を排除していなかったかもしれない。他の政党の代表者の政権参加、ムッソリーニに対する信任投票、社会党と距離を置こうとする労働総同盟の好意的中立、ファシスト行動隊の暴力を抑え込もうとする意図、経済的分野に〔1〕おける初期の成功、そしてとりわけイタリア政治におけるトラスフォルミズモ

(trasformismo)の伝統が、このような展開に有利に作用したはずである。この意味では、〔一九二四年六月の〕マッテオッティ殺害とその後の展開がファシスト過激派の暴力に対する責任をムッソリーニに負わせたように見えるし、またそれによって彼らが自分たちを守るように圧力を加えたため、ムッソリーニは、全体主義的ではないにせよ、完全に権威主義的な代替案を選ばざるをえなくなったのかもしれない。

パレートの流れを汲む再均衡の概念は、民主的過程の制約の中で新たに達成される諸勢力の均衡が以前と同じであることを意味しない。またゲームのルール、とりわけ政党システムの形成に大きく寄与する選挙法や、執行府と立法府の関係が、一定の限界内で修正されないわけでもない。それどころか、新体制が市民的自由に一定の制限を課したり、一九三〇年代のフィンランド共産党のように、特定政党を非合法化したりすれば、求められる変化はデモクラシーと準権威主義的解決との境界線に達することもあるだろう。しかし、とりわけ体制内でおおむね非忠誠的と見られている反対派を非合法化するなどして民主化度の低いデモクラシーであるとしても、デモクラシーの真正性の擁護という点では、内戦の危険を冒すことや権威主義体制に比べてマシな選択肢ではないだろうか。

これまでデモクラシーの範疇の中で体制変動が生ずる最終段階にあえて力点を置いて再均衡に関する議論を進めてきた。しかし、崩壊過程の初期に、より蓋然性が高く持続可能性があり、危険度も低い再均衡化のパターンを考えることができるだろう。原則として全ての再均衡化においては、状況を安定させ体制の存続を確保するために、民主的秩序に責任を持って関与する諸政党には次のことが求められる。すなわち、市民的自由に関する極端に無政府主義的な解釈に課せられる制約を受け入れるとともに、自らの特定の目標や、多くの支持者の利益や、イデオロギー的信条を犠牲にすることである。再均衡化には、ある意味で純粋な競争から逸脱するものの、権力の独占を回避するような寡占的解決が含まれる。こうした解決策を特徴付けるのは、挙国一致連立政権、選挙の一時的延期、政党どうしが選挙で競合しないという合意、そして政党間の政権たらい回しや重要な閣僚ポストの比例配分を規定する予め調整された枠組みである。これらは戦時におけるデモクラシーの活動を反映したものであるが、第二次世界大戦後のオーストリアやロハス・ピニージャ（Gustavo Rojas Pinilla）〔一九五三年にコロンビアでクーデターを敢行して戒厳令を敷き、独裁政権を樹立した軍人〕後のコロンビアといった事例でも、危機を経験した後のデモクラシーにおけるそうした興味深い試みが見られた。（後者については分冊第三巻のアレクサンダー・ワイルドの担当章を参照。）

危機の時代における一連の解決策の提案と並んで、これらの事例は面白い研究対象となるだろう。これに関連してとりわけ興味深いのは、一九三六年春に人民戦線にも穏健右派にも与しなかった民主的政治家によって提起された、スペインの共和主義的独裁（dictadura republicana）の理念〔多元性をある程度維持しながらも、戒厳令発動の権限を含む全権を持つ政府だけが危機的状況を克服できるという考え方〕である。アサーニャ〔内戦勃発当時はスペイン共和国大統領〔一九三六年五月〜一九三九年三月〕〕が自分自身のかなり大きな個人的威信に助けられ、スペイン独立右翼連合内の穏健派とプリエト率いるスペイン社会労働党内の穏健派の協力のほかにも軍の大部分の支持を得ていたならば、このような解決に成功して内戦を回避したり、局地的革命やプロヌンシアミエントに留めたりできただろうか。留保付きならば「おそらくそうであろう」。しかしながら、このような極端な解決は、当事者には高過ぎるコストを課してしまうかもしれない。というのは、そうした解決策には、政党システムの再編すなわち主要政党の分裂と、大規模な実力行使への覚悟が必要とされるからである。実際には、最大のコストは精神的なものであろうし、そのような選択に直面した政治家が、関連するリスクを引き受けるとは思えない。政治家さえも、生涯をかけた信条と忠誠に背くことは容易でなく、成功の見込みがほとんどない場合にはとりわけそうである。

再均衡化の極端なモデルに関する本書の分析は、数ある目的の中で、極限的状況においても政治的リーダーシップに対して開かれている自由の度合いを強調することを狙いとしていた。政治変動の過程に関する知識を豊かにするのは、アクター〔の行為の主観的意味〕を理解(verstehen)する試みを併用したこうした思考実験を行うことだけである。(4) その実験過程が、洗練された因果モデルの構築を妨げるとしても。

デモクラシーの復元と再構築

比較的短命な非民主的支配の後に、旧民主体制の指導者の多くが主要な役割を演じる形で新たなデモクラシーを創設し固定化することは、厳密には再均衡化とは言えない。(5) それは、長期にわたる独裁体制のもとで民主的指導者が徹底的に迫害され、そのほとんどが政治生活に復帰しなかったような場合と決定的に異なる。時間の経過が意味するのは、独裁制以前の政党や指導者との接点がない新世代が政治生活へ参入することである。

その場合、新たな指導者が創設する新体制が、自ら旧〔民主〕体制の正統な継続であるとか、ひいては復元（restoration）ではなく設立［2］（instauration）の事例であるなどと主張する根拠はほとんどない。デモクラシーへの復帰の事例の多くは、両者の中間〔復元と設立の中間すなわち「再構築」［reinstauration］〕にあるのかもしれない(6)。

復元状況においては、次のような必要から派生した特別な問題がいくつか浮上する。すなわち、崩壊に寄与した政党間の緊張を克服して、過去の準忠誠的行為に関する疑惑を除去するとともに、危機を助長した政策とイデオロギー的立場を再び肯定することは避けなければならない。こうしたことは全て、再建された体制の指導者が過去の経験からどの程度学んできたかに影響されるであろう。彼らは過去の立場を再び肯定し、当時の対立争点を再び提起し、崩壊に関する反対派の責任を追及して過去の非難を蒸し返すだろうか。この点で新世代の人々による新体制の設立は、デモクラシーの固定化にやや有利であるかもしれない。他方で存亡の危機を生き抜いた人々は、デモクラシーの破綻を導くような行為が何であるかをより十分に理解し、民主的な政治的手続きの経験をより多く有し、より善良な議会人となる可能性がある。彼らは知識と卓越したプラグマティズムを体制の固定化に役立て、そのことによって、旧体制の危機を引き起こした厄介な問題が新たな民主体制の固定化段階で発生するのを部分的に回避できる。

再建過程は、デモクラシーの倒壊後に成立した体制の性質によって異なるだろう。確かに全体主義的統治は、ほぼ全ての民主的指導者を迫害することによって、彼らの間にかなり強固な連帯を作り出してしまうかもしれない。刑務所や強制収容所で苦楽を共にしたことが、最も手ごわい敵同士の間にすら協力的態度を生み出す。このような体制はまた、指導者と支持者のアイデンティティ、とりわけ単一の動員型政党の党員のアイデンティティについての曖昧さを露呈することはあまりない。旧政治階級が原則論的に排除されることで、たとえその中に新体制にすすんで協力しようとする者がいたとしても、誰がデモクラシーの復元に積極的な役割を演じてよいかが確定しやすくなる。これは、第二次世界大戦後のドイツ、オーストリア、そしてイタリアにおいてすら、デモクラシーを再建する過程で有利な点の一つとなったかもしれない。旧民主体制のもとで活動していた政治家を取り込んだ権威主義体制が、敵対勢力の一部を迫害しつつ別の勢力には寛容であった場合、その後の復元作業にはより深刻な問題が伴う。このことが特に当てはまるのは、一部の新興政党が政治的指導者と政党の過去の記録を利用して、彼らが政治生活に参加する資格を否定する場合である。第二世界大戦後の東欧、とりわけチェコスロヴァキアにおいて、共産党は非常に巧みにこの戦術を用いた。

ここではこの問題に深入りしないが、〔分冊第二巻以降の〕他章で取り上げることになるだろう。いずれにせよ重要なのは、その根底にマクロ政治学的・社会学的分析の中心問題、すなわち政治過程における連続と不連続の問題が横たわっていることを理解することである。

デモクラシーの擁護における不服従の権利・反逆・党派的帰属

本書での分析自体が、分析対象である紛争によって方向付けられていると言えるだろうか。本書の理論は、科学的探究と、それほど明るみにされない政治的言説の両方の伝統に根を持つのだろうか。本書で用いる用語が、意識的あるいは無意識的に、体制をその敵対勢力より好意的に扱うよう歪められていないか。テリー・ナーディン（Terry Nardin）による最近の論考、市民的不服従に関する文献、そして合衆国における暴力に関する分析が、こうした疑問を提起している。ヴァイマル共和国というパラダイム的事例に基づくデモクラシーの崩壊の分析ではこれらの疑問を無視できるとしても、他の事例ではそうはいかないかもしれない(7)。

民主体制への反逆が、結局のところ正統性の様式をめぐる紛争であることを心に留めておくのは重要である。反逆者は、民主的政府が統治権をすでに失い、自分自身の価値体系の中でさえ正統性を失っていると主張する(8)。ヴェーバー流の正統性分析が強調するのは、それぞれの体制類型には限界が組み込まれており、そうした限界を超える変容が体制の脱正統化と最終的な崩壊の引き金になるということである(9)。トクヴィル(Alexis de Tocqueville)は、デモクラシーにおける多数派による圧制の危険性について特に警告している(10)。憲法規範の侵害、権力の濫用、市民的自由の軽視、官憲による過剰な暴力は、デモクラシーの崩壊の原因として無視できない。確かに体制の打倒を目論む人々は体制によるこうした濫用を論難するだろうし、この主張こそが多くの穏健で無党派的な市民を説得し、体制転覆の支持、あるいは少なくともその承認へと導く。本書の見方からすれば、民主体制に対する非忠誠的なアクターは、民主的諸手続きにより権力を付与された人々であると言える。合法的に選出された政府が、民主的諸制度の連続性と通常の機能を妨げる危険の源となるのである。

本書〔分冊第二巻以降〕で取り扱う事例において、〔民主的政府を批判する非忠誠的反対派の〕そうした議論はご都合主義的であるとして一蹴されるかもしれない。なぜなら、権力に到達するためにこの主張を利用する人々は、デモクラシーを救うために特定の民主的政府を打倒したと強弁する一方で、自由な民主的政治過程を再建する気はないように見えるからである。民主体制がデモクラシーへの信頼を踏みにじったと言われるようになる前の段階であっても、このような集団は、民主体制に非忠誠的な集団との提携関係に入ろうとする。このことからも、デモクラシー再建の大義名分は裏切られる。従って、こうした〔デモクラシー救済のための政府の打倒という〕主張が妥当性を持つのは、特定の政権の打倒すなわち民主体制の一時的な危機が、デモクラシーの再建をもたらす場合に限られると言えよう。だが、これは深刻な疑問を回避するための安易な方法である。というのは、デモクラシー擁護のためであるとしても、アクターの意図とは無関係に、このような暴力的手段による崩壊は民主体制の再建にも再均衡化にもつながりそうにないからである。従って、当時用いられた主張が偽善であったのか、虚偽の申し立てであったのか、結果からは明らかでない。

こうした視点によれば、デモクラシーの崩壊は、非忠誠的反対派の行為ではなく、統治者により引き起こされる。しかし、立憲的・民主的手段によって権力を獲得したにもかかわらず、この統治者が権力を行使することによって、忠誠的反対派に開かれた通常の批判方法では民主体制の持続が十分に保証されないと感じられ始める。通常の批判方法とは、政府を抑制するために立憲的メカニズムを利用したり、民主的でリベラルな自由を行使したり、統治者に権力濫用の責任を問うために、次の選挙を待つといったことである。ヨーロッパの政治理論家は、この状況を合法性と正統性(この場合にはデモクラシーの正統性)の相克という形に整理した。

それは、他の正統性の様式に基づいて体制への反対が行われる状況とは異なる。そうした様式には、一九世紀のデモクラシーに対する反革命的攻撃に見られる伝統的権威の擁護や、指導者のカリスマや、選挙では少数派ながら極めて自覚的なメンバーに代表された階級あるいは革命運動が担う歴史的使命や、様々な社会的利益の代表によってではなく人民投票によって表明されたナショナルな共同体の観念、といったものが含まれる。これらの場合においては、ともに人々の忠実さを要求する二つの正統性の概念が対立している。要するに市民は、自らの究極的価値に照らしてどちらに実力行使の権利を認めるかを決定しなければならないが、そうした価値が民主体制の枠内で恒久的に守られない場合には、民主体制を維持する価値より優先することになる。いかなる究極的価値であってもそれらを永久に保証できる民主体制は存在しない。というのは、デモクラシーは、多数派市民がその都度異なる価値を支持する可能性があるという前提に基づいているからである。ところが安定したデモクラシーでは、特定多数決〔単純多数決ではなく、重み付き投票権ほか多数の成立に様々な条件を課する表決方式〕のみを通じて変更できる要件が求められたり、極端な紛争状況では少数派にも拒否権が与えられたりする。これらを通じて、大部分の市民が受け入れる究極的な諸価値に関する妥協が、目まぐるしく移り変わる多数派から保護される傾向にある。古典的デモクラシー理論と対照的ではあるが、シュンペーターが強調したように、デモクラシーの成功条件は、政治的決定の有効範囲を過度に拡大したり、あらゆる国家機能を民主的な政治手法に従属させたりしないということである。(11)

もう一つの問題は、形式的には民主的な統治者による反民主的または没民主的な行動が、デモクラシーの崩壊原因の一つになるのかということである。これは、二〇世紀初頭のヴァイマル共和国やイタリアのデモクラシーの最終的危機とは異なる状況を意味するであろう。これらの危機においては、非忠誠的反対派と、問題解決能力の喪失と政策遂行能力の喪失とが結び付くことによって、新体制となるべきものへの権力の移動が生じたからである。確かに、非忠誠的反対派は常に、民主的政府が政府自身の原則に背いてきたと主張するし、反対派自らのためには常に市民的自由を最も熱心に擁護する者の一員でありながら、他の勢力に対してはそうした自由を否定するだろう。そして時には十分な理由があるにせよ、差別や迫害、果ては政府当局による非合法的行為の犠牲になっていると訴えるだろう。アーベルが収集したナチ活動家の自伝を読んで、彼らが教会からの破門に苦しみ、家族・友人に虐げられ、警察の活動や職場に持ち込まれた社会的圧力に悩む少数派のような感覚を持っていたと知っても、誰も驚かないはずである。(12) 同時に彼らが、敵対勢力に暴力を用いる覚悟があることを誇りに思っていた点に留意すべきである。それどころか、非忠誠的反対派が暴力を行使し、その指導者自身が、正統性がないと見なした体制への暴力的攻撃を公式に正当化している状況では、多くの民主的政府が、忠誠的反対派に対しても、容認されない措置や容認されるべきでない措置を用いる傾向にある。民主的政府は、武器の携行・制服の着用・パラミリタリー組織の編成を禁じ、警官・軍将校・公務員のこうした組織への加入を許さず、暴力の誘発を明らかな目的とするデモを禁止する法律を制定するかもしれない。(13)

デモクラシーの防衛のためにとられるこうした措置は、議会内の民主的多数派によって合法的に法制化された場合であっても、厳格な市民的・無政府主義的観点からは、今も昔も問題視されている[14]。そうした措置を利用すれば、大陸法の理論家がいう法の濫用(abus du droit)、すなわち、法的規範が本来の意図とは異なる目的に用いられる危険があることは明らかである。このような危険が生ずるのは、それらの厳しい措置が、暴力的な非忠誠的反対派に含まれるとは思えない反対勢力にも拡張される場合である。この時点で、デモクラシーの擁護は非忠誠的反対派を支持しない人々にとって正統性を失わせるものとなるかもしれない。このように体制が終焉を迎えつつある段階では、デモクラシーの枠内での正統な根拠に基づいて政府に疑問を抱く人々と、非忠誠的反対派の方法を否定しつつもその究極的目標への賛同ゆえに準忠誠的である人々とを識別することが、難しくなり始める。確かに準忠誠的反対派は、自身の目的あるいはいくつかの共通目標から考えて、非忠誠的反対派との連携すら考えるかもしれない。そうして既存の政治的・社会的秩序を強くは支持しない人々と、その打倒に賭けている人々との間での心理戦が始まる。

この戦いは、以下のパレートの古典的文章の中でよく描かれている。

被統治者による実力の行使を正当化する諸理論は、公権力による実力の行使を非難する諸理論とほとんど常に結び付いている。少数の夢想家は、〔統治者と被統治者の〕どちらによるものであれ、実力の行使一般を非難する。しかしこの夢想家たちの理論は、まったく何の効果もないか、権力の座にある人々の側の反作用を弱めるのに役立つだけであるから、被統治者の側が暴力を用いる余地を作り出す。従って我々は、一般的にはそのような諸理論を一体のものとして考えれば十分だろう。

抑圧されている人々、あるいは抑圧されていると信じている人々を、抵抗あるいは実力の行使に駆り立てるためだけであれば、あまり多くの理論を必要としない。けれども、派生体[3](derivations)というものはとりわけ、いつもならば紛争において中立であるような人々が統治権力側の反作用を非難するように仕向け、それによってこの反作用を弱体化させることや、あるいは運を天に任せて、統治者自身に同じような考えを抱かせるようにすることを使命としている(15)。

民主体制において、またデモクラシーの正統性を多くの人々が受け入れた社会においいて、イデオロギー闘争における最も有効な議論とは、合法性の次元に矮小化された形式的なデモクラシーの正統性を本物のデモクラシーから区別しようとする努力であろう。後者は、人民の真の意思に対する統治者の応答性として定義することができる。形式的なデモクラシーによって人民の意思が明らかにされることはありえない。社会における様々な集団間での不平等な資源配分を考えたとき、ファシストを含む急進的批判者は、とりわけ政治的行為に必要な経済的手段の支配という点において、市民的自由だけでは不十分であると主張してきた。このような立場の党派は、その証拠として次のようなことを挙げる。たとえば、マスメディアの私的所有あるいは政府によるメディア支配、急進派の支持者に対する職場での非公式な社会的制裁、現行の社会的・政治的秩序へのあらゆる既成制度の肩入れ、文化総体の本質的な保守バイアス、そして最近では、消費志向型社会の影響力の浸透が、集合行為より個人的願望を推し進め、権力関係の変容より物質的目標を推し進めていることである(16)。急進派の主張は明らかに的を射ている。しかし、彼ら自身が代表していると称する人々を民主的に動員できないのは、以上のような制約のためか、それとも彼らの綱領とリーダーシップに魅力がないためかは誰にもわからない。

この点については、社会によって非常に大きな違いがある。低開発諸国や文化的・社会的諸関係が現行の社会的秩序を支えている伝統的社会に、リベラル・デモクラシーの諸制度と政治過程を導入しさえすれば、恵まれない人々の政治的動員による急激で平和的な変容がもたらされるだろうなどと主張するつもりは毛頭ない。政党や大衆組織による緩慢な動員の過程よりも、人民の「真の」ニーズを理解していると自負する少数派の果敢な行動に賭けてみたい気もする。沈黙する大衆の代弁者を自任する自覚的エリートは、選挙という手段と世論への影響力を通じて権力に接近することを妨げられれば、物言わぬ多数派と一心同体であることを大義名分として政治的デモクラシーを拒絶するかもしれない。イデオロギーの武器庫において、虚偽意識の概念は、そうした少数派に安易な解決法を提供する。その必然的な帰結は、自覚的少数派による政治的デモクラシーの拒否であり、独裁の高唱である。その独裁は、おそらくは真のデモクラシー、すなわち人民に真の参加の機会を与えるデモクラシーの前提条件を作り出すことを目指しているのである。まさにこの意味において、マルクスは、プロレタリアートの独裁を革命的行為の緊急組織として、すなわち支配階級の道具である国家を破壊する手段でありながら、自ら消滅する道具として理解したのであった。サルトーリが正確に指摘しているように、マルクスはこの用語をたまたま三カ所で使っただけであったが、彼が活動した時代においては、今日この〔プロレタリアートの独裁という〕言葉に付着する軽蔑的な意味合いはなかった。[17] 強調点を変えて、プロレタリア独裁がブルジョア・デモクラシー以上に民主的であることを以下の古典的文章の中で示したのは、レーニンであった。

> プロレタリアートの独裁とは、抑圧者を抑えつけるために被抑圧者の前衛を組織し、それを支配階級とすることであるが、それは単にデモクラシーの拡大をもたらすだけではない。金持ちのためのものではなく、初めて貧民ないし人民のためのものに転化したデモクラシーが大幅に拡大すると同時に、プロレタリアートの独裁は、抑圧者や搾取者、資本家の自由に対して様々な制約を課する。…抑圧者どもを抑圧することが必要であり、また彼らの抵抗を力で粉砕することが必要なのである。なぜなら、抑圧と暴力があるところには、自由もデモクラシーもないことは明らかだからである。[18]

重要なのは、レーニンの理論について論じることでも、デモクラシーと共産主義社会との関係を論ずることでもなく、レーニンの分析が《マルクス＝レーニン主義者は自ずと常に民主的であるのに対し、それ以外の者は全て自ずと常に非民主的である》と主張しているのを理解することである。彼の思想の危険な含意を評価するうえで、マルクス主義に敵対的な批判者を引き合いに出す必要はない。ローザ・ルクセンブルクはロシア革命に関する分析の中で次のように述べて、そのことを明快に指摘している。

然り、独裁である！　だが、この独裁は、民主主義の適用方法のことであって、その廃棄のことではない。ブルジョア社会が見事に獲得した権利や経済関係――これなくして社会主義革命は実現されえない――への精力的で断固たる攻撃のことではない。しかし、この独裁は、階級の活動たるべきものであって、階級の名のもとに行われる少数指導者の活動たるべきものではない。すなわち、大衆の積極的参加から一歩一歩進むべきであり、大衆の直接的影響力のもとで、完全な公的活動によって統制されるべきであり、人民大衆の政治的訓練の進歩の中から生まれるべきものである。(19)

彼女は説得力のある証言をさらに続ける。

> 政府の支持者、ある政党のメンバーのみの自由というのは——支持者やメンバーがいかに多かろうと、決して自由ではない。自由は、常に、そしてもっぱら思想を異にする者の自由である。それは、「正義」の観念への狂信のゆえでなく、政治的自由が我々を教え、我々を正し、我々を浄める力、それが全てこの本質にかかっているゆえであって、万一、「自由」が大切な特権となれば、その働きは失われるのだ。(20)

だからこそ、政治的デモクラシーが、民主的社会と呼びうる状態にほどほどに接近することすら保証しないことをはっきりさせておこう。民主的社会とは、政治的選択肢を形成して有権者をそれに向けて動員する機会がある社会であるだけでなく、社会的平等を含む、あらゆる領域でかなりの程度の機会の平等があるような社会である。また、少数派、特定の階級の代弁者を自任する政党、あるいは多数派と想定される「人民」による独裁が、決してローザ・ルクセンブルクの言うような定義を満たす体制につながらなかったのも確かである。

しかしながら、本書で定義した政治的デモクラシーが、徐々に時間をかけて、民主的社会に向かう大幅な進歩をもたらしてきたことを示す証拠はかなりある。民主的社会にはまだ到達していないが、接近した事例も少しはある。

政治的デモクラシーが民主的社会に向かって緩やかに進歩するという見方に関して、政治的デモクラシーを拒絶する人々との間にも議論の余地はほとんどないはずである。(21) 本書で提起した問題や本書での分析が基本的に重要でないと考えるかどうかは、そうした人々の自由に委ねられるべきである。彼らの見方からすれば、研究対象とされた諸国の一部が民主的社会に向けて少しずつ移行していくデモクラシーによって支配されているのか、権威主義体制によって支配されているのかは、おそらく重要ではないのだろう。(22) むしろ、追求に値すると彼らが考えている目標の中には、寡頭制的デモクラシーあるいは行き詰ったデモクラシーよりも、権威主義体制によって十分に、あるいはよりよく達成できるものがあるかもしれない。しかしながら、権威主義体制には、人々がすすんで負担しようとは思わないような別のコストがある。また本書での見方によれば、権威主義体制は、二〇世紀における、正統で安定した政治制度の建設という課題を未解決のままにしている。価値自由(wertfrei)[4]な見方であると言うつもりはないが、このような見方からすれば、不完全な政治的デモクラシーであっても、その崩壊をめぐる問題には今日的意義がある。危険なのはデモクラシーの危機に対する無関心であり、単なる政治的デモクラシーではなく民主的社会に向かう革命的な突破口をもたらすことを願って、デモクラシーの危機を加速させようと努力することである。非民主的手段によって〔現行の政治的〕デモクラシーをいっそう民主化できるのではないかという空虚な期待が、これまで何度となく体制の危機を助長し、結果として専制的統治への地ならしをしてきたのである。

原注

編者序文と謝辞

(1) デモクラシーの定義と事例選択の基準をめぐるファン・リンスの広範な議論が本書で行われている。本書は『民主体制の崩壊』ハードカバー版の第一部として刊行された。第二部、第三部、第四部は、ヨーロッパ諸国、ラテンアメリカ諸国、チリにおける民主体制の崩壊を検証する。〔巻末の『民主体制の崩壊』全篇の構成を参照のこと。〕

(2) こうした研究の多くは前掲リンスの著作〔本訳書を指す〕の中で論じられている。

(3) 一九二〇年代のポルトガル、一九五〇年代のフランス、一九六〇年代のペルーとギリシアにおけるデモクラシーの危機、北アイルランドにおける紛争の継続についても、エルミーニョ・マルティンス(Herminio Martins)、スティーヴン・コーン(Steven Cohn)、デイヴィッド・チャプリン(David Chaplin)、チャールズ・モスコス(Charles Moskos)、リチャード・ローズ(Richard Rose)がそれぞれ提出したペーパーで論じられた。リチャード・ローズは仕事が競合したせいでこのプロジェクトを続けられず、若干違った方向で彼のペーパーを発展させて一冊の書物 *Governing without Consensus: An Irish Perspective* (Boston: Beacon Press, 1971)として上梓した。

第一章

(1) 優れた文献批評として John D. May, *Of the Conditions and Measures of Democracy* (Morristown, N.J.: General Learning Press, 1973)が挙げられる。この議論の発端はリプセットの重要論文 "Some Social Requisites of Democracy: Economic Development and Political Legitimacy," *American Political Science Review* 53 (1) (March 1959): 69–105 であった。Harry Eckstein, *Division and Cohesion in Democracy: A Study of Norway* (Princeton, N.J.: Princeton University Press, 1966)に収録された "A Theory of Stable Democracy" や、Robert A. Dahl, *Polyarchy: Participation and Opposition* (New Haven: Yale University Press, 1971)〔ロバート・A・ダール〔高畠通敏・前田脩訳〕『ポリアーキー』岩波文庫・二〇一四年〕も論争に大きく貢献した。批判的な分析としては、Brian M. Barry, *Sociologists, Economists, and Democracy* (London: Collier-Macmillan, 1970), chap. 3 を参照。Charles F. Cnudde and Deane E. Neubauer, *Empirical Democratic Theory* (Chicago: Markham, 1969)も参照のこと。

(2) 上述のダール、リプセットの労作に加えて、Phillips Cutright, "National Political Development: Its Measurement and Social Correlates," in *Politics and Social Life*, ed. Nelson W. Polsby, Robert A. Dentler, and Paul A. Smith (New York: Houghton Mifflin, 1963)や、Deane E. Neubauer, "Some Conditions of Democracy," *American Political Science Review* 61 (4) (December 1967): 1002–9 といった研究を挙げてもよいだろう。デモクラシーであると否とにかかわらず、政治体制の安定というはるかに大きな問題については、Ted Robert Gurr, "Persistence and

Change in Political Systems, 1800–1971," *American Political Science Review* 68 (December 1974): 1482–1504 が特に注目に値する。Leon Hurwits, "Democratic Political Stability: Some Traditional Hypothesis Reexamined," *Comparative Political Studies* 4 (January 1972): 476–90 および idem, "An Index of Democratic Political Stability: A New Methodological Note," *Comparative Political Studies* 4 (April 1971): 41–68 も参照。

（3）この点で „Auflösung einer Demokratie: Das Ende der Weimarer Republik als Forschungsproblem," in *Faktoren der Machtbildung*, Hrsg. Arkadij Gurland (Berlin: Dunker and Humbolt, 1952), S. 39–98 に始まる歴史政治学者ブラッハーの業績は画期的であった。本書の分析は彼の考察やその記念碑的著作に触発され、多くを負う。

（4）本稿もしくは本書〔分冊第二巻以降〕所収の諸章には、コンピューター・シミュレーションを可能とするフォーマル・モデルが含まれていないことは読者にお知らせしておきたい。そのような分析は、共同研究者が受けた訓練、知識の状態、問題の複雑さを考えれば不可能であるが、他の研究者が本書の内容をフォーマル・モデルによって表現しようとすることは無論歓迎する。それほどフォーマルでない分析をまったく別の専門用語と研究スタイルに翻訳する方法については、たとえば Ronald F. Moy, *A Computer Simulation of Democratic Political Development: Tests of the Lipset and Moore Models*, Comparative Political Series, no. 01–019, vol. 2 (Beverly Hills, Ca.: Sage Professional Papers, 1971) を見よ。

（5）最終的な崩壊の前の決定的分岐点において、様々な当事者とりわけ民主的指導者が、どの程度民主体制の危機的状況に気付いていたのか、あるいはいなかったのか。この点を体系的に比較研究すれば面白いだろう。たとえば、ドイツ社会民主党（SPD: Sozialdemokratische Partei Deutschlands）の幹部ブライトシャイト（Rudolf Breitscheid）が、一九二九年のマグデブルク党大会で発表した（一九三〇年三月の）大連立の崩壊を示唆する声明は、デモクラシーと議会主義の危機に対する脅威の認識とともに、それらを救うための犠牲を払う気が一切なかったことを表している。Werner Conze, „Die Krise des Parteienstaates in Deutschland, 1920–30," in Gottland Jasper, *Von Weimar zu Hitler, 1930–1933*（Köln: Kiepenheuer and Witsch, 1968）, S. 44 を参照。さらに不吉な兆候は、拙稿スペインの章〔分冊第二巻第五章〕で引用した、スペイン社会労働党（PSOE: Partido Socialista Obrero Español）書記長インダレシオ・プリエトが一九三六年春に行った警告であった。〔リンス上掲論文に英語訳の引用があるが、訳出にあたってはスペイン語版［Indalecio Prieto, *Discursos fundamentales*（Madrid: Turner, 1975）, pp. 272–273］を参照した。〕

〔国は革命の動乱を乗り越えられるし、そこには様々な帰結が伴うだろう。乗り越えられないのは、直接的な革命の目標もないままに、社会的混乱に伴って絶え間なく血が流されることである。そしてネイションは、動揺・不安・懸念の中にあっては公権力と経済的活力の浪費に耐えられない。素朴な心の持ち主なら、こうした動揺・不安・懸念を抱くのは上流階級だけだと言うかもしれない。私が思うにそれは間違っている。経済が混迷し崩壊する可能性があるために、また我々がそうした経済の構造を変えたいと思っているために、労働者階級自身もこの動揺・不安・懸念の致命的影響を直ちに被るのである。デモクラシーへの不信から次のように言うべきではない。不毛な混乱が起こりうるのは、この期に及んでまさに民主的政府が権力の座にあるからだ、デモクラシーは行き過ぎを容認するだけであって、それを防げるのは独裁の鞭しかないからだ、と。…無秩序と行き過ぎが常態となれば、社会主義も達成されないし、我々としては護る気もないが、民主的共和国が強化されることもない。社会主義も共産主義も実現されないどころか、無政府主義の理念が想定さえしていない絶望的な無政府状態が生じる。そして、国を破滅させるかもしれない経済的混乱を招来するのである。」

(6) ラテンアメリカの事例に関する諸章〔分冊第三・四巻〕を参照せよ。

(7) 本研究の出発点は、マックス・ヴェーバーの「方法論的個人主義」(methodological individualism)という分析手法である。それは一九二〇年に明確に提起され、後にWolfgang J. Mommsen, „Diskussion über ‚Max Weber und die Machtpolitik,'" in *Verhandungen des 15 deutschen Soziologentages: Max Weber und die Soziologie heute* (Tübingen: J. C. B. Mohr [Paul Siebeck], 1965), S. 137で、以下のように引用された。〔引用元はロベルト・リーフマン[Robert Liefmann]宛ての一九二〇年三月九日付書簡。〕

社会学は一人、少数、あるいは多数の個人(Einzelne)の行為から出発することで初めて探究可能となる。すなわちこれが厳密な意味での方法論上の個人主義である。…社会学的意味における「国家」とは、特定の行為に関する一定の形式が生じる蓋然性(機会)に他ならない。特定の個々人の行為であって、それ以外の何物でもない。…そこにある「主観性」とは、そうした行為が特定の概念により方向付けられるということである。「客観性」とは、そうした概念により方向付けられた行為が生じる蓋然性があることを、我々観察者が感じるということである。そのような蓋然性がなければ、「国家」はもはや存在しない。

（8）社会的・政治的過程に関する本書の見方では、歴史的状況は次のように理解される（Reinhart Bendix, *Max Weber: An Intellectual Portrait* [London: Heinemann, 1960], p. 269 におけるマックス・ヴェーバーの引用）。〔訳文については、ラインハルト・ベンディクス〔折原浩訳〕『マックス・ウェーバー　その学問の包括的一肖像』三一書房・一九八七年、下巻三一二頁を参考にした。〕

〔それは〕…根本的に相対立する方向に働く諸力の間の、かなり微妙な均衡として捉え〔られ〕た。それゆえ、一回の戦争、一つの政治運動、あるいはさらに一個人の影響によって生ずる差異が、極めて広汎にわたる諸結果をもたらすことになる。…そのような一要因がその結果を〔ことごとく〕「創出する」というのではない。むしろ、その一要因が、その方向に働く他の諸力に加わって、全体の均衡を変え、甲乙二つの結果が可能な場合には甲よりも乙を〔あるいは乙よりも甲を〕もたらしうるのである。

ところで、ジェイムズ・ジーンズ（Sir James Jeans）も同様のイメージを用いている。「列車の軌道は、列車が走る線路によって、旅の多くの地点において固定的に決められている。しかし、あちこちにおいて別のコースが選べるような転轍点に至ると、ほとんど無視できるようなエネルギー消費によってその転轍点を動かし、軌道を変えるのである」。（*Inside the Third Reich* [New York: Avon, 1971], p. 55 におけるアルベルト・シュペーア[Albert Speer]による引用。）

（9）Bracher, „Auflösung einer Demokratie."

（10）悪化要因の役割に関する刺激的な議論としては、Robert McIver, *Social Causation* (Boston: Ginn and Co., 1942), esp. chap. 6, pp. 161–94 を参照。

(11)先のテキスト〔本章原注(8)〕においてヴェーバーが指摘しているように、本書の目的にとってリーダーシップは究極的には無視できない残余の変数であるが、他の変数によっては説明できない部分が生じない限り導入すべきでない。しかしながら、指導者の貢献が極めて明白な事例もあるから、十分に考慮されなければならない。フランス第四共和制から第五共和制への移行におけるデモクラシーの再均衡化に関する議論を例にとろう。ド・ゴールがいなかったとしたら、結果はおそらく大きく異なっていたであろう。とりわけ危機的状況における独立変数としてのリーダーシップとその質は、「歴史上の偉人」アプローチへの反動や社会経済的要因の過度の強調によって、無視される傾向にある。Lewis Edinger, "The Comparative Analysis of Political Leadership." を参照。最近の研究としては、Lewis Edinger, ed., *Political Leadership: Studies in Comparative Analysis* (New York: John Wiley and Sons, 1967)や、「哲学者と王――リーダーシップ研究」と題された *Daedalus* の一九六八年夏号がある。

(12)この表現はイニャツィオ・シローネ(Ignazio Silone)の考案によるもので、彼の著書『独裁者の学校』(*The School for Dictators* [London: Jonathan Cape, 1939])〔齋藤ゆかり訳『独裁者になるために』岩波書店・二〇〇二年〕の表題に使われた。同書は機知と洞察に富んだ作品であり、本書の読者にも非常に有益である。(誰かが『民主主義者の学校』を書くべきかもしれないが。)

(13)有意味で操作的な用語によってどのように政治的デモクラシーを定義するかについては、Giovanni Sartori, *Democratic Theory* (Detroit, Mich.: Wayne State University Press, 1962); Dahl, *Polyarchy* および Hans Kelsen, *Vom Wesen und Wert der Demokratie* (Tübingen: J. C. B. Mohr, 1929)〔ハンス・ケルゼン〔長尾龍一・植田俊太郎訳〕『民主主義の本質と価値　他一篇』岩波文

庫・二〇一五年〕ならびに "Foundations of Democracy," *Ethics* 66 (October 1955), pt. 2 を見よ。〔古市恵太郎訳『民主政治の真偽を分つもの　デモクラシイの基礎』理想社・一九五九年所収。ただし、デモクラシーの操作的定義については、同訳書第二部「デモクラシイと宗教」ではなく、むしろ第一部「デモクラシイと哲学」と第三部「デモクラシイと経済」に関連する記述がある。〕

(14) 異なる体制類型と、それらの内部の、あるいはそれらの間の変化の力学については、Juan J. Linz, "Totalitarian and Authoritarian Regimes," in *Handbook of Political Science*, ed. Fred I. Greenstein and Nelson W. Polsby (Reading, Mass.: Addison-Wesley, 1975), vol. 3, pp. 175-411〔ファン・リンス〔高橋進監訳〕『全体主義体制と権威主義体制』法律文化社・一九九五年〕を参照。イベリア半島の権威主義体制の衰退、崩壊、その後に関する問題は、Juan J. Linz, "Spain and Portugal: Critical Choices," in *Western Europe: The Trials of Partnership*, ed. David S. Landes (Lexington, Mass.: D. C. Heath, 1977), pp. 237-96 で論じられている。

(15) 反民主的政党、とりわけデモクラシーの打倒のために実力の行使を掲げる政党の自由という問題は、複雑である。リベラルな諸制度を維持しながら政治的諸組織を法的に抑圧するという問題は、Otto Kirchheimer, *Political Justice: The Use of Legal Procedures for Political Ends* (Princeton, N.J.: Princeton University Press, 1961), chap. 4, pp. 132-72 において議論されているが、そこではドイツ共産党(KPD: Kommunistische Partei Deutschlands)と右派のドイツ社会主義帝国党(SRP: Sozialistische Reichspartei)に対する西ドイツ憲法〔旧ボン基本法〕規定の適用が特に強調されている。〔西ドイツ連邦憲法裁判所の禁止命令により、ドイツ社会主義帝国党は一九五二年に、ドイツ共産党は一九五六年に解散させられた。〕一九三〇年代に関する分析としては、Karl

Loebenstein, "Legislative Control of Political Extremism in European Democracies," *Columbia Law Review* 38(4) (April 1938): 591–622 and (5) (May 1938): 725–74を参照。

(16) 民主体制を創設した政党/政党連合とその反対派とが、国政レベルで少なくとも一回の政権交代に成功することをデモクラシーの認定要件とするという考えは、厳格過ぎるように思われる。確かに国政レベルでは、二党制デモクラシーのもとでさえ与党と野党の頻繁な交代は生じない。Giovanni Sartori, "Il caso italiano: salvare il pluralismo e superare la polarizzazione," *Rivista Italiana di Scienza Politica* 4(3) (dicembre 1974): 675–87 e 676–78を参照。連合の組み換えが多く起こる多党制でも、与野党間の政権交代の頻度はさらに低い。

(17) Linz, "Totalitarian and Authoritarian Regime," pp. 336–50を参照。ドゥプチェク(Alexander Dubček)の改革が原理面で示した限定的な変化の意味については、Alex Pravda, "Reform and Change in the Czechoslovak Political System: January–August 1968," Sage Research Papers in the Social Sciences (Beverley Hills, Ca.: Sage 1975)を参照。

(18) 本書のベネズエラとコロンビアに関する章を参照。第二次世界大戦後のオーストリア政治に関する広範な文献は、こうした「学習」に常に言及している。

(19) Victor S. Mamatey and Radomir Luza, eds., *A History of the Czechoslovak Republic, 1918–1948* (Princeton, N.J.: Princeton University Press, 1973).

(20) 今日までにこの種のデモクラシーに関する広範な研究がなされている。たとえば、Arend Lijphart, *Democracy in Plural Societies: A Comparative Exploration* (New Haven: Yale University Press, 1977)〔A・レイプハルト[内山秀夫訳]『多元社会のデモクラシー』三一書房・一九七九年〕

を参照。文献リストとテキストの抜粋に関しては、Kenneth D. McRae, ed., *Consociational Democracy: Political Accommodation in Segmented Societies*（Toronto: McClelland and Stewart, 1974）を参照。しかしながら、多極共存型デモクラシーの概念も批判を免れてはいない。Brian Barry, "Review Article: Political Accommodation and Consociational Democracy," *British Journal of Political Science* 5(4)（October 1975）: 477–505 を参照。

（21） ヴァイマル共和国は、憲法承認〔一九一九年八月〕以前の時期や、三〇年代初頭の議会に基礎を持たない大統領政府の時期〔ブリューニング［Heinrich Brüning］内閣以降〕を含めても、一九一八年から一九三三年まで続いたに過ぎない。しかしながら、ドイツ第二帝政下において、おおむねリベラルでデモクラシーの萌芽が見られた時期を無視するのは誤りであろう。この時期には政党が組織され、ライヒ（帝国）議会でもラント（邦）議会でも自由な選挙が定期的に実施されていたからである。一九三一年四月一四日に宣言され、一九三六年七月一八日に命運が尽きたスペイン第二共和制さえ、リベラリズムとデモクラシーが根付くことにまずまず成功してから一世紀後、しかも四七年（一八七六～一九二三年）にわたる平和的な立憲（少なくとも準立憲的な）王制の後に出現したのである。リベラルであり、（参政権の拡大とともに）民主化しつつあったイタリア国家は、リソルジメントと統一期にさらに深い起源を持っていた。

（22） 持続性の問題は、Harry Eckstein, *The Evaluation of Political Performance: Problems and Dimensions*（Beverly Hills, Ca.: Sage, 1971）, pp. 21–32 と Ted Robert Gurr and Muriel McClelland, *Political Performance: A Twelve-National Study*（Beverly Hills, Ca.: Sage, 1971）, pp. 10–17 で分析されている。

(23) Robert A. Dahl and Edward R. Tufte, *Size and Democracy* (Stanford, Ca.: Stanford University Press, 1973)〔ロバート・A・ダール／エドワード・R・タフティ［内山秀夫訳］『規模とデモクラシー』慶応通信・一九七九年〕は、規模の小ささがどのようにデモクラシーに貢献するかについての諸仮説を徹底的に検証している。

(24) ジョゼフ・バラウ(Joseph Berlau)、ピーター・ゲイ(Peter Gay)、カール・ショースキー(Carl Schorske)の著書に対するクラウス・エプシュタイン(Klaus Epstein)の書評(*World Politics* 11[4] [1959]: 629-51)、および Guenther Roth, *The Social Democrats in Imperial Germany: A Study in Working-Class Isolation and National Integration* (Totowa, N. J.: Bedminster Press, 1963) の結論の章を参照。

(25) これに関して、Barrington Moore, *Social Origins of Dictatorship and Democracy* (Boston: Beacon Press, 1966)〔バリントン・ムーア［宮崎隆次・森山茂徳・高橋直樹訳］『独裁と民主政治の社会的起源　近代世界形成過程における領主と農民』上・下、岩波文庫・二〇一九年〕が言及に値する。彼が小国を熟慮の末に排除したことを、以下の著作が埋め合わせている。Dahl, *Polyarchy*; Hans Daalder, "Building Consociational Nations," in *Building States and Nations*, ed. S. N. Eisenstadt and Stein Rokkan (Beverly Hills, Ca.: Sage, 1973), vol. 2, *Analyses by Region*, pp. 15-31; Dankwart Rustow, "Sweden's Transition to Democracy: Some Notes toward a Genetic Theory," *Scandinavian Political Studies* 6 (A6) (January 1971): 9-26; and Francis G. Castles, "Barrington Moore's Thesis and Swedish Political Development," *Government and Opposition* 8 (3) (July 1973): 313-31.

(26) オーストリアの一九二〇年代は、主要な「陣営」(Lager)が互いの相違を克服できた時代であった。バルト諸国は独立を獲得し短い内戦に耐えた後、徹底的な農地改革を経て安定化に向かったようだ。ヴァイマル共和国さえ、ある時点では安定化の途上にあったように見える。他方、民主的諸制度に対する重大な脅威を経験せずに深刻な政治的危機を経験したベルギーのような国々を挙げることもできる。従って本書の分析は、デモクラシーの固定化と安定化の時期、そして危機収束に成功した時期の研究によって補完される必要がある。

(27) Richard Rose, "Dynamic Tendencies in the Authority of Regimes," *World Politics* 21 (4) (July 1969): 602–28.

(28) Friedrich Meinecke, *The German Catastrophe: Reflections and Recollections* (Cambridge, Mass.: Harvard University Press, 1950), p. 63. 彼はこのように書いている。〔以下は、矢田俊隆訳『ドイツの悲劇』中公文庫・一九七四年、一〇七頁を参考にしつつ、リンスの引用した英文をもとに訳出した。〕

〔ヒトラーの首相就任の報に接し〕私はひどく狼狽して、ドイツにとってこの上もない不幸の日が始まったということだけでなく、「それは不可避ではなかった」ということを自分に言い聞かせたのだった。ここには、かつて一九一八年の秋にヴィルヘルム二世(Wilhelm II.)を没落に導いたような切迫した政治的・歴史的必然性は、何ら存在しなかった。ここで事態を決定したのは、一般的な趨勢ではなく偶然的な何か、すなわちヒンデンブルク(Paul von Hindenburg)の弱気であった。

(29) 権威の古典的類型論の中で、ヴェーバーは民主体制(ダールの用語を用いれば「ポリアーキー」）と非民主体制との区別を明確に論じていないが、彼の言う合法的／合理的権威の類型と、ここで定義したような民主体制との間には明らかに重なる部分がある。自然法論者による批判――「形式的な」正義ではなく実質的な正義の考察を強調する――が提起した問題を彼が慎重に回避したように、本書でも、比較的容易に経験的に検証できる利点を持つ形式的アカウンタビリティ（accountability）の基準を優先的に採用し、デモクラシーにおける応答性（responsiveness）について論じることを避けてきた。この区別については、Juan J. Linz, "Michels e il suo contributo alla sociologia politica," in Roberto Michels, *La sociologia del partito nella democrazia moderna* (Bologna: Il Mulino, 1966), pp.lxxxi-xcii（同書解説）参照。

(30)　自然法的伝統では、必然的に正義は形式的合法性よりも上位に、「法の一般原則」は制定法よりも上位に位置付けられるが、それら〔の「正義」や「法の一般原則」〕が何であるかを確認する明快な手段が提供されることはない。それには、何が「自然」であり、あるいは正しい理性によるもの（sive rectae rationis）であるのかを定義するためにカトリック教会が行った主張に目を向ける必要がある。このような主張は、カトリック思想家が暴君殺害や反乱の権利を正当化する際にも、合衆国のプロテスタントの世俗的「市民的不服従」の伝統においても用いられてきた。カトリック思想については、Heinrich A. Rommen, *The State in Cathoric Thought. A Treatise in Political Philosophy* (St. Louis, Mo.: Herder, 1945), pp. 473-76 参照。合法的に選ばれた政府が究極的価値を脅かすと見られる場合に、少数派が、立憲的に振る舞うこの政府に対して暴力を用いてでも抵抗しようとすれば、〔自然法的伝統とカトリック的伝統は〕いずれも役立つであろう。これは、カトリックの一部がスペイン共和国政府に対する蜂起を正当化するために用いた議論であった。反響の大きかったアニセト・デ・カストロ・アルバラン(Aniceto de Castro Albarrán)の著書 *El derecho a la rebeldía* (Madrid: Imp. Gráfica Universal, 1934)を参照。

(31) 政治体制の正統性の否認と社会経済システムの正統性の否認との区別は、基本的には分析上のものである。現実に両者を識別するのは難しい。政治体制がある社会的秩序を維持したり、その再建を容認したりすれば、社会経済的秩序に向けられた深い憎悪は、ほぼ必然的に政治体制の正統性の否認へとつながることは確かである。(ここで定義したような)デモクラシーにおいては、そのような憎悪の対象である秩序でも多数派に支持されれば存続が保障されるし、あるいは一時的に敗北した少数派がその復元を自由に主張することも許されるのだから、そうした場合にデモクラシーが拒否されることは論理的帰結であろう。ある社会経済的秩序に非常に高い価値を置いているために、民主的手続きのもとで課せられる一時的な変化すらありえないと考える人々も、同じようにデモクラシーに背を向けるであろう。次のように主張すれば、より深刻な問題を提起することになる。すなわち、《代替的プログラムを実施するために定期的選挙で権力を求めて自由に競争することは、組織的・経済的資源とある程度の個人の独立を必要とし、しかもそうした資源や独立は、集団および個人が政府とその支持者の支配を免れ、自由に資源を活用できて初めて保障される》という主張である。より具体的には、基本的な個人的ニーズを超える資産と所得の社会化が行われ、政府が特権を与え政府に依存する単一利益組織への統合がなされることで、反対派が自らの訴えを組織する機会を奪われるとしよう。こうした社会経済的・制度的秩序の建設は、政治的デモクラシーと両立できなくなると言えるだろう。逆説的ではあるが、社会主義を恐れるリベラルと、階級なき社会主義社会では政党間競争の必要がないと主張する人々は、最終的な結論において一致しているのである。

(32) マイネッケが、*The German Catastrophe*, pp. 63-65 において、この点が歴史過程の解釈において重要であることを強調しているのは正しい。それは、デモクラシーの防衛が可能かどうかを判断するにあたって決定的である。というのは、紛争の結果を基底的な構造的問題や、対外的要因や、文化的伝統などと必然的に結び付けるもう一つの考え方によって、防衛者側が抱く成功への確信または彼らの意志が阻喪されるからである。結局のところ破滅する運命にある民主的枠組みの中での変化に人々が期待せず、自らの目標を「予防的に」追求しようとする態度もこれによって促される。

(33) ベルンシュタインが初めて定式化した社会民主主義的な修正主義とは対照的に、最大限綱領主義的なマルクス主義的社会主義がイデオロギー的両義性を持つことは、しばしば指摘されるものの、体系的には研究されていない。そうした〔社会主義の〕変種の一つに関する優れた分析が、Norbert Leser, *Zwischen Reformismus und Bolschewismus: Der Austromarxismus als Theorie und Praxis* (Vienna: Europa, 1968)である。もう一つは、Erich Matthias, „Kautsky und der Kautskyanismus: Die Funktion der Ideologie in der deutschen Sozialdemokratie vor dem ersten Weltkrieg," in *Marxismusstudien*, Hrsg. Iring Fetscher, (Tübingen: J. C. B. Mohr, 1957), Bd. 2, S. 157-97〔E・マティアス「カウツキーとカウツキー主義　第一次世界大戦前のドイツ社会民主党におけるイデオロギーの機能」〔安世舟・山田徹訳〕『なぜヒトラーを阻止できなかったか　社会民主党の政治行動とイデオロギー』岩波現代選書・一九八四年所収〕である。ハロルド・ラスキ(Harold Laski)の *Democracy in Crisis* (Chapel Hill, N. C.: University of North Carolina Press,

1933）の中でさえ、この両義的定式化が一九三〇年代のイギリスに適用されたことがわかる。

だから、労働党が通常の選挙方法を通じて政権を握った暁には、議会政治を根本的に変革するような結果が生まれるに違いないと私は確信している。もしそのような政権が有効であろうとすれば、現行のままの手続きを容認するわけにはいかないだろう。その政権は幅広い権限を持つ必要があり、そうした権限を利用して命令や布告によって立法せねばならないだろう。また通常の反対を表明する古典的諸方式を停止する必要があるだろう。仮に労働党政権の政策が平和裡に受け入れられるとしよう。その場合に議会政治がその後も存続するかどうかは、労働党が将来選挙で保守党に敗れたとしても、労働党による変革の取り組みを保守党が廃止しないという保証が得られるかどうかで決まるのである。〔訳文は岡田良夫訳『危機にたつ民主主義』ミネルヴァ書房・一九五七年、七三頁を参考にした。〕

（34）言うまでもなく、〔デモクラシーの存続以外の〕他の人間的価値を心底から重視する人々の中には、デモクラシーがそうした諸価値を保障できないのは、「蒙昧な」有権者が正しい「利益の認識」を欠くせいだと考える者がいる。彼らはデモクラシーとその前提となる市民的自由を望み通りに捻じ曲げたり、デモクラシーが自分たちの妨げとならないよう、革命的行動をとると恫喝したりすることも厭わない。貧困、不平等、経済的停滞、さらには（ヴァイマル共和国期の政治家がヴェルサイユ条約の履行政策［Erfüllungspolitik］を条件付きで承認したように）民主的統治者が対外的従属を容認するような事態に直面したときには、そうした対応は確かに理解できる。しかしながら、このように考える人々は、選挙以外の闘争で勝つ見込みがあると確信していなければならない。彼らは、成功した革命の数の何倍もの勝利した反革命が存在したことを思い起こすべきである。しばしばこれら反革命派が意味するのは、現状維持であり、また大抵の場合、すでに獲得されたものの喪失と、そうした根本的変革の主唱者が強いられる恐るべき犠牲であった。

第二章

(1) この点は M. Rainer Lepsius, „Machtübernahme und Machtübergabe: Zur Strategie des Regimewechsels," in *Sozialtheorie und Soziale Praxis: Homage to Eduardo Baumgarten*, Mannheimer Sozialwissenschaftliche Studien, Bd. 3, Hrsg. Hans Albert et al. (Meisenheim: Anton Hain, 1971), S. 158-73 で見事に展開されている。

(2) (厳密な意味での)民衆革命、特にマルクス主義に鼓舞された革命が、リベラルで相対的に民主的な諸制度を持つ国で成功を収めたことはない。第一次世界大戦末期にドイツとフィンランドで行われた試みも、アストゥリアス(スペイン)の一〇月革命も失敗に終わった。一九一九年の北イタリアにおける革命の機運は無に帰した。ハンガリーのような、より専制的な諸国での試みのいくつかさえ失敗に終わった。二〇世紀の成功した革命は、非民主体制に向けられたものであった。メキシコ、ロシア、ユーゴスラヴィア、中国、キューバであり、そしてヴェトナムとアルジェリアといった独立達成過程にある植民地の事例である。ロシア、中国、ユーゴスラヴィアでは、戦争が崩壊の主たる原因となった。*Peasant Wars of the Twentieth Century* (New York: Harper and Row, 1969) の中で、エリック・ウルフ(Eric Wolf)が研究したメキシコ、ロシア、中国、ヴェトナム、アルジェリア、キューバにおける農民を基盤とする九つの革命は、最低水準で成立した民主体制に対して行われた。エドワード・マレファキスが指摘しているように、スペイン農民は革命的内戦のもとで二つの陣営に分裂し、革命勢力の中核とはならなかった。加えて、共和制下における農民の革命的動員は限定的であり、一〇月革命では何の役割も果たさなかった。Edward Malefakis, "Peasants, Politics, and Civil War in Spain, 1931–1939," in *Modern European Social History*, ed. Robert Bezucha (Lexington, Mass.: D. C. Heath, 1972), pp. 192–227 参照。

(3) ナチズムがドイツ社会に与えた影響を革命的と考えるかどうかは、革命の概念次第である。生産手段の所有の変化だけで革命を定義するならば、ヒトラーの支配が革命的でなかったことは明らかである。身分制の構造や、軍隊と教会の地位や、経済的支配や、とりわけ社会における諸価値の急激な変化を決定的要因と考えるのであれば、ナチズムは確かに革命的であった。平等を目指す諸変革が決定的要因であると考えるとしても、政党内部における、そして政党による社会的ヒエラルキーの逆転によってドイツの伝統的身分制区分の平準化を実現したり、専制的な恣意的権力の前の平等さえ実現したのだから、ナチズムは革命的だったと言えるであろう。

デイヴィッド・シェーンボウム (David Schoenbaum) が *Hitler's Social Revolution: Class and Status in Nazi Germany, 1933–1939* (Garden City, N. Y.: Doubleday, 1963) 〔大島通義・大島かおり訳『ヒットラーの社会革命 一九三三〜三九年のナチ・ドイツにおける階級とステイタス』而立書房・一九七八年〕で述べたような、計画され部分的に実現されたドイツ社会における諸変革は、ヨーロッパにおける多くのデモクラシーの崩壊の結果生じたものとは異なっている。国民社会主義革命のドイツ社会に対する「意図せざる」近代化効果についての鋭い議論として、Ralf Dahrendolf, *Society and Democracy in Germany* (Garden City, N. Y.: Doubleday, 1969), pp. 381–96 も参照されたい。

（4） これに関して、Eckstein, *Evaluation of Political Performance*, pp. 32-50 参照。政治的暴力が結局のところ体制の崩壊に寄与している場合でも、暴力の最盛期は必ずしも最終局面と一致しない。内戦・一揆(putsches)・暗殺はヴァイマル共和国の初期を特徴付け、固定化の段階がその後に続いたものの、それらは体制への反逆と懐疑を後に残した。スペインの一九三四年一〇月革命〔アストゥリアス蜂起〕は崩壊を引き起こしたのではなく、体制に深い傷を負わせた。〔体制変動という〕現象と様々な暴力の構成要素とを関連付けるのに必要な時系列データの実例については、"Political Protest and Executive Power," Section 3 of Charles L. Taylor and Michael C. Hudson, *World Handbook of Political and Social Indicators* (New Haven: Yale Universoty Press, 1972), pp. 59-199 参照。はるかに洗練された比較分析の一つとして挙げられるのは、Ivo K. Feierabend, with Rosalind L. Feierabend and Betty A. Nosvold, "The Comparative Study of Revolution and Violence," *Comparative Politics* 5 (3) (April 1973): 393-424 (with bibliographic references) である。こうした研究の嚆矢は、*The Condition of Civil Violence: First Tests of a Casual Model*, Princeton University, Center of International Studies, Research Monograph no. 28 (Princeton, N. J., 1967)（チャールズ・ラテンバーグ〔Charles Ruttenburg〕との共著）を始めとするテッド・ロバート・ガー(Ted Robert Gurr)の初期の業績である。また Douglas A. Hibbs, Jr., *Mass Political Violence: A Cross-National Causal Analysis* (New York: Wiley, 1973) も参照されたい。残念ながら、体制崩壊を経験した諸国と経験しなかった諸国における暴力の比率を当時のデータによって対照するための、戦間期の国内暴力に関する同様の国際比較研究は存在しない。後に指摘するように、暴力の比率・強度・形態・場などの様々な測定基準を政治体制の安定の問題に関連付けることは容易ではない。確かに、北イタリアでは一九二二年以前に暴力が高揚していたが、南部は比較的平穏であった。ナチ突撃隊の駐留による暴力の脅威の広がりを、〔イタリア・ファシズムの〕行動隊員（squadristi）などが繰り広げたさらに破壊的な行為と比較することは難しい。この点は比較史的研究の興味深い領域であろう。

（5）優れた研究の一例が Peter Merkl, *Political Violence under the Swastika : 581 Early Nazis*（Princeton, N.J.: Princeton University Press, 1975）である。イタリアのファシスト行動隊（squadrismo）についても同様の研究がない。政治的暴力に対する官憲ならびに裁判所の反応も研究の価値がある。ヴァイマル期のドイツについては、*Zwei Jahre Mord*（Berlin: Neues Vaterland, 1921）のような、一九二〇年代の自身の研究に基づくエミール・グンベル（Emil J. Gumbel）の *Vom Fememord zur Reichskanzlei*（Heidelberg: Lambert Schneider, 1962）がある。しかし、イタリアやオーストリアの危機の時代における暴力への司法的措置については、これに類する研究がない。

（6）ドイツの事例に見られる〔合法性をめぐる〕両義性については Hans Schneider, „Das Ermächtigungsgesetz vom 24 März 1933," in *Von Weimar zu Hitler: 1930–1933*, Hrsg. Gotthard Jasper（Köln: Kiepenheuer und Witsch, 1968）, S. 405–42 で十分に論じられており、そこでは重要文献が引用されている。また、Hans Boldt, "Article 48 of the Weimar Constitution: Its Historical and Political Implications," in *German Democracy and the Triumph of Hitler*, ed. Anthony Nicholls and Erich Matthias（London: Georg Allen and Unwin, 1971）, pp. 79–98 も参照されたい。これは、合法性がデモクラシーの正統性と衝突するに至った数少ない事例の一つ、すなわち、合法的手続き

がデモクラシーの正統性の基本的前提と明らかに矛盾する目的を達成するのに用いられた事例である。(とりわけドイツ／プロイセンの伝統の中にある)官僚制と軍は、リベラル・デモクラシーの価値を支持する以前に実証主義的な意味における合法性に拘束され、ナチの権力掌握と権力固定化を大きく後押しした。このことによって、新たな統治者は、支持者になるはずもなかった多くの人々の忠誠を確保したのである。

(7) 一九四八年のチェコスロヴァキアにおけるデモクラシーの崩壊／打倒を〔本書第二分冊で〕分析対象としなかったのが悔まれる。ソ連の圧力とその多少なりとも直接的な介入は、明らかに同国を特別な事例にしている。Josef Korbel, *Communist Subversion of Czechoslovakia, 1938–1948: The Failure of Co-existence* (Princeton, N.J.: Princeton University Press, 1959) および西欧側と最新のチェコ側の文献リストを含む Pavel Tigrid, "The Prague Coup of 1948: The Elegant Takeover," in *The Anatomy of Communist Takeovers*, ed. Thomas T. Hammond and Robert Farrell (New Haven: Yale University Press, 1975) を参照。ミュンヘン会談の「一方的命令」〔第一章訳注[4]参照〕後のスロヴァキアの分離や、残りのチェコ国家が保護領 (Reichsprotektorat) として併合される前の国内的変化に連なる一連の出来事についても、同じことが言える。

(8) マックス・ヴェーバーは、*Economy and Society*, ed. Guenther Roth and Claus Wittich (New York: Bedminster Press, 1968), pp. 212–13 で次のように述べている。〔世良晃志郎訳『支配の諸類型』創文社・一九七〇年、三～四頁の訳文を参考にしつつ、リンス英訳から訳出した。リンス英訳は明快ながら、ヴェーバーの原著の記述に編集を加えていると見られる部分がある。〕

支配とは、上述(第一章一六)のように、特定の(または全ての)命令が一定の人々からの服従を見いだしうる蓋然性と定義される。従って、他人に対して「力《パワー》」や「影響力《インフルエンス》」を及ぼすあらゆる方法を含むわけではない。この意味での支配(「権威《オーソリティー》」)は、服従の種々様々な動機――漠然とした習俗から純粋に合理的な利益計算に至るまでの――に基づいたものでありうる。従って、支配の真の形態とは、自発的服従、すなわち服従への(隠された動機あるいは心からの受け入れに基づく)関心である。…通常、かなり多くの人々に対する支配は…スタッフを必要とする(第一章一二)。…[すなわち]具体的命令に加えて一般的指令を遂行することを任される蓋然性[がある特別の集団である]。…行政府スタッフのメンバーは、習俗や、感情的結び付きや、一群の純粋に物質的な利害や、あるいは理念的(価値合理的)動機によって上司への服従を義務付けられているかもしれない。これらの動機の種類が支配の類型を大きく規定する。長官と行政スタッフとの関係が純粋に物質的利害と利益計算に基づいているということは、ここでもその他のところでも、この関係が比較的不安定であることを意味している。通常はこれに、さらに別の動機――情緒的または理念的な動機――が加わる。非日常的な場面では、情緒的・理念的動機だけが決定的でありうる。日常においては、習俗と、さらに物質的・目的合理的な利害関係とが他の諸関係と同じくこの関係を支配している。

(9) Ibid., p. 213.〔同上、四頁。〕

(10) *The New York Times*, 1 October 1962, p. 22 に引用されているミシシッピ州オックスフォード危機〔第二章訳注[20]参照〕の際のジョン・F・ケネディの発言。

(11) Ibid.

(12) 「「多重主権」(multiple sovereignty)は革命の特徴である。革命の開始は、かつて単一の主権的政治体の支配下に置かれていた政府が、二つ以上の異なる政治体それぞれが行う、有効で競合的で相互排他的な権利主張の対象となる場合であり、その終結は、単一の主権的政治体が政府に対する支配権を取り戻す時である」(Charles Tilly, “Revolutions and Collective Violence,” in Greenstein and Polsby, *Handbook of Political Science*, vol. 3, p. 519)。この優れた論文は多くの点で本書の分析に符合するし、その他の点では本書の分析を補完する。他のアプローチに関するティリーの批判的検討のおかげで、ここではそうした検討を行う必要がない。

(13) ここは軍の政治介入に関する広範囲の先行研究を引用する場ではない。この問題についての簡潔な検討と文献に関しては、Linz, “Totalitarian and Authoritarian Regimes” を参照。この主題に関する研究が増えつつあるところに新たに加わったのが William R. Thompson, “Regime Vulnerability and the Military Coup,” *Comparative Politics* 7 (4) (July 1975): 459–87 であり、この文献には浩瀚な文献リストがある。*The Military in Politics: Changing Patterns in Brazil* (Princeton, N.J.: Princeton University Press, 1974)と本書所収の担当章〔分冊第三巻第四章〕の中でアルフレッド・ステパンが示したのは、本論文で示唆した方向に沿って、専ら軍事的な視点からではなく、民主的統治者の行為に照らして軍の介入をどう見るべきかであった。

(14) この点については Juan J. Linz, “The Bases of Political Diversity in West German Politics.” (Ph. D diss., Columbia University, 1959) 参照。また Seymour M. Lipset and Stein Rokkan, eds., *Party Systems and Voter Alignments: Cross-National Perspectives* (New York: Free Press, 1967), pp. 305–16 所収の “Cleavage and Consensus in West Germany Politics: The Early Fifties” と題された章も参照。

同一またはほぼ同様の質問に基づいて、様々な社会集団を対象として、あるいは政党の対立軸を超えて調査された、首相への全般的支持に関する長期の時系列データは、今後さらに洗練された分析が加えられるべき魅力的なデータ群である。このような拡散的支持や寛容や否認は、ある体制に正統性を与えようとする意欲の構成要素であり指標である。たとえば Pierparlo Luzzato Fegiz, *Il volto sconosciuto dell' Italia: dièci anni di sondagi Doxa* (Milano: Giuffrè, 1956), pp. 534–47; idem., *Il volto sconosciuto dell' Italia: Seconda serie, 1956–1965* (Milano: Giuffrè, 1966), pp. 865–99), および Elisabeth Noelle und Erich Peter Neumann, Hrsg., *Jahrbuch der Öffentlichen Meinung, 1965–67* (Allensbach: Verlag für Demoskopie, 1967); Ib. *Jahrbuch der Öffentlichen Meinung 1968–1973*, ib. 1974 参照。

(15) ヴィルフレード・パレート(Vilfredo Pareto)は、*The Mind and Society: A Treatise on General Sociology*, 2 vols. (New York: Dover, 1965), no. 585 の中で、無類の皮肉とともにこのことを指摘している。

(16) 現実のデモクラシーの正統性根拠が複合的性格を有していることは、マックス・ヴェーバーの著作、とりわけ政治に関する著作の中で強調された。彼の見方からすれば、国家指導者/政治的指導者の持つカリスマは、民主的制度の権威に寄与しうるはずである。この点でハリー・エクスタインの命題はヴェーバーの系譜に属する。その命題とは権威パターンの整合性に関わるもので、ドイツ連邦共和国の宰相デモクラシー(Kanzlerdemokratie)を特に念頭に置いて、より権威主義的な社会で権威的リーダーシップがなしうる貢献について指摘している。

(17) 正統性と有効性(effectiveness)という二つの概念は、所与の政治体制の危機を具体的に分析する際に混同されることが多いが、「民主体制の安定は、その有効性のみならず正統性にも依存する」という仮説を最初に提示し、両者の区別を精緻化し、いくつかの実例に適用したのはリプセットである。著者との議論から生まれたこの主張は、彼の論文 "Political Sociology," in *Sociology Today: Problems and Prospects*, ed. Robert K. Merton, Leonard Broom, and Leonard S. Cottrell, Jr. (New York: Basic Books, 1959), pp. 81-114, esp. pp. 108-9で提起された。リプセットは、*Political Man: The Social Bases of Politics* (Garden City, N. Y.: Doubleday, 1960), chap. 3, pp. 77-96〔内山秀夫訳『政治のなかの人間　ポリティカル・マン』東京創元新社・一九六三年、七四～九〇頁〕でこの指摘を繰り返している。〔リプセットは「現行の政治的諸制度が最も適切であるという信念を生み出すシステムの能力」を正統性と定義し、「統治の基本的諸機能を満足させるシステムの能力」を有効性と定義するので、リンスの用語法とは異なる。〕

(18) レオナルド・モルリーノ(Leonardo Morlino)は、エクスタインに依拠しながら、本書における定式化に非常に近いものを提起するに至った。意思決定能力(decision-making efficacy)と、制約条件を克服しつつ決定を実行に移す能力との区別、すなわちアウトプット(出力結果)とアウトカム(成果)とを区別する必要を彼は指摘している。脚注において、彼は次のようなことまで述べている。「[分析の中では]アウトカムではなくアウトプットを考慮する必要があるということが、政策遂行能力より決定能力を選ぶもう一つの理由である。つまり、政策遂行能力(effettività)は、アウトカムに力点を置く傾向がある。本書の分析では、崩壊過程との関連で、問題解決能力と政策遂行能力とを別個の変数にしている。というのも、それらは互換的ではないし、また単一の概念の二つの次元でもないからである」。"Stabilità, legitimita e efficàcia decisionale nei sistèmi

democràtici," *Rivista Italiana di Sciènza Politica* 3(2) (agosto 1973): 247-316, esp. pp. 280 ff. 参照。

私がこの論文を書いた直後に、チェスター・I・バーナード(Chester I. Barnard)が、*The Function of the Executive* (Cambridge, Mass.: Harvard University Press, 1947)〔山本安次郎・田杉競・飯野春樹訳『新訳　経営者の役割』ダイヤモンド社・一九六八年〔現著初版は一九三八年〕〕の中で、「能率性」(efficiency)と「有効性」(effectiveness)という用語を用いつつ、私が問題解決能力と政策遂行能力とを区別したのと同じような論を展開していることに注意を促してくれた人がいた。私はバーナードを読んだことがあったが、彼と私の研究をつなぐ次の文章に気付いていなかった。

ある特定の望ましい目的が達成された場合に、その行為は「有効的」であるという。行為の求めない諸帰結が望んでいる目的の達成よりもいっそう重要であり、しかも不満足なときには、有効的な行為でも「非能率的」という。求めない諸帰結が重要でなく些細なものであるときには、その行為は「能率的」なのである。さらに求める目的が達成されないで、求めもしない諸帰結が行為の「原因」ならざる欲求や動機を満たす場合の生ずることがよくある。その場合には、このような行為を、能率的ではあるが有効的ではないと考える。後から考えると、このような場合の行為も求めた結末によってではなくて、求めざる結末によって正当化されることとなる。このようなことは人の通常経験するところである。

従って行為が特定の客観的目的を成し遂げる場合には、その行為を有効的という。また、たとえ有効的であろうとなかろうと、行為がその目的の動機を満足し、その過程がこれを打ち消すような不満足を作り出さない場合には能率的であるという。ある行為が動機を満たさないか、または不満足を生ずる場合には、その行為はたとえ有効的であっても、非能率的であるという。このようなことはしばしば生じ、我々が以前には欲したが、それを今では欲しないという場合がよくある。（pp. 19–20.）〔訳文は前掲邦訳二〇～二一頁を参考にし、訳語を調整した。〕

（19） Mancur Olson, *The Logic of Collective Action: Public Goods and the Theory of Groups* (Cambridge, Mass.: Harvard University Press, 1965), pp. 132–33, 165–67, and 174–78.〔依田博・森脇俊雅訳『集合行為論　公共財と集団理論』ミネルヴァ書房・一九九六年、一七一～一七二、二〇一～二〇三、二二二～二二六頁。〕

（20） 国家の「機能」と「目的」は、「国家目的」(Staatszweck)に関するドイツ語の文献が示すように、伝統的政治学の中心的主題であった。批判的議論については、Herman Heller, *Staatslehre* (Leiden: A. W. Sijthoff's Uitgeversmaatschappij N. V., 1934)〔ヘルマン・ヘラー〔安世舟訳〕『国家学』未来社・一九七一年〕参照。政治システムの「アウトプット」と発展途上国における国家の役割に関する文献は、それ以前の枠組みに改良を加えているわけではないが、ある意味ではこのアプローチにとって代わった。

この論文が書かれて以来、「解決不能な」諸問題に関する本書の議論と関連する、「政府の過剰負担」と「統治不能性」をめぐって、問題への新たな関心が浮上した。一九七六年一二月にフィレンツェの欧州大学院大学で行われた「過剰負担を課された政府に関するコロキアム」に提出されたペーパー、たとえば Richard Rose, "Governing and Ungovernability: A Skeptical Inquiry,"

Studies in Public Policy, Centre for the Study of Public Policy, University of Strathclyde, Glasgow, 1977 および Erwin K. Scheuch, *Wird die Bundesrepublik unregierbar* (Köln: Arbeitgeberverband der Metallindustrie, 1976)を参照。

(21) Robert Dahl, *A Preface to Democratic Theory* (Chicago: University of Chicago Press, 1956), chap. 4, "Equality, Diversity, and Intensity," pp. 90-123.〔内山秀夫訳『民主主義理論の基礎』未来社・一九七〇年。〕

(22) 有権者と中心的エリートが、様々な時点で――体制の崩壊直後、新体制の固定化過程、そして時の経過とともに――過去の体制をどのように認識するのか、さらに前体制の実績が新体制を評価する引照基準としてどのように役立つのかについては、残念ながらほとんどデータがない。社会科学は、モーリス・アルヴァックスが「集団記憶」*La mémoire collective* (Paris: Presses universitaires de France, 1950)〔小関藤一郎訳『集合的記憶』行路社・一九八九年〕と呼んだものにより注目すべきである。

第二次世界大戦後、ドイツの調査研究とイタリア世論に関する単発の研究が、過去の体制に関するイメージを検証した。G. R. Boynton and Gerhard Loewenberg, "The Decay of Support for Monarchy and the Hitler Regime in the Federal Republic of Germany," *British Journal of Political Science* 4 (4) (October 1975): 453-88 参照。この論文では、そうした反応と現体制への満足度とが関連付けられている。

(23) Otto Kirchheimer, "Confining Conditions and Revolutionary Breakthroughs," *American Political Science Review* 59 (4) (December 1965): 964-74. この論文は、Frederic S. Burin and Kurt L.

Shell, eds., *Politics, Law and Social Change* (New York: Columbia University Press, 1969)に収録されている。

(24) Albert O. Hirschman, *Journeys toward Progress: Studies of Economic Policy-Making in Latin America* (Garden City, N. J.: Doubleday, 1965), chap. 5, "The Continuing of Reform," pp. 327-84.

(25) Albert O. Hirschman, "The Changing Tolerance for More Inequality in the Course of Economic Development: With a Mathematical Appendix by Michael Rothchild," *Quarterly Journal of Economics* 87 (4) (November 1973): 544-66.

(26) Gabriel A. Almond and Sidney Verba, *The Civic Culture: Political Attitude and Democracy in Five Nations* (Princeton, N. J.: Princeton University Press, 1963)〔G・A・アーモンド／S・ヴァーバ[石川一雄ほか訳]『現代市民の政治文化　五カ国における政治的態度と民主主義』勁草書房・一九七四年〕は、顕著な例外の一つである。Steven F. Cohn, "Loss of Legitimacy and the Breakdown of Democratic Regimes : The Case of the Fourth Republic" (Ph. D. diss., Columbia University, 1976)は、ここで提起した問題を、〔フランス〕第四共和制期に関して収集した調査データに基づき体系的に検証した最初の研究である。

(27) この点に関しては、Charles Tilly, "Revolutions and Collective Violence," pp. 532-33 および Ted Robert Gurr, *Why Men Rebel* (Princeton, N. J.: Princeton University Press, 1969), pp. 235-36 における「政府の不作為」についての論議参照。

(28) ミシシッピ州オックスフォード危機についてのジョン・F・ケネディの演説の中の言葉。*The New York Times*, 1 October 1962, p. 22.

（29） Harry Eckstein, "On the Etiology of Internal Wars," *History and Theory* 4 (2) (1965): 133–63には、トロツキーが言う革命に必要な三つの要素、すなわち「革命階級の政治意識、中間層の不満、自信を喪失した支配階級」が挙げられている。"Revolutions and Collective Violence" の中でティリーは似たような革命の四条件を列挙しているが、その中で、「政府諸機関が、現政権に取って代わろうとする連合を抑圧したり、その主張に加担する行為を弾圧したりする能力も意志も持たないこと」(p. 521)を挙げ、さらに「政府の不作為」を分析している(pp. 532–37)。イタリアの自由主義国家は、レンツォ・デ・フェリーチェ(Renzo de Felice)が *Mussolini il fascista, vol. I, La conquista del potere: 1921–1925* (Torino: Einaudi, 1966), pp. 25–30, 88–89, e 129で述べたような状況を、いかなる理由であれ(共謀または無力により)黙認したときに命運尽きたのである。ファシストの暴力、ナチの暴力、プロレタリアの暴力に対し、政府がある時には阻止の意志を、またある時にはその能力を示せなかったことこそが、体制崩壊につながる権力真空状態を創り出した。イタリアの政治家サランドラ(Antonio Salandra)は、一九二二年八月一五日付の手紙の中でこのことを見事に表現している。〔引用文の訳出にあたってはデ・フェリーチェ原著を参照した。以下同様。〕

> 君も知っているように、私は君と同じくファシズムに賞賛の念と懸念を抱いている。六年にわたる弱体でうわの空の、時には裏切り者の政府のせいで、国家権力の外部で武装し組織化された勢力に、すなわちひどく無政府的な現象に祖国救済の希望を託さざるをえなくなったのである。(ibid., p. 286.)

他方でムッソリーニは、ファシスト同志のC・ロッシ(Cesare Rossi)〔リンスの原文では G.

Rossi〕に次のように伝えることができた。

イタリアに政府の名に値するものがあるならば、今日中に我々を解散させ我々の本部を占拠するために警官とカラビニエーリ(国家治安警察隊)をここに派遣すべきだろう。軍隊と警察を有する国家において、幹部と服務規定を備えた武装組織が存在するなど考えられない。イタリアに国家が存在しないだけなのだ。それは無能だ。我々はどうしても権力の座に就かねばならない。そうでなければイタリアの歴史は「未完の草稿」(pochade)となる。(ibid., p. 317.)

これは、私兵の制度化という挑発にファクタ(Luigi Facta)政権が対応できなかったことに対するムッソリーニの答えであった。実力によって挑戦された権威が実力行使の意志と能力を持たない場合、その権威を疑う意図のない人々の服従さえも要求できなくなる。彼らにとって権威は強制に先立つのかもしれないが、ファシスト行動隊のような敵対勢力のために残された手段は有効な強制だけなのである。

(30) Pareto, *Mind and Society*, vol. 2, pp. 1527–18, no. 2186.〔該当箇所は、北川隆吉・廣田明・板倉達文訳『社会学大綱』青木書店・一九八七年、七九頁を参考にしつつ、リンスが引用する英訳をもとに訳出したが、〔 〕で括った部分はリンスの原文改変と思われる部分である。本書第五章にもこれと一部重なる引用があるが、ここでは後段の「成功しそうもない」を反語的な疑問に読みかえ、「パレートによる重大な問題提起」としているようである。〕パレートを無分別な実力擁護者と考える危険な誤解を避けるため、二一七四節から二一七五節(pp. 1512–13)と併せて読むべきである。〔指摘箇所では、社会の統一性/斉一性を維持するための実力行使の功罪が論じられる。〕　ここでの議論の文脈では次のことが明らかなはずである。すなわち、秩序の打倒または紊乱を意図して実力行使しようとする敵対勢力を阻止するために、民主的政治秩序の維持を担う人々には、その秩序の正統性を信ずる人々から十分な実力行使の権利が与えられるべきである。政治集団が官憲やその他市民に対して強制力を行使したりそれを準備したりする問題は、市民的自由と無関係であり、政治的指導者が同様の実力を行使することの弁明にはならない。このようなルールが党派を超えて適用されねばならないことは明らかである。民主派を自任しながら国家的保護より自己防衛を志向する政治集団を、現代国家は容認できない。

（31）政党システムとデモクラシーの安定との関係に関する本書の補論は、Giovanni Sartori, *Parties and Party Systems: A Framework for Analysis* (Cambridge: Cambridge University Press, 1976), vol. 1, chaps. 5 and 6, pp. 119-216〔G・サルトーリ〔岡沢憲芙・川野秀之訳〕『現代政党学――政党システム論の分析枠組み』早稲田大学出版部・二〇〇〇年、二〇七～三五八頁〕に見られる極めて鋭く興味深い政党システム類型論と、そのダイナミクスの分析に依拠している。

（32）Giuseppe Di Palma, *Surviving without Governing: The Italian Parties in Parliament* (Berkeley and Los Angeles: University of California Press, 1977), chaps. 6 and 7, pp. 219-86. サルトーリが分極多党制モデルを現代イタリアに適用したことで惹起された論争については、Sartori, "Il caso italiano" および Luciano Pellicani, "Verso il superamento del pluralism polarizzato?" *Rivista Italiana di Sciènza Politica* 4(3) (dicembre 1974): 645-73 を参照。これらを読めば、この主題に関する他の文献を知ることができるはずである。

（33）パレートの分析が暗黙の前提としている「二重主権」(dual sovereignty)〔日本語訳では「二重

権力」とされる場合が多い」の考え方は、レオン・トロツキーによって明確に打ち出されたが、ムッソリーニもそれについて述べている。(一カ月以内にローマ進軍を控えていた)〔一九二二年〕一〇月四日に、彼は「今日のイタリアには二つの政府があるが、一つでも多過ぎる」という新聞の分析を肯定的に引用した。このことは Christopher Seton-Watson, *Italy from Liberalism to Fascism: 1870–1925* (London: Methuen, 1967), p. 617 に紹介されている。この多重主権の概念を巧妙に革命研究に用いた例として、Tilly, "Revolutions and Collective Violence" 参照。

(34) デモクラシーにおける様々な類型の反対派の問題全体については、ロバート・A・ダールが *Political Opposition in Western Democracies* (New Haven: Yale University Press, 1966) に寄稿した論文、および彼の著書 *Polyarchy* で論じられている。

(35) Richard Rose, *Governing without Consensus: An Irish Perspective* (Boston: Beacon Press, 1971), esp. chap. 5, "How People View the Regime," pp. 179–202, and chap. 7 "Party Allegiance," pp. 218–246 参照。また Arend Lijphart, "The Northern Ireland Problem: Cases, Theories, and Solutions," *British Journal of Political Science* 5(1) (January 1975): 83–106 を参照されたい。また Richard Rose, *Northern Ireland: Time of Choice* (Washington, D. C.: American Enterprise Institute, 1976) and idem, "On the Priorities of Citizenship in the Deep South and Northern Ireland," *Journal of Politics* 38(2) (May 1976): 247–91 も参照されたい。

独特の文化的・人種的・民族的・宗教的特性を持つ、恒常的に数のうえでは劣勢な少数派が、協力を拒否する多数派と対決する場合、少数派の権利が保護される可能性はなく、その利益が「一人一票」の原則によって考慮されることもない。(このことは小選挙区制に特に妥当する。)

この場合には、デモクラシーの形式的要素は全てそろっているが、その精神は冒されるか欠落している。ローズが述べるように、このような状況においては、法廷の前の平等と裁判所による法的権利の執行が、投票に比べれば市民権の恩恵に与るためのよりよい方法かもしれない。

(36) これに関して Roth, *Social Democrats in Imperial Germany* が特に重要である。消極的統合(negative integration)の概念については pp. 311–22 参照。

(37) 最重要の例は、ナチ党とドイツ共産党がヴァイマル期の諸政党に対する議会内反対派として一致したことであり、これによって「システム」は作動不能に陥った。より具体的な例は、一九三二年のベルリン交通株式会社〔BVG: Berliner Verkehrs-Aktiengesellschaft〕の労働者のストライキであろう。それは労働組合の決定に反してサボタージュと暴力に訴えたナチ党とドイツ共産党により始められた。このストライキは共和国軍の思考と二面攻撃計画に重要な心理的影響を与えた。一連の出来事に関する説明については Hans Otto Meissner und Harry Wilde, *Die Machtergreifung: Ein Bericht über die Technik des Nationalsozialistischen Staatsstreiches*(Stuttgart: Cotta'sche Buchhandlung, 1958), S. 11–20 参照。ドイツ共産党の政策については Hermann Weber, *Die Wandlung des deutschen Kommunismus: Die Stalinisierung der KPD in der Weimarer Republik*(Frankfurt: Europäische Verlangsansalt, 1969)参照。共和国軍の反応については Francis L. Carsten, *Reichswehr und Politik, 1918–1933*(Köln: Kiepenheuer und Witsch, 1964), S. 429 ff. 参照。

(38) 政治においてこれらの勢力が何らかの役割を果たすことは否定しないが、その活動の範囲や方法は、これほど単純化された陰謀論的な政治解釈に沿うものではない。このような〔陰謀論的な〕政治のスタイルに関する優れた分析としては、Seymour M. Lipset and Earl Raab, *The Politics of Unreason: Right-Wing Extremism in America, 1790–1970* (New York: Harper and Row, 1970)参照。過激主義者は、自分自身が陰謀活動や、潜入や、動機のごまかしや、虚偽の宣伝に傾きやすいが、自らの振る舞いを敵対勢力に投影する傾向がある。マッカーシズム全盛期には、〔共和党の〕ブラウネル(Herbert Brownell)司法長官が民主党に裏切り者の烙印を押すようけしかけた。このことに見られるように、こうした信念は、より穏健なエスタブリッシュメント側の人々に共有されるときに危険水域に達する。

(39) 一九五八年のフランスの危機については、Cohn, "Losses of Legitimacy," 参照。この論文は、もともと一九七〇年にブルガリアのヴァルナで開催された世界社会学会議で提起された着想を発展させたものである。この論文は本章〔本書『民主体制の崩壊』〕の仮説の多くを検証し、フランス世論研究所(IFOP: Institut français d'opinion publique)が収集した利用可能な調査データの精緻な分析を含む。

スキャンダルはフランスの政治において特殊な位置を占め、政治家・政党・国会・第三および第四共和制の脱正統化にかなり貢献してきた。スキャンダルの機能とダイナミクスに関する洞察に富んだ分析(スペインの一九三五年危機にも完全に適用できる)については、Philip Williams, "The Politics of Scandal," in *Wars, Plots, and Scandals in Post-War France* (Cambridge: Cambridge University Press, 1970), pp. 3–16参照。一九五八年五月危機に関する先行研究の論評については idem, pp. 129–66参照。

(40) 共産党に対するイタリア人の認識については、Juan J. Linz, "La democrazia italiana di fronte

al futuro," in *Il caso italiano: Italia anni 70*, ed. Fabio Luca Cavazza e Stephen R. Graubard (Milano: Garzanti, 1974), pp. 124-62, esp. p. 161 参照。この論文は、比較可能なフランスのデータにも論及している。また Giacomo Sani, "Mass Constraints on Coalition Realignment: Images of Anti-System Parties in Italy," *British Journal of Political Science* 6(1) (January 1976): 1-32 および "Mass Level Response to Party Strategy: The Italian Electorate and the Communist Party," in *Communism in Italy and France*, ed. Donald L. Blackmer and Sidney Tarrow (Princeton. N.J.: Princeton University Press, 1975), pp. 456-544 も参照されたい。

(41) 本書所収〔分冊第二巻第四章〕の Risto Alapuro and Erik Allardt, "Lapua Movement: The Threat of Rightist Takeover in Finland, 1930-32" 参照。

(42) 体制と体制を設立した〔原文の《instored》は《instated》または《installed》の誤記〕最初の多数派の政策とを同一視することの危険性は、次のヒル・ロブレス(José María Gil Robles y Quiñones)〔スペイン第二共和制下の一九三三年一一月選挙でスペイン独立右翼連合(CEDA: Confederación Española de Derechas Autónomas)を第一党に導いた同党の党首〕の言葉により十分に示されている。

国民世論は一体何に反対票を投じたのか。体制に対してか、それともその政策に対してか。率直に言えば、今のところ、スペイン人民は制憲議会の政策に反対票を投じてきたように私には思える。しかしながら、諸君が国家の統治権を手にする者であっても、反対派として活動する者であっても、今までと同じように以後の政策を体制と同一視することに強くこだわり、そして、社会主義と派閥主義と共和国とが三位一体であることをスペイン人民に気付かせたいなら、諸君は人民が共和国と体制に反対票を投ずると確信してよい。そう考えれば、スペイン世論の圧倒的な前進と対立するのは我々ではないはずだ。(Carlos Seco Serrano, "La experiencia de la derecha posibilista en la segunda república española" で引用された José María Gil Robles, *Discursos parlamentarios* [Madrid: Taurus, 1971], xxxiii-xxxiv の言葉。)〔スペイン語をもとに訳出した。〕

(43) Rose, "Dynamic Tendencies in the Authority of Regimes."

(44) 政府/内閣の安定性または不安定性と体制の安定性との関連については今後の研究が必要である。最近になって、内閣の安定性のより体系的な測定とその原因の分析に大きな関心が払われるようになった。たとえば Hurwitz, "An Index of Democratic Political Stability," および Michael Taylor and V. M. Herman, "Party Systems and Government Stability," *American Political Science Review* 65(1) (March 1971): 28-37 参照。Klaus von Beyme, *Die parlamentarischen Regierungssysteme in Europa* (München: R. Piper, 1970) では、一九世紀以降の多数のヨーロッパ諸国における内閣の不安定性およびその原因に関するデータが提出されている。pp. 875-84, 901-67 参照。この主題に関する優れた研究書は A. Soulier, *L'instabilité ministériele sous la Troisième République (1871-1938)* (Paris: Recueil Sirey, 1939) である。

戦間期ヨーロッパの議会制デモクラシーの崩壊と危機の強度が、内閣の不安定性に密接に関連していることを示す体系的な証拠はいくらかある。これが因果関係でないことは、政府の不安定性が政治的・社会的危機の反映であることを考えれば明白である。しかし、政府の頻繁な交代がそうした危機を昂進させることもほぼ疑いない。この主張を支えるデータとしては、以下の表**2**

を参照されたい。世界恐慌の前と後の戦間期における内閣の平均存続期間(制約があり改良の余地がある尺度ではあるが)をとれば、政府が平均して九カ月もたなかった諸国のうちただ一カ国、すなわちフランスでのみデモクラシーが存続したことが分かる。一方、政府が九カ月以上持続した国家群の中で体制変動を経験したのは一国に過ぎなかった。それは予防的権威主義を伴ったエストニアであった。同国では民主的に選出されたリーダーが、危機的状況において民主的合法性と訣別したのである。恐慌以前に安定的な政府を擁していた諸国の多く——オランダ、イギリス、デンマーク、スウェーデン、ノルウェー、アイルランド——では、全てにおいて政府の平均存続期間が一年以上であったが、恐慌以後の政府はより安定的であった。(オランダについてこれは妥当しない。同国は安定度において上位二番目に位置していたが、政府存続期間は九九六日から七三〇日まで下落した。) 重大な危機に直面したフィンランドですら安定度は増大した。存続期間が四三二日から危険水域付近の二八五日まで低下したのは、ベルギーだけであった。

(45) デモクラシーの安定性と選挙制度の関係という問題は、フェルディナント・A・ヘルメンスが *Democracy or Anarchy?* (Notre Dame, Ind.: Notre Dame University Press, 1941) で比例代表制の破壊的効果に対する執拗な攻撃を開始してから、長期にわたる激しい論争の的になっている。モーリス・デュヴェルジェ(Maurice Duverger)の古典的研究 *Political Parties* (New York: John Wiley, 1963)〔[岡野加穂留訳]『政党社会学　現代政党の組織と活動』潮出版社・一九七〇年〕や、アンソニー・ダウンズ(Anthony Downs)の *The Economic Theory of Democracy* (New York: Harper, 1957)や、ジョヴァンニ・サルトーリの多くの著作、そしてそれらにまつわる論争が全てこの議論に貢献している(第一章原注(13)(16)、本章原注(32))。最も重要な研究書は Douglas W.

表2　戦間期ヨーロッパの議院内閣制における内閣の不安定性またはデモクラシーの崩壊

世界恐慌前

国	対象期間	平均存続日数
ポルトガル	1918年5月16日～1926年5月28日（30内閣・19首相）	117
ユーゴスラヴィア	1918年12月？日～1929年1月？日（24内閣・7首相）	154
スペイン	1918年3月21日～1923年9月13日（12内閣・7首相）	166
ドイツ	1918年11月9日～1930年3月27日（18内閣・9首相）	210
フランス	1917年11月16日～1929年11月3日（18内閣・8首相）	239
イタリア	1917年10月30日～1922年10月30日（7内閣・5首相）	260
オーストリア	1918年10月30日～1930年9月30日（16内閣・6首相）	267
フィンランド	1919年4月17日～1930年7月4日（14内閣・12首相）	294
エストニア	1921年1月25日～1929年7月2日（10内閣・7首相）	306
チェコスロヴァキア	1918年9月14日～1929年12月7日（12内閣・7首相）	340
アイルランド	1919年1月？日～1932年3月？日（10内閣・5首相）	368
ベルギー	1918年5月31日～1931年6月6日（11内閣・7首相）	432
ノルウェー	1913年1月31日～1931年5月12日（9内閣・8首相）	441
スウェーデン	1917年10月19日～1930年6月7日（10内閣・8首相）	461
デンマーク	1920年3月30日～1929年4月30日（6内閣・5首相）	533
イギリス	1919年1月10日～1931年11月5日（7内閣・4首相）	668
オランダ	1918年9月9日～1929年8月10日（4内閣・3首相）	996

世界恐慌後

国	対象期間	平均存続日数
ポルトガル	—	—
ユーゴスラヴィア	—	—
スペイン	1931年4月14日～1936年7月18日（19内閣・8首相）	101
ドイツ	1930年3月30日～1933年1月30日（4内閣・3首相）	258
フランス	1929年11月3日～1940年6月16日（22内閣・13首相）	165
イタリア	—	—
オーストリア	1930年9月30日～1932年5月20日（4内閣・4首相）	149
フィンランド	1930年7月4日～1940年3月27日（6内閣・6首相）	592
エストニア	1929年7月9日～1933年10月17日（6内閣・5首相）	260
チェコスロヴァキア	1929年12月7日～1938年10月5日（6内閣・4首相）	537
アイルランド	1932年3月？日～1938年6月？日（3内閣・1首相）	750
ベルギー	1931年6月6日～1939年2月22日（11内閣・11首相）	285
ノルウェー	1931年5月12日～1945年6月25日（4内閣・4首相）	469
スウェーデン	1930年6月7日～1939年12月13日（5内閣・5首相）	694
デンマーク	1929年4月30日～1942年5月4日（1内閣・1首相）	4750
イギリス	1931年11月5日～1940年5月28日（3内閣・3首相）	1035
オランダ	1929年8月10日～1939年8月9日（5内閣・2首相）	730

注：いつ政権が倒れ，別の政権が成立したかが必ずしも明確ではないため，日数の計算は正確であるとは言えない．不安定を示す別の指標は，新しい政府が発足するまでに要する日数であろう．

Rae, *The Political Consequences of Electoral Laws*（New Haven: Yale University Press, 1971）である。Stein Sparre Nilson, „Wahlsoziologische Probleme des Nationalsozialismus," *Zeitschrifte für die gesamte Staatswissenschaft* 110(2)（1954）, S. 282–83 は、問題の複雑さを浮き彫りにする。ヴァイマルの事例はハンス・フェンスケ（Hans Fenske）の研究書 *Wahlrecht und Parteiensystem: Ein Beitrag zur deutschen Parteiengeschichte*（Frakfurt: Athenäeum, 1972）で詳細に分析されている。とりわけ切迫した危機に直面した際の選挙法改正に関する討議と提案については、Friedrich Schäfer, „Zur Frage des Wahlrechts in der Weimarer Republik," in *Staat, Wirtschaft, und Politik in der Weimarer Republik: Festschrift für Heinrich Brüning*, Hrsg. Ferdinand A. Hermens und Theodor Schieder（Berlin: Duncker and Humblot, 1967）, S. 119–40 も参照されたい。理論の精緻化と様々な事例の経験的分析を通じて、比例代表制にあらゆる責任を負わせることは疑問視されている。というのは、大規模な過激主義的少数派を擁する分極的社会では、多数代表制も同じように破壊的な結果をもたらす可能性があるからである。政党システムが具体的に姿を現す過程において、何らかの選挙制度が導入されるその時点に多くのことがかかっている。

（46）Werner Kaltefleiter, *Wirtschaft und Politik in Deutschland: Konjunktur als Bestimmungfaktor des Parteiensystems*（Köln: Westdeutcher Verlag, 1968）. また、Heirich Bennecke, *Wirtschaftliche Depression und politischer Radikalismus, 1918–1938*（München: Olzog, 1970）も参照されたい。この著者はドイツ以外にオーストリアとズデーテン地方にも言及している。

（47）Karl Dietrich Bracher, "The Technique of the National Socialist Seizure of Power," in *The Path to Dictatorship, 1918–1933: Ten Essays by German Scholars*（Garden City, N. Y.: Doubleday,

1966), pp. 113-32, esp. p. 117 参照。また Ebd., *Die Auflösung der Weimarer Republik: Eine Studie zum Problem des Machtverfalls in der Demokoratie* (Stuttgart: Ring, 1957); Ebd., *The German Dictatorship* (New York: Praeger 1970)〔山口定・高橋進訳『ドイツの独裁　ナチズムの生成・構造・帰結』Ⅰ・Ⅱ、岩波書店・一九七五年〕; Ebd., Wolfgang Sauer und Gerhard Schultz, *Die nationalsozialistische Machtergreifung: Studien zur Errichtung des totalitären Herrschaftssystems in Deutchland, 1933-34* (Köln: Westdeutscher Verlag, 1960)も参照されたい。

(48) 本書所収の彼の論文〔分冊第三巻第四章〕も参照されたい。また、彼の研究 *The Military in Politics*; "The New Professionalism of Internal Warfare and Military Role Expansion," in *Authoritarian Brazil: Origins, Policies, and Future*, ed. Alfred Stepan (New Haven: Yale University Press, 1973), pp. 47-65; *The State and Society: Peru in Comparative Perspective* (Princeton, N. J.: Princeton University Press, 1978)も参照されたい。John S. Fitch, *The Military Coup d'Etat as a Conservative Political Process: Ecuador, 1948-1966* (Baltimore: Johns Hopkins University Press, 1977)も参照。

(49) Charles Tilly, "Does Modernization Breed Revolution?" *Comparative Politics* 5(3) (April 1973): 447.

(50) ドイツとスペインの共和制が国旗を変更したことが、このような抗争を生じさせる契機となった。もう一つの例は、公式行事と軍の式典で〔唱和される〕「スペイン万歳」を「共和国万歳」に変えたことである。

(51) ルサンチマンは、哲学者兼社会学者であるマックス・シェーラー(Max Scheler)の *Ressenti-*

ment (New York: Free Press of Glencoe, 1961) と題された興味深い研究書(ルイス・A・コーザー[Lewis A. Coser]が編集し序文を付けている)の主題である。この用語はニーチェから受け継がれたものであるが、シェーラーの著作においては中心的な位置を占める概念であり、現象学的記述の対象ともなっている。コーザーの要約は以下の通りである。(そこでは独特の語感を保つために、英語の《resentment》の代わりにニーチェとシェーラーが使ったフランス語綴りが用いられる。)

それは憎悪、報復、嫉妬などの感情が何重にも抑圧された状態から生ずる態度を意味する。こうした感情が表面に現れることができれば、ルサンチマンは生じない。しかし、そうした感情を喚起する人物や集団に向けて本音をぶつけられず、それによって無力感を募らせるならば、そして時の経過とともにそうした感情を立て続けに何度も経験することになれば、ルサンチマンが生じる。ルサンチマンは真の諸価値の担い手のみならず、価値自体をも貶めすり減らす傾向をもたらす。反逆とは異なり、ルサンチマンは対抗的価値の肯定にはつながらない。なぜならルサンチマンに捉われた人間は、表向きには自らが非難する諸価値を心の底では切望しているからである。(p. 24.)〔正確な引用箇所は pp. 23-24 である。シェーラーのルサンチマン論のドイツ語版からの日本語訳は、飯島宗享・小倉志祥・吉沢伝三郎編『シェーラー著作集 4 価値の転倒(上)』白水社・一九七七年に収録されている。〕

(52) たとえば Carmelo Lisón-Tolosana, *Belmonte de los Caballeros: A Sociological Study of Spanish Town* (Oxford: The Clarendon Press, 1966), pp. 45, 289-90 参照。

(53) Robert E. Lane, *The Regulation of Businessmen: Social Conditions of Government Economic*

Control (New Haven: Yale University Press, 1954) は、規制とそれに対する抵抗の物質的費用ではなく、心理的費用を強調する。pp. 19–35 参照。

(54) ヴェルサイユ条約とその様々な規定や賠償協定や連合国の干渉とりわけルール占領が、国内の政治的展開にもたらした影響を測ることは明らかに困難であるが、これらの要因は無視できるものではなかった。Erich Matthias, "The Influence of the Versailles Treaty on the Internal Development of the Weimar Republic," in *German Democracy and the Triumph of Hitler*, ed. Anthony Nicholls and Erich Matthias (London: Georg Allen and Unwin, 1971), pp. 13–28 参照。ナチ活動家たちの自伝に示された証拠については、Merkl, *Political Violence under the Swastika*, passim. 参照。

(55) 本書所収のパオロ・ファルネーティの章〔分冊第二巻第一章〕参照。

(56) Guillermo O'Donnell, *Modernization and Bureaucratic-Authoritarianism: Studies in South American Politics* (Berkeley, Ca.: Institute of International Studies, 1973), chap. 4, "An Impossible 'Game': Party Competition in Argentina, 1955–1966," pp. 166–99 参照。

(57) 体制の変化後、とりわけ民主化後における政治的エリートの連続・非連続の程度の違いが持つ意味については、まだ研究が行われていない。Juan J. Linz, "Continuidad y discontinuidad en la elite política española: de la Restauración al régimen actual," in *Estudios de Ciencia política sociología: Homenaje al Professor Carlos Ollero* (Madrid: Carlavilla, 1972), pp. 361–423 参照。

(58) Pareto, *Mind and Society*.

(59) ここではアルフレート・ヴェーバー(Alfred Weber)〔一八六八～一九五八年。マックス・ヴェーバーの弟で、文化社会学の提唱者。ハイデルベルク大学でマンハイムの留学を受け入れた)が考案した「自由に浮動するインテリ層」(freischwebende Intelligenz)という概念をマンハイムが展開したことを述べている。Karl Mannheim, *Ideology and Utopia: An Introduction to the Sociology of Knowledge* (New York: Harcourt Brace Jovanovitch, n.d.), pp. 153-64.〔実際の引用は pp. 136-146 で、ドイツ語版からの翻訳である高橋徹・徳永恂訳『イデオロギーとユートピア』中公クラシックス・二〇〇六年の二七五~二九二頁「綜合の担い手の問題」に相当。〕

(60) 多元主義的デモクラシーの危機における知識人の役割の比較研究はない。また、後継体制である権威主義体制あるいは全体主義体制による迫害や拒絶という点で、彼ら知識人は打倒された民主国家と同一視されていたはずだと仮定されることが多い。ドイツに関してだけは、エリート内部のみならず大衆にも影響力を及ぼす知識人の役割が、膨大な調査と論議の対象とされてきた。Peter Gay, *Weimar Culture: The Outsider as Insider* (New York: Harper and Row, 1968)〔ピーター・ゲイ〔亀嶋庸一訳〕『ワイマール文化〔新版〕』みすず書房・一九八七年〕および「ドイツ　一九一九~一九三二　ヴァイマル文化」と題された特集号 *Social Research* 39(2) (Summer 1972)を参照。George Mosse, *The Crisis of German Ideology: Intellectual Origins of the Third Reich* (New York: Grosset and Dunlop, 1964)〔ジョージ・L・モッセ〔植村和秀ほか訳〕『フェルキッシュ革命　ドイツ民族主義から反ユダヤ主義へ』柏書房・一九九八年〕が、民族至上主義的な(völkisch)反ヴァイマル・イデオロギーが複数の経路を通じて幅広く浸透していったことに特別の関心を払っているのは至当である。ヴァイマル体制と社会民主党に対する左派インテリゲンチャの誹謗も忘れてはならない。Istvan Deak, *Weimar Germany's Left-Wing Intellectuals* (Berkeley and Los An-

geles: University of California Press, 1969)参照。

イタリアとスペインについては、これらに類する分析がない。サルヴェーミニ(Gaetano Salvemini)がWilliam Salomone, *Italian Democracy in the Making* の序文で認めるように、確かに知識人の批判は、ジョリッティ(Giovanni Giolitti)時代のイタリアから人心が離れていくことに貢献した。スペインではオルテガ・イ・ガセー(José Ortega y Gasset)、ウナムーノ(Miguel de Unamuno)らの指導的知識人が、共和制との束の間の蜜月に浸った後に、極めて批判的となった(本書所収のスペインに関する拙稿〔分冊第二巻第五章〕参照)。幸いにして、アラステア・ハミルトン(Alastair Hamilton)の研究 *The Appeal of Fascism* (New York: Avon, 1971)(スティーヴン・スペンダー[Steven Spender]序文)は、後に反ファシストが優勢となった時ですら、ファシズムを支持したり弄んだりしていたのは二流の知識人と文筆家だけだったはずだ、という誤解を招く印象論に訂正を加えている。残念ながら左右の文化批評家は、しばしば無責任に、よく知りもしない運動に共感を示すことで、市民的で民主的な政治を掘り崩すことに中途半端ながら手を貸していた。

一九三一年に書かれた次の文章ほど、自由に対する多くの知識人の態度が両義的であったことをよく示すものはないだろう。

自由の観念は、我々が教えられている通りのままでは、この上もなく調子外れな危険なものに思えるのだ。そして、ソヴェトの束縛を認めるとすれば、同様にファシストの規律も認めなければならぬ。私は自由の観念は囮にしか過ぎないと強く信ずるようになってきた。何にもまして自分自身の思考の自由を大切にしている私が、たとい自由でなくなった場合にも同じように考えるであろうという確信を持ちたいものである。だが、私は、人間は、束縛なくしては何も価値あることができない、そしてこの束縛を自分自身の中に見出せる人こそは珍しい人であるということも、同様に強く信ずるようになってきたのである。私はまた、個人の思考の正しい色彩は、まだ雑色に彩られていない背景の上に浮き上ったときにこそ十分な色価を持つものだということを信じている。一様化した群衆こそが、その一様性との対比において何人かの個人を浮び上らせることができるのである。福音書の「カエサルのものはカエサルに返せ、そして神のものは神に返せ」という言葉は、私には、これまでにもまして、叡智に満ちた教訓のように思われる。神の側には、自由、精神の自由を返し、カエサルの側には、服従、行為の服従を返すのだ。(André Gide, *Journal, 1889–1939*. Hamilton, *Appeal of Fascism*, p. 4からの引用。)〔該当箇所の訳文は、アンドレ・ジイド〔新庄嘉章訳〕『ジイドの日記 Ⅳ』新潮社・一九五一年、七八〜七九頁〔日付は一九三一年一〇月の終わり〕を参考にした。〕

完璧な例はオズヴァルト・シュペングラー(Oswald Spengler)であろう。彼は「ヒトラーは馬鹿だが、人は彼の運動を支持しなければならない」と書いてヒトラーに投票し、「人々を困らせる機会があればそうすべきだ」という説明書きのある鉤十字旗を飾った(Hamilton, *Appeal of Fascism*, p. 174)。

(61) Kelsen, *Vom Wesen und Wert der Demokratie* および "Foundation of Democracy" 参照。固定的要素に基づき、強い感情と閉鎖的認知構造に特徴付けられた「イデオロギー」とその逆の「プラグマティズム」との間には、確かに緊張関係がある。ジョヴァンニ・サルトーリは "Politics,

Ideology, and Belief Systems," *American Political Science Review* 63(2) (June 1969): 398–411 の中でこれらの用語を定義している。民主的・立憲的手続きを無条件に支持し、その継続的作動に必要な市民的自由を擁護し、正統な政府諸部局に対して法の枠を超えた暴力を行使するのを拒否することもまたイデオロギー的であると主張されるのかもしれない。

第三章

（1） 制約条件の強調はオットー・キルヒハイマーの本研究に対する貢献である。彼の "Confining Conditions and Revolutionary Breakthroughs" を参照。

（2） アルバート・ハーシュマンは、とりわけ *Journeys toward Progress* (Garden City, N. Y.: Doubleday, Anchor Books, 1965), chap. 4, "Problem-solving and Policy-making: A Latin American Style?" pp. 299–326 において、そうした社会的・心理的過程に焦点を当てている。

（3） Karl von Clausewitz, *War, Politics, and Power*, ed., Edward M. Collins (Chicago: Regnery, 1962), pp. 83, 92–93, and 254–63.（この書物は *On War and I Believe and Profess* の抜粋から成る。）〔言及部分は篠田英雄訳『戦争論』岩波文庫・一九六八年、上巻五八頁および六七～六八頁、下巻三二六～三二八頁。〕

（4） Max Weber, "Science as a Vocation," in *From Max Weber: Essays in Sociology*, ed. Hans H. Gerth and C. Wright Mills (New York: Oxford University Press, 1958), pp. 129–56, esp. pp. 156–62 参照。〔pp. 150–156 の誤記ならば、尾高邦雄訳『職業としての学問』岩波文庫・一九八〇年、六一～七四頁。〕

（5）社会民主党が進退窮まったと自ら感じた状況については、議員であり林業労働組合の委員長でもあったフリッツ・タルノフ（Fritz Tarnow）が次のようにうまく説明している。彼がこの説明を行ったのは、ヒトラーが台頭する前に開催された社会民主党大会（一九三一年）の基調講演においてであった。

資本主義の病床の傍らに…我々が立っているのは…単に診断医としてか、あるいは治療に努める医師としてか？　あるいは、その死を待ちきれずに、毒を用いて手助けしたいとさえ思って笑いが止まらない遺産相続人としてか？　…私はこう思う。つまり、我々は熱心に治療に努める医師でありながら、自分が遺産相続人であるという気持ちを抱くようにも強いられている。しかもその相続人は明日ではなく今日の資本主義システムの全遺産を譲り受けたいのだ。（Franz Neumann, *Behemoth: The Structure and Practice of National Socialism, 1933–1944* [New York: Octagon, 1963], p. 31 からの引用。）〔訳文は、フランツ・ノイマン〔岡本友孝・小野英祐・加藤栄一訳〕『ビヒモス　ナチズムの構造と実際』みすず書房・一九六三年、三四頁を参考にした。〕

一九二〇年三月に、イタリアのクラウディオ・トレヴェス（Claudio Treves）は、次の言葉でその苦悩を表現している。「これが現在の危機がもたらした悲劇なのである。君はもはや我々に君の命令を押し付けることはできず、我々は我々の命令を君に押し付けることができないのだ」（Seton-Watson, *Italy from Liberalism to Fascism*, p. 560 からの引用）。またトゥラーティ（Filippo Turati）〔一八九二年にイタリア社会党（PSI: Partito Socialista Italiano）を創設した社会主義者で、党内右派を代表した〕の引用（ibid., p. 559）も参照されたい。

(6) マックス・ヴェーバーが指摘したように、ビスマルク期の帝政ドイツ諸政党は、執行府を実際に統率することから、つまり完全な責任を担うことから疎外されて、極めてイデオロギー的になるか、特定の利益集団と緊密に一体化する傾向があった。従って、多くの政党は、政党というより圧力団体のように振る舞う癖がついており、この癖はヴァイマル共和国期に受け継がれた。ドイツ国家人民党(DNVP: Deutschnationale Volkspartei)におけるフーゲンベルク(Alfred Franz Hugenberg)対ヴェスタルプ(Kuno von Westarp)の主導権争いと、イギリス保守党におけるビーヴァーブルック卿(Lord Beaverbrook)対ボールドウィン(Stanley Baldwin)の争いは、政党間の行動様式の違いを反映して異なる結果をもたらした〔訳注［2］参照〕。Weber, "Parliament and Government in a Reconstructed Germany," in *Economy and Society*, ed. Guenther Roth and Claus Wittich (New York: Bedminster Press, 1968), vol. 3, pp. 1381–1469, esp. pp. 1392, 1409, 1424–30, and 1448.

(7) ヴァイマル共和国末期にドイツにおいてブルジョアジーと農村とに基盤を持つ諸政党を弱体化させ、ナチズムが選挙でもエスタブリッシュメントに接近するうえでも成功を収めるには、この過程が決定的に重要であった。もう一つの側面は、政治的配慮(システムの安定への関心)のゆえに犠牲が必要とされていても、政党と政党リーダーの決定が自らの利益に反する場合、利益集団(企業または労働組合)がこれを拒否することである。ヴァイマル共和国最後の議院内閣制政権であったミュラー(Hermann Müller)内閣の崩壊には、社会民主党との関係では労働組合の硬直性が、またドイツ人民党(DVP: Deutsche Volkspartei)との関係では財界の硬直性が決定的に重要であった。Helga Timm, *Die deutsche Sozialpolitik und der Bruch der Grossen Koalition im März*

1930, Beiträge zur Geschichite des Parlamentarismus und der politischen Parteien, Bd. 1 (Düsseldorf: Droste, 1953)参照。

(8) Joachim C. Fest, *The Face of the Third Reich: Portraits of Nazi Leadership* (New York: Pantheon Books, 1970),〔pp. 317–318,〕n. 25 からの引用。〔本書は *Das Geschichite des Dritten Reiches: Profile einer totalitären Herrschaft* [München: R. Piper & Co. Verlag, 1963] の英語訳である。ドイツ語版の S. 423, Anm. 26 にヒトラーの言葉が確認されたが、この引用自体が Max Domarus, *Hitler: Reden und Proklamationen, 1932–1945: Kommentiert von einem deutschen Zeitgenossen* [Würzburg: Gesamtherstellung und Auslieferung; Schmidt, Neustadt a.d. Aisch, 1962], Bd. 1, 2. Halbband, S. 580 からの引用でもある。〕

(9) Hirschman, *Journeys toward Progress*, pt. 2, "Problem-solving and Reformmongering" 参照。管見の限り、これは政策形成に関する最も刺激的な分析の一つである。その命題の多くは本書の分析にも直接関係するが、ここではそれらを論評せず、むしろ読者にはこの研究を参照するよう勧めたい。

(10) Philip M. Williams, *Crisis and Compromise: Politics in the Fourth Republic* (Hamden, Conn.: Archon, 1964), pp. 426–27 は次のように記している。

> 政治家は自ら避けたいと願う事実に直面せざるをえなくなると、新しい首相に対して、彼らが前任者を打倒したのと同じ要求について何度でも譲歩する…。危機のない一年が無策の一年である場合があまりにも多く、常に閣僚団が存在することが統治の不在から注意をそらす。

危機は一つの意思決定装置、すなわち「ショック療法による統治の一つの方法」でもある。

(11) このことはこの政治学者〔カール・シュミット〕の研究における中心的主題であるが、彼はヴァイマル・デモクラシーの崩壊に関する慧眼の観察者であり、当事者でもあった。彼の決定論的な政治過程観、そして友と敵の区別による政治の定義（一九二七年）には、当時の「野蛮な」政治が反映されている。カール・シュミットの著作と二次資料に関する議論と文献リストについてはMathias Schmitz, *Die Freund-Feind-Theorie Carl Schmitts* (Köln: Westdeutscher Verlag, 1965) 参照。

(12) Ebd., Anm. 46 und 83.

(13) Albert O. Hirschman, *Exit, Voice, and Loyalty* (Cambridge, Mass.: Harvard University Press, 1970), pp. 90-91.〔矢野修一訳『離脱・発言・忠誠　企業・組織・国家における衰退への反応』ミネルヴァ書房・二〇〇五年、九八～九九頁。〕

(14) 「危機の諸階層」という用語は *Permanent Revolution: Totalitarianism in the Age of International Civil War* (New York: Praeger, 1965), pp. 30-32, 106-111〔岩永健吉郎・岡義達・高木誠訳『大衆国家と独裁　恒久の革命』みすず書房・一九六〇年〕でジークムント・ノイマン（Sigmund Neumann）が作り出したものである。〔《crisis strata》という表現自体は Sigmund Neumann, *The Future in Perspective* [New York: G. P. Putnam's Sons], 1946 に見られ、*Permanent Revolution* ではその実質的な内容である「安定性を欠いた「新中間層」、よるべなき失業者、脱落者や帰還軍人の戦闘的分子」に関する具体的説明があるだけである。〕ここでは、社会運動およびその台頭と成功の諸条件に関する浩瀚な文献には触れないことにする。最近の再検討については、Anthony Obershall, *Social Conflict and Social Movements* (Englewood Cliffs, N.J.: Prentice-Hall, 1973)

参照。ファシズム運動は本書の対象としたデモクラシーの崩壊ないし危機に重要な役割を演じたが、ファシズムの社会学的・歴史的分析は、本論文の射程を超えているので、読者は、Juan J. Linz, "Some Notes toward a Comparative Study of Fascism in Sociological Historical Perspective," in *A Reader's Guide to Fascism*, ed. Walter Laqueur (Berkeley and Los Angeles: University of California Press, 1976), pp. 3-121 を、同書所収のその他の論文も含めて参照されたい。

(15) Curt Erich Sucker [Curzio Malaparte], *Coup d'Etat: The Technique of Revolution* (New York: E. P. Dutton, 1932).〔C・マラパルテ[手塚和彰・鈴木純訳]『クーデターの技術』中公文庫・二〇一九年。〕

(16) Gurr, *Why Men Rebel*; Hugh Davis Graham and Ted Robert Gurr, eds., *Violence in America: Historical and Comparative Perspectives* (Washington, D. C.: National Commission on the Causes and Prevention of Violence, 1969); Robert M. Fogelson, *Violence as Protest: A Study of Riots and Ghettos* (Garden City, N. Y.: Doubleday, 1971); and H. L. Nieberg, *Political Violence: The Behavioral Process* (New York: St. Martin's Press, 1969).

(17) このことはヴァイマル共和国のもとでは特に妥当した。そこでは愛国主義的右派「理想主義者」による暴力行為と暗殺が信じ難いほど寛大に処理されたのに対し、左派「革命家」による類似の行為は厳しく処罰された。このことは確かに法的秩序と政治体制の正統性を毀損した。Gumbel, *Vom Fememord zur Reichskanzlei*; Heinrich E. Hannover und Elisabeth Hannover, *Politische Justiz, 1918–1933* (Frankfurt: Fischer, 1966); Bracher, *Die Auflösung der Weimarer Republik*, S. 191-198 参照。こうした司法の姿勢は、憲法上の問題に関する権威主義的解決を支持する判断にも表れていた。

イタリアでも、政府機関とりわけ階級が低い警察官は、政治的暴力への対処においておよそ中立的ではなかった。この点は、国家の権威の維持を欲していたモーリ(Cesare Mori)のような警察署長[一九二一年にボローニャ県知事、一九二七年にパレルモ県知事に就任し、「鉄の知事」の異名をとる]の報告に十分に記されている。そのことは内務省がまとめた統計にも反映されている。たとえば、一九二一年五月八日に発生した一〇七三件の暴力行為のうち、九六四件は政党によって司法当局に告発されたものであった。だが、最も明白な事実は、三九六名のファシストが逮捕され八七八名が放免される一方、一四二一名の社会主義者が逮捕され六一七名が放免されたことである。De Felice, *Mussolini il fascista*, vol. 1, pp. 35 e passim. 参照。社会党系の優れた歴史家ガエターノ・サルヴェーミニは、結果として生じた暴力的雰囲気とその起源について印象的に述べている。

スペインの危機における司法の振る舞いに関する体系的なデータはない。しかし、右派だけでなく後には左派も政府への司法の従属を強化する改革案を持っていたことは、司法がより不偏不党であったかもしれないことを示唆する。たとえそうであっても、一九三五年当時の首相ホアキン・チャパプリエータ(Joaquín Chapaprieta)が指摘したように、訴訟手続きの遅滞は不要な拘留を意味したので、間接的には政治的緊張を助長した(*La paz fue posible* [Esplugues de Llobregat: Ariel, 1971], pp. 378–80)。スペインの事例では、裁判所が「社会的犯罪」に寛大になる傾向があるという苦情が見られる。

(18) 政党専属のパラミリタリー組織の存在が生み出した雰囲気を捉えるには、優れた研究書である William Sheridan Allen, *The Nazi Seizure of Power: The Experience of a Single German Town, 1930–1935* (Chicago: Quadrangle, 1965)〔ウィリアム・シェリダン・アレン〔西義之訳〕『ヒトラーが町にやってきた　ナチス革命に捲込まれた市民の体験』番町書房・一九七三年〕、およびイタリアのファシストの権力の伸長過程とそれに対する抗争をめぐる多くの地方史を参照されたい。これら活動家と喧嘩屋の「集合的伝記」に関しては、社会学者テオドール・アーベル(Theodor Abel)の要請に応じてナチ党員が自発的に語った自叙伝に基づく Merkl, *Political Violence under the Swastika* を参照。

(19) 第一次世界大戦後に発生したパラミリタリー組織とその多様性・イデオロギー・共和制期におけるその変容については、Bracher, *Die Auflösung der Weimarer Republik* およびエルンスト・H・ポッセ(Ernst H. Posse)によるさらに古い研究 *Die politischen Kampfbünde Deutschlands* (Berlin, 1931); Robert G. L. Waite, *Vanguard of Nazism: The Free Corps Movement in Postwar Germany, 1918–1923* (Cambridge, Mass.: Harvard University Press, 1952)を参照されたい。Wolfgang Abendroth, „Zur Geschichte des Roten Frontkämpferbundes,“ in *Dem Verleger Anton Hain Zum 75: Geburtstag am 4. Mai 1967*, Hrsg. Alwein Diemer (Meisenheim: Glan, 1967)も参照。イタリアについては、Giovanni Sabbatucci, *I combattènti nel primo dopoguerra* (Bari: Laterza, 1974)参照。一般的な分析については、Michael A. Ledeen, "The War as a Style of Life," in *The War Generation*, ed. Stephen Ward (New York: Kennikat, 1975)参照。

(20) オーストリアについては、Frederick Pauley, "Hahnenschwanz and Swastika: The Styrian Heimatschultz and Austrian National Socialism, 1918–1934" (Ph. D. diss., University of Rochester, 1967);

Ludwig Jedlicka, "The Austrian Heimwehr," *Journal of Contemporary History* 1(1) (1966): 127–44 参照。

(21) Allen Mitchell, *Revolution in Bavaria 1918–1919: The Eisner Regime and the Soviet Republic* (Princeton, N.J.: Princeton University Press, 1965) 参照。Werner T. Angress, *Stillborn Revolution: The Communist Bid for Power in Germany, 1921–1923* (Princeton, N.J.: Princeton University Press, 1963) は、ドイツのデモクラシーに対する左派の初期の攻撃に関するもう一つの研究書である。

(22) デモクラシーとナショナリズムは歴史的な意味では同時に「誕生」し、またデモクラシーが初めて成功したのは(民主的諸邦のスイス連合を例外として)ネイション・ステイトであったから、理論家は、ネイションへの憧れとデモクラシーとの間に対立が起きる可能性をほとんど問題にしようとしなかった。デモクラシーは、国民主権と事実上同一視された。オーストリア＝ハンガリー帝国の民主化とウィルソンの民族自決原則の適用によってようやくこの問題が顕在化したが、東欧における反民主的あるいは非民主的政治が瞬く間にそれを再び目立たなくした。第三世界における多民族国家の出現と、最近の西欧における原初的なエスニック・アイデンティティの復活があるものの、多極共存型デモクラシーに関する研究の枠組みを除いて体系的分析につながるものはない。言語的・文化的対立に関する新たな関心が個別国家に関する興味深い分析を生み出してはいるが、少数派の権利をいかにして保障するか、さらには一九二〇年代から三〇年代にかけて一定の注目を集めた、分離問題をどう扱うべきかについての体系的研究はない。

アクトン卿(Lord Acton)はデモクラシーとナショナリズムとの緊張関係をすでに認識し、次のように述べている。

ナショナリティの権利に対する最大の敵は、ナショナリティに関する近代的理論である。この理論は、国家とネイションを互いに対等のものとすることで、国境内に存在しうる他のあらゆるナショナリティを実質的に従属的な地位に降格する。その理論によれば、国家を構成している支配的ネイションと、それ以外のナショナリティを対等と認めることはできない。なぜなら、そうすれば国家はネイションと一体であることを止め、その存在原理と矛盾するだろうからである。従って、共同体のあらゆる権利を要求するあの支配的集団における人間性と文明化の度合いに応じて、劣った人種は根絶やしにされるか、奴隷身分に落とされるか、非合法化されるか、従属状態に置かれるのである。(*Essays on Freedom and Power* [Boston: Beacon, 1948], p. 192.)

(23)　ここでは、コミュニティ間の紛争や分離をめぐる内戦に関する膨大な先行研究には触れない。公式の民主的諸制度が崩壊というより作動しなくなった事例が、北アイルランドである。ヴァルナ会議〔七頁参照〕においてリチャード・ローズはこの事例に関する論文を提出したが、*Governing without Consensus* で詳細な分析を公刊したとのことで、本書には収録されていない。また、Lijphart, "The Northern Ireland Problems" も参照されたい。

多言語社会においてわずかながら存在するデモクラシーに関する証言としては、Joshua A. Fishman, "Some Contests between Linguistically Homogeneous and Linguistically Heterogeneous Polities," in *Language Problems of Developing Nations*, ed. Joshua A. Fishman, Charles A. Ferguson, and Jyantirindra das Gupta (New York: Wiley, 1968) 参照。Eric Nordlinger, *Conflict*

Regulation in Divided Societies, Harvard University Center for International Affairs, Occasional Paper, no. 29 (Cambridge, Mass., 1972) も参照されたい。この論文は極めて建設的な紛争制御の試みに焦点を当てている。Alvin Rabushka and Kenneth A. Shepsle, *Politics in Plural Societies: A Theory of Democratic Instability* (Columbus, Ohio: Charles E. Merill, 1972) は、多くの国に言及しながら多元社会における安定したデモクラシーの可能性について論じた、最も悲観的な説明である。

(24) K. D. McRae, *Consociational Democracy*; idem, "The Concept of Consociational Democracy and Its Application to Canada," dans *Les états multilingues: promlèmes et solutions*, ed. Jean-Guy Savard et Richard Vigneault (Quebec: Université Laval, 1975), pp. 245–301.

(25) 今日、世界の多くの地域で「国家形成」(state-building) が課題とされている中で、社会科学者が「ネイション形成」(nation-building) を論じてきたことには意味がある。同様に愛国心 (patriotism) の理念は、ナショナリズム的な意味でのアイデンティティを示すものではなかったために、日常用語から消えてしまった。これに関連して、ロベルト・ミヒェルス (Robert Michels) の研究 *Der Patriotismus : Prolegomena zu seiner soziologistischen Analyse* (München : Duncker and Humblot, 1929) は、今なお注目に値する。

(26) Joshua Fishman, "Bilingualism with and without Diglossia: Diglossia with or without Bilingualism," *Journal of Social Issues* 23 (2) (April 1967): 29–38.

(27) この問題に関連する多数の論文については、Savard et Vigneault, *Les états multilingues* 参照。一つの顕著な例外、つまりスイスがあるということは間違いない。Jürg Steiner, *Amicable Agree-*

ment versus Majoritarian Rule: Conflict Resolution in Switzerland (Chapel Hill: University of North Carolina Press, 1974)参照。それ以外の例外は、ベルギー、カナダ、ことによるとインド、そして最近までのレバノンである。

(28) 本書ヨーロッパ編のオーストリアに関するヴァルター・ジーモンの論考〔分冊第二巻第三章〕「押し付けられた主権のもとでのデモクラシー——オーストリア第一共和制」参照。

(29) プロイセンとライヒとの力の不均衡、ビアホール一揆のような危機を招くのに一役買ったバイエルンの排他主義政策、ナチ党がテューリンゲンのようなラント政府に加わる機会、パラミリタリー組織に対して国家を防衛するに際してのラント政府ごとのまちまちな政策など、これらは全て危機を悪化させるのに寄与した。たとえば、Ernst-August Roloff, *Bürgertum und Nationalsozialismus, 1930–1933: Braunschweigs Weg ins Dritte Reich* (Hannover: Verlag für Literatur und Zeitgeschehen, 1961)参照。

(30) ドイツ人は、こうした試みを表現するものとして「飼い馴らし構想」(Zähmungskonzept)〔ナチ党に政治責任を共有させることで政治的に飼い馴らし、利用しようとする構想〕という言葉さえ発明している。街頭を支配しているようなよく組織された敵対勢力を取り込もうとする試みによって、しばしば反対派が「ますます多くのものを求める」ようになるのは避けられなかった。この場合には、悲しいかな、クレマンソー(Georges Clemenceau)の言葉「降伏のみを前提として行動するあらゆる人間や権力は、結局のところ自らを破滅させるほかない。命ある者は全て抵抗する…」(Eckstein, "On the Etiology of Internal Wars," p. 157からの引用)が現実となった。封じ込め(containment)のはずが宥和(appeasement)を導き、最終的には降伏へとつながった。こうした交渉は一般に表に出ず代理人を介して行われ、De Felice, *Mussolini il fascista*, vol. 1, pp. 255–60, 282–85, 300–305, 345–46 に実例が挙がっている。その根底には「今日ファシストに敵対していては統治できない」(Contra il fascismo oggi non si governa)という確信がエリートの間でますます蔓延していたことがある。イタリアのジョリッティがそうであったように、提携相手に権威を回復する力があると考えるとき、非忠誠的反対派は〔自分たちを取り込もうとする〕そうした試みを危険であると見る。ドイツではブリューニングとシュライヒャー(Kurt von Schleicher)の躊躇いがちな試みがあり、最終的にはフォン・パーペン(Franz von Papen)がヒトラーの取り込みに「成功」して、指導者(Führer)がドイツの宰相に、そしてドイツの主人となった。

このような包摂の試みに際して、当初は権力への限定的参与を、ことによると二、三の閣僚ポストを求めて交渉するのが非忠誠的反対派の特性である。しかし、体制派政党が力を失い、反対派の要求に抵抗できる地位から後退するにつれて、非忠誠的反対派は自らの要求を募らせる。「ローマ進軍」の場合、その要求は肥大化して、いくつかの閣僚ポストから首相の座へと発展した。第一次ムッソリーニ政権に入閣したファシスト党員は一六名の閣僚中わずか六名に過ぎず、〔ドイツでは〕ヒトラーと彼以外の三名の閣僚が、副首相フォン・パーペンを加えて八名の保守派に「包囲」(flanked)されていたことを想起すべきである。要求された閣僚ポストの性格も重要である。すなわち、警察と軍(そして今日ではマスメディア)を所掌する閣僚ポストが反対派の手に渡れば、デモクラシーの防衛はまったくできなくなる。他方、サランドラがムッソリーニとの交渉について回想録の中で記しているように、反対派が街頭の暴力を支配下に置き、その指導者が政府に加わっていない状況では、内相を除く何人かの〔反対派〕閣僚が入閣しても、政府の立場は弱いままかもしれない。De Felice, *Mussolini il fascista*, vol. 1, p. 346.

(31) これは Sartori, "European Political Parties," pp. 137-76 の中心的命題であるが、この論文にはそうした政党システム〔分極多党制〕のダイナミクスに関する分析が含まれている。一九二八年以降のドイツ、一九三六年のオーストリアとスペイン、そして一九四八年以降のイタリアの選挙結果がこの分析を裏付ける。(しかし、イタリアの結果について別の解釈を試みる観察者もいる。彼らは、政党そのものではなく、イデオロギー・政策行動・有権者の認識に関する諸政党――端的には躍進中の共産党――と中道との間の距離を考慮する。)

(32) 一九三六年五月にレックス党は投票の一一・五%を得たが、その指導者は大衆集会に煽られて、レックス党議員の一人に辞職を命ずることで、ブリュッセルでの人民投票的選挙を要求した。このために補欠選挙が強行された。カトリック系・リベラル系・社会主義系の民主的諸政党は、分裂が致命傷になることを知っていたので、単一候補すなわち首相を立候補させることで同意した。こうして投票は、体制そのものの是非を問うものとなった。メッヘレン司教枢機卿を含むあらゆる人々が立ち上がって、レックス党の運動を非難した。一九三七年四月一九日の投票では、ファン・ゼーラントが総計一七万五〇〇〇票、そしてドグレル(Léon Degrelle)がフランデレンのナショナリスト政党であるフランデレン民族連盟への票を含めて六万九〇〇〇票を獲得した。レックス党は、民主的諸政党の団結がもたらした敗北から立ち直ることがなかった。

(33) 〔イタリアの〕ファクタ政権は最も重要な例であり、その弱さゆえにファシストに歓迎され、他の選択肢を閉ざしていた。ファクタ自身は職責を担おうとする意欲がほとんどなく、権力の座に返り咲く好機を狙うジョリッティの身代わりと自らを考えていた。〔ヒトラーの〕権力掌握前のシュライヒャーとフォン・パーペンもこの種の指導者であり、一九三三〜三六年に〔スペイン第二共和制の大統領〕アルカラ・サモーラ(Niceto Alcalá Zamora)が押し付けた何人かの首相や閣僚も、アサーニャ(Manuel Azaña Díaz)が共和国大統領に昇格した後にアサーニャによって首相に任命されたカサーレス・キローガ(Santiago Casares Quiroga)も同様であった。

(34) (主としてバンジャマン・コンスタンの名前と結びつく)憲法の理論化に含まれる複雑な伝統に即して、カール・シュミットは影響力ある *Die Hüter der Verfassung* (Tübingen: J. C. B. Mohr [Paul Siebeck], 1931)の中で、中立的権力の概念と、その多元的政党国家からの「自律性」について述べている。〔田中浩・原田武雄訳『大統領の独裁』未来社・一九七四年〔付〕に「憲法の番人」〔一九二九年版〕の全文訳が収録されている。〕 *Positionen und Begriffe in Kampf mit Weimar-Genf-Versailles: 1923–1939* (Hamburg: Hanseatische Verlagsanasalt, 1940), S. 120–132 に再録されたシュミットの „Das Zeitalter der Neutralisierung und Entpolitisierungen“ (Oktober 1929) および同書 S. 158–161 に収録されている „Übersicht über die verschiedenen Bedeutungen und Funktionen des Begriffes der innerpolitischen Neutralität des Staates“ (1931)を参照されたい。

(35) Tönu Parming, *The Collapse of Liberal Democracy and the Rise of Authiritarianism in Estonia*, Contemporary Political Sociology Series, no. 06–010 (Beverly Hills, Ca.: Sage, 1975); George von Rauch, „Zur Krise des Parlamentarismus in Estland und Lettland in den 30er Jahren,“ in *Krise des Parlamentarismus in Ostmitteleuropa zwischen den beiden Weltkriegen*, Hrsg. Hans-Erich Volkmann (Marburg/Lahn: J. G. Herder Institut, 1967), S. 135–55; Jürgen von Hehn, *Lettland zwischen Demokratie und Diktatur*, Jahrbücher für die Geschichte Osteuropas, Supplement 3

(München: Isar Verlag, 1957). これらの短命なヨーロッパの小国のデモクラシーの歴史については George von Rauch, *The Baltic States: The Years of Independence. Estonia, Latvia, Lithuania, 1917–1940* (London: C. Hurst, 1974) 参照。

(36) 体制の危機の予兆であり、最終的に体制崩壊に寄与する要因の一つは、軍指導部が「静観主義」の立場をとり、公然と自らを「国家」または「ネイション」と同一視するとともに、政治体制への関与を避けようとする傾向である。これは、〔ヴァイマル共和国軍の実力者〕フォン・ゼークト(Hans von Seeckt)、およびフランコを含む多くのスペイン高級将校の立場であった。そのことによって彼らは、自分たちと完全に見解を異にするわけではないが、より政治化した同僚とは対決せず、中立の装いのもとに軍の統一の体裁を保とうと試みることができた。このような立場は結果的に維持できなくなり、若手将校は、分極化した社会では立場を鮮明にすべきだと強く感じるようになる。たとえばイタリア軍のような組織は、政権に対するファシストの攻撃に直面して「任務を果たそうとするものの、そうせよと命じられたくはない」のであり、政治的暴力に直面した政治的指導者の意思決定能力を明らかに制約する。あらゆる体制は、将校はもちろんのこと、退役将校に対してであっても、どんな集団であれ政治的なパラミリタリー集団と関係を持つことを決して認めない。(文献リストについては本書所収の他の諸章を参照。)

第四章

(1) たとえば Jules Moch, "De Gaulle d'hier à demain," *La Nef* 19 (juil.-août 1958): 9–15 参照。一九五八年五月に内相当時の役割を思い起こして、彼〔ジュール・モック〕は次のように述べている。

勢力均衡とそのダイナミクスを考慮したうえで、恐怖と無秩序が万が一爆発するようなことになれば、共産党だけを利することになるかもしれない。一九四八年のプラハは、一九三六年のマドリードと同じくらいに私の眠りを妨げ、悩ませ続けた。

ギー・モレは、*13 mai 1958–13 mai 1962* (Paris: Plan, 1962), pp. 11–13 の中で、ド・ゴールを支持して次のように述べ、同様の主題に立ち戻っている。

大佐たちの政府は戦わずして(sans coup férir)政権の座に就いていたかもしれない。ひょっとすると一〇〇〇から二〇〇〇の勇敢な兵士が大量殺戮のために派遣され、共和国軍不在のスペイン戦争(内戦)のようになっていたかもしれないと確信している。そのように考えれば、それ(大佐たちの政府)が二、三〇年間は続いていただろうと思う。

ここでギー・モレは、優れた洞察力によって、民主的正統性を断ち切った悲しむべき事実をそう簡単になかったことにはできないと気付いているのである。

(2) Lepsius, „Machtübernahme und Machtübergabe: Zur Strategie des Regimewechsels" 参照。

(3) この緊迫感は、ムッソリーニの「今しかない」(o ora o mai più)という表現に表れている。協力に向けての真剣な交渉の段階に達すると、反システム勢力の指導者も権力を手に入れる差し迫った必要を感じ始めるが、それに失敗することは彼らにとって危険となる。「閣僚の椅子」のために裏切ろうとする姿勢を指導者たちが互いに非難しあうことは、革命論者と現実主義者に党を分裂させる。今は行動のために動員されている大衆も、別の機会には当てにできないかもしれない。日和見主義的な支持者(とりわけ資金提供者)は、その運動を「誤った投資」であると思うようになるだろう。というのは、運動が権力への意志を持たないからである。こうして体制支持勢力は信頼を回復し、団結するかもしれない。

ムッソリーニは、ジョリッティとの交渉にもかかわらず、次のように語っている。(De Felice, *Mussolini il fascista*, vol. 1, p. 305.)

　大衆を行動に駆り立て、議会外の危機を作り出して、政府に入る必要がある。ジョリッティが政府に入ることを阻止しなければならない。ダヌンツィオを攻撃させたように、彼はファシスト党の攻撃を命じるだろう。

パレートがパンタレオーニ(Maffeo Pantaleoni)に宛てた書簡の中で、「狐」(パレートの政治的人間類型における「結合の才をもって政治的操作の特殊能力を発揮する人物」)であるジョリッティによるファシズムの「飼い馴らし」の危険性に対する認識を示したのはこの点にあった。そしてパレートと指導的ファシストは、情熱を捨て支持者を失う前に一刻も早く「革命」を遂行する必要を感じていた(ibid., p. 304)。デ・フェリーチェが引用した文章や、当時に関する多くの分析が示すところでは、軍と「射撃体勢にある」公務員に権威を及ぼす一人の「真の政治家」が、瀬戸際でデモクラシーの崩壊または打倒を食い止める存在となりうる。

(4)　権力掌握の機会を確信する反対派は、教会(カトリック諸国の場合はローマ教皇庁)、経営者団体、フリーメイソン、王室、労働組合といった組織に対して、次のことに特別の関心を払う。すなわち、これらの組織との関係を確立すること、そして、安心感とやや遠回しの威嚇を取り混ぜて用いることによりそうした組織の反対を無力化し、民主体制の諸政党に対する支持を撤回させることである。場合によっては、これらの組織内部の派閥的な亀裂を操作することも含まれる。

〔ユーロコミュニズム路線をとる〕今日のスペイン共産党（PCE: Partido Comunista de España）の声明を読めば誰でもわかるように、危機に陥った権威主義体制にとって代わろうとする勢力にもこのことは当てはまる。

デ・フェリーチェは、*Mussolini il fascista* の中で、ナポリ党大会とローマ進軍の間に、ムッソリーニのこうした動きが激しさを増していった証拠を挙げている。

（5）実例は多いが、ここではいくつかを取り上げる。イタリアでは、カトリック教会とりわけローマ教皇庁が、ムッソリーニ政権の成立を見越して秘密裏の接触を開始した。より重要なことだが、教会は、とりわけ聖職者の政治活動を支持しないことで人民党との一体化を放棄し始めた。このことによってストゥルツォ（Luigi Sturzo）〔一九一九年にイタリア人民党を設立したカトリック司祭〕の地位は低下した。ドイツではナチが権力を掌握した当時の中央党、教会およびローマ教皇庁の間の関係が学問的論争の的となっている。この論争の中心は次の研究である。Rudolf Morsey, „Die deutsche Zentrumspartei,“ in *Das Ende der Parteien 1933*, Hrsg. Erich Matthias und Rudolf Morsey; Ernst-Wolfgang Böckenferde, „Der deutsche Katholizismus im Jahre 1933,“ in Gotthard Jasper, *Von Weimar zu Hitler, 1930–1933* (Köln: Kiepenheuer und Witsch, 1968), S. 317–43; „Das Ende der Zentrumspartei und die Problematik des politischen Katholizismus in Deutscland,“ ibid., S. 344–76. 一九三一年の成立前夜の〔スペイン第二〕共和制との関係でローマ教皇庁が採用した同様の政策は、Ricardo de la Cierva, *Historia de la Guerra Civil Española* (Madrid: San Martín, 1969), pp. 478–79 に指摘されている。労働組合は、社会党その他の急進諸政党と非常に緊密につながっていた。その労働組合でさえ、時には政党と異なる戦略を採用し始め、準権威主義的選択肢に応じられるようになり、組織の独自性を確認する。そして、ファシスト党とナチ党が政権を掌握した後のダラゴーナ(Ludovico D'Aragona)〔イタリアの労働総同盟[CGdL: Confederazione General del Lavoro]の指導者〕とライパルト(Theodor Leipart)〔ドイツ労働組合総同盟[ADGB: Allgemeiner Deutscher Gewerkschaftsbund]の指導者〕の政策が示すように、新体制のもとでの存続に期待をかけるのである。

イタリアでは、〔イタリア社会党、ファシスト、労働総同盟の間で一九二一年八月三日に成立した〕平和協定(patto di pacificazione)の時代には特に、労働総同盟が社会党から独立して行動する傾向を強めた。ムッソリーニの首相就任前の一九二二年一〇月六日、労働総同盟は、「このような行為が労働組合の統一を維持するのに不可欠と考え、いかなる政党とのいかなる協定からも自由であり続けるため」、社会党との協定の終了を通告した。この政策はムッソリーニに支持され、マッテオッティ(Giacomo Matteotti)暗殺〔ファシスト政権を批判した社会主義者ジャコモ・マッテオッティが一九二四年に暗殺された事件〕までさらに精力的に続けられた。De Felice, *Mussolini il fascista*, vol. 1, pp. 380–85, 598–618 参照。

ドイツにおける労働組合と社会民主党との立場の違いの拡大については Erich Matthias, „Der Untergang der Sozialdemokratie 1933", in Jasper, *Von Weimar zu Hitler, 1930–1933*, S. 298–301; Karl Dietrich Bracher, Wolfgang Sauer, und Gerhard Schultz, *Die Nationalsozialistische Machtergreifung: Studien zur Errichtung des totaliären Herrschaftsszstems in Deutschland 1933–1934* (Köln: Westdeutscher Verlag, 1960), S. 175–86 参照。一九三三年のドイツの展開は、イタリアの経験から考えればまったく驚くべきである。

財界は、体制を掌握する可能性のある反対派との関わり方においてさらに慎重である。彼らは政策に影響を与えたり政策を作ったりするためではないにせよ、少なくとも党指導部との連絡手段を維持するために、自分たちの献金の一部を受け取る者の中にそうした政党を含める用意ができている(献金額はその政党の将来性と「合理性」に依存する)。指導的財界人は、企業にとって極めて重要である「平和協定」の実現をしばしば動機としつつ、自らの社会的地位ゆえに「小文字のcの政治」〔一九九頁参照〕の仲介役となりうる場合がある。

(6) 一九三〇年のライプツィヒ国軍裁判の際の、有名な「合法性の宣誓」(Legalitätseid)におけるアドルフ・ヒトラーの言葉である。その際、彼は刑事免責によって法廷での発言を行った。Bracher, "The Technique of the National Socialist Seizure of Power," p. 117からの引用。〔訳文は前掲『ドイツの独裁』I、三五〇頁を、原著ドイツ語とともに参考にした。〕

(7) Laski, *Democracy in Crisis*, passim.

(8) Editorial in *El Socialista*, 16 August 1933. Stanley G. Payne, *The Spanish Revolution: A Study of the Social and Political Tensions That Culminated in the Civil War in Spain* (New York: Norton, 1970), pp. 108-9からの引用。同じ考え方の別の表現については pp. 108, 111, 137を参照。スペイン社会労働党の最大限綱領主義派の指導者であり、前閣僚でもあったラルゴ・カバジェーロ(Francisco Largo Caballero)は、一九三三年選挙の直前に次のように指摘している。〔スペイン語版 p. 141の引用から訳出した。〕

私は次のことを申し上げたい。〔一九三三年一一月〕一九日に勝利を得たら、我々は資本家たちの態度を改めさせよう。だが、そうならなければ、我々は投票用紙だけでは十分でなくなるような新たな時代に入ったのだろう。何かもっととても重要なことを行う必要があるはずだ。彼らが何を望もうと、我々が理想を放棄するには至らないからだ！　社会主義が勝利しない限り正義は存在しない。…スペインの公共の建物や塔に革命の赤旗を釘付けにできるようになって、ようやく正義が訪れるだろう。

社会労働党内の悲劇的対立に関するさらなる議論については、本書所収のスペインに関する拙稿〔分冊第二巻第五章〕を参照。

(9) ここでは、戦間期ヨーロッパの危機におけるファシズム現象とその役割については分析しない。不断に増え続ける文献リストについては、Laqueur, *A Reader's Guide* 参照。この書物には、筆者による、ファシズムについての規定、ファシズムの訴求力とファシズム運動の社会的基盤に関する分析もある(pp. 3–121)。

(10) Theodor Draper, "The Ghost of Social Fascism," *Contemporary*, Feburary 1969, pp. 29–42. Weber, *Die Wandlung des destschen Kommunismus*, Bd. 1, S. 232–47 も参照。

(11) 一九五八年のフランスより強固に確立された体制であったとしても、〔世論調査への〕回答の分布状況は次の表**3**に示されたものと異ならないだろう。

(12) この見方からすると、誕生から一九二〇年代後半に至るまでのヴァイマル共和国史は、カップ一揆、ビアホール一揆、そして極左派による様々な企図といった興味深い例を提供している。極右諸同盟〔訳注[11]参照〕が議会を威嚇したパリの一九三四年二月危機、ド・ゴールの第五共和制に対する一九六八年五月危機を挙げることもできるだろう。後者に関してはBernard E. Brown, *Protest in Paris: Anatomy of a Revolt* (Morrison, N.J.: General Learning Press, 1974);

表 **3** 「共産党が蜂起したらどうするか？　軍の蜂起の場合はどうか？」との設問に対する回答　(％)

軍の蜂起	共産党の蜂起				
	体制の支持	何もしない	蜂起の支持	無回答	計
体制の支持	4.6	1.4	2.4	0.5	8.9
何もしない	11.0	59.2	2.4	1.6	74.2
蜂起の支持	3.0	2.2	0.5	0.1	5.8
無回答	0.8	0.8	0.3	9.3	11.2
計	19.4	63.6	5.6	11.5	100.1 (2624)

詳細な分析については Cohn, "Losses of Legitimacy and the Breakdown of Democratic Regimes" 参照.

Philippe Benéton et Jean Touchard, "Les interprétations de la crise de mai-juin 1968," *Revue Française de Science Politique* 20(3) (juin 1970): 503-44 参照。

フィンランドの事例はとりわけ興味深い。というのは、極端な多党制の危険性、西欧第三の規模の共産党の存在、そしてソ連との隣接が、同国のデモクラシーの安定を脅かしてきたからである〔訳注[12]参照〕。Kevin Devlin, "Finland in 1948: The Lesson of a Crisis," in Hammond and Farrell, *Anatomy of Communist Takeovers*; C. Jay Smith, "Soviet Russia and the Red Revolution of 1918 in Finland," idem, pp. 71-93 参照。

安定したデモクラシーの条件を欠くにもかかわらず、体制が何とか固定化を成し遂げた、もう一つの興味深い〔アイルランドの〕事例に関する研究は、Frank Munger, *The Legitimacy of Opposition : The Change of Government in Ireland in 1932*, Contemporary Political Sociology series, vol. 2 (Beverly Hills, Ca.: Sage, 1975)である。

第五章

(1) 社会システムを「均衡状態」と捉える発想は、ヴィルフレード・パレートの貢献の一つであった。*The Mind and Society*, pp. 122-25, and esp. chap. 12, nos. 2060-70 ff. 参照。それをさらに展開したのはL・J・ヘンダーソン(Lawrence Joseph Henderson)であり、彼の教育とパーソンズの業績によって、それは社会学の主流に入った。パレートの定式化を引用しておこう。〔該当箇所の訳文は、前掲『社会学大綱』六頁を参考にした。〕

我々は、考察すべき状態を決定するのにこのような属性〔人為的変形に対する復元性〕を利用することができる。さしあたりそれをXという文字で表そう。この状態Xに対して、通常被る変化とは異なる何らかの変形を人為的に与えれば、直ちにそれを本来の状態に押し戻そうとする反作用が生じる(二〇六八)。

パレートの考え方からすれば、あらゆる均衡状態はこうした動態的側面を持ち、本来的に変化(「進歩」)とは対立しないが、あらゆる人々の観点から見て必ずしも望ましいものでもなければ、価値あるものでもないのは明白である。パレートの見方によれば、社会(または政治)システムの「状態」は全て、恒常的な調整過程にある。ここで問題にしているのは、パレートの議論の中で言及されているような、小規模で連続的な気付かれにくいシステムの変更ばかりでなく、大きな断絶が存在する状況である。その断絶の後に、システムの諸要素がその基本的関係性(この場合にはデモクラシーの諸制度)の変化を伴わずに対応し、新たな安定状態に到達できる状況である。

(2) フランス政治におけるド・ゴールの特異な役割を理解するための重要な基礎資料は、ジャン・シャルロ(Jean Charlot)の序論を付したInstitut Français d'Opinion Publique, *Les français et de Gaulle*（Paris: Plon, 1971）であるが、それには一九四五年から彼の死後までの調査データが包括的に集められている。その経歴の様々な時点で彼を取り巻いたカリスマ性と、政治家としての彼の役割を事後的に認める資料が、無数の表に示されている。一九六二年の選挙の際のド・ゴールに対する政治家たちの姿勢については、Mattei Dogan, "Le personnel politique et la personnalité charismatique," *Revue Française de Sociologie* 6(3)（juill.–sept. 1965）: 305–24ならびにStanley Hoffman, *Decline or Renewal: France Since the 1930s*（New York: Viking, 1974）, pt. 3におけるド・ゴールに関する諸論文を参照。

（3）Hirschman, *Exit, Voice, and Loyalty*, p. 24.

（4）"Critical Studies in the Logic of the Cultural Sciences: A Critique of Edward Meyer's Methodological Views," in *The Methodology of the Social Sciences*, trans. and ed. E. A. Shils and H. A. Finch（New York: Free Press, 1949）, pp. 113–88, esp. pp. 180–85でのマックス・ヴェーバーの「客観的可能性」に関する議論を参照。〔エドワルト・マイヤー／マックス・ヴェーバー〔森岡弘通訳〕『歴史は科学か』みすず書房・一九八七年に「文化科学の論理学の領域における批判的研究」として訳出。〕

（5）ドイツに占領された後、とりわけ亡命政府が制度的連続性を担保したことでデモクラシーに復帰した事例と、非民主体制の確立を経て復帰した事例——たとえば、イタリア、ドイツ、オーストリア、日本そしてヴィシー体制期のフランスさえ含む——との間には基本的な違いがある。後者の場合には、デモクラシーが戦勝国によってようやく再建されたことを忘れてはならない。

(Robert A. Dahl, "Governments and Political Oppositions," in Greenstein and Polsby, *Handbook of Political Science*, vol. 3, pp. 115–74, esp. pp. 155–58 参照。）　しかも、そうした事例では非民主的統治が長続きしなかった。つまり、イタリアでは一七年（一九二六～四五年）、ドイツでは一二年、オーストリアでは一一年、日本では八年であった。それだけでもこれらの事例は、四八年間もの空白を経てデモクラシーが復元されたポルトガルや、三七年の時の経過を要したスペインと区別されるべきである。ポルトガルでは、権威主義体制を打倒したのは国内の圧力ではなく、植民地解放戦争に敗北した後の軍であったし、競争的デモクラシーの再建については今日〔一九七八年の時点で〕なお重大な疑義がある。デモクラシーが打倒された事例の中で、わずかにギリシアといくつかのラテンアメリカ諸国（ベネズエラ、コロンビア、アルゼンチン、ブラジル、チリ）〔いずれも一九六〇年代までの展開を指す〕が、権威主義的統治が始まった後の国内的発展の結果として、不安定な民主的統治に曲がりなりにも復帰した。ジャンフランコ・パスクィーノ（Gianfranco Pasquino）は、"L'Instaurazione di regimi democràtici in Grècia e Portogallo," *Il Mulino* 238 (marzo-aprile 1975): 217–37 で、異なる結果を説明するにあたって、これら二つの〔ギリシアとポルトガルの権威主義〕体制の存続期間の差を強調している。

（6）Robert A. Kann, *The Problem of Restoration: A Study in Comparative Political History* (Berkeley and Los Angeles: University of California Press, 1968).

（7）Terry Nardin, *Violence and the State: A Critique of Empirical Theory* (Beverly Hills, Ca.: Sage, 1971).

（8）これは、衒学的な政治理論家による、起源または資格の正統性と権力行使の正統性との古典的区分である。起源の時点で民主的正統性があっても、すなわち自由選挙で選出されても、こうした政府は民主政治の基礎となる価値に対立する形でその権力を行使する。

（9）この点は、Bendix, *Max Weber*, p. 300 ならびに Johannes Winckelmann, *Legitimität und Legalität in Max Webers Herrschaftsoyiologie* (Tübingen: J. C. B. Mohr, 1952) で強調されている。

（10）Alexis de Tocqueville, *Democracy in America* (London: Oxford University Press, 1946), chap. 34, pp. 538-84.〔*De la démocratie en Amérique* の英語訳には複数の版が存在しており、正確には対応しないが、多数派の専制に関する記述は、松本礼二訳『アメリカのデモクラシー』第一巻（下）、岩波文庫・二〇〇五年、第二部第七・八章〔一三九～一九一頁〕にある。〕

（11）Joseph A. Schumpeter, *Capitalism, Socialism, and Democracy* (New York: Harper and Brothers, 1950), pp. 291-93〔大野一訳『資本主義、社会主義、民主主義』Ⅱ、日経BP・二〇一六年、一二三～一二四頁〕は、デモクラシーが成功する第二の条件として、「政治的決定の有効範囲を過度に拡大してはならない」と強調している。現にシュンペーターは、「国家のあらゆる機能を政治的手法に従属させることを、デモクラシーは要求していない」と指摘している。

（12）Merkl, *Political Violence under the Swastika*.

（13）Karl Loewenstein, "Legislative Control of Political Extremism in European Democracies" は、こうした試みを概観したものとして優れている。

（14）Clinton L. Rossiter, *Constitutional Dictatorship: Crisis Government in the Modern Democracies* (Princeton, N. J.: Princeton University Press, 1948)〔クリントン・ロシター〔庄子圭吾訳〕『立憲独裁　現代民主主義国における危機政府』未知谷・二〇〇六年〕は、ヴァイマル憲法第四八条の多

用と、フランス、イギリス、合衆国の法律と慣行を含む、デモクラシーにおける非常事態規定の機能と危険性についての詳細な分析である。最終節は「立憲的」独裁に関する一一の基準を設定しているが、デモクラシーの再均衡化との関わりでとりわけ興味深い(pp. 297-306)。

(15) Pareto, *Mind and Society*, no. 2186.〔該当箇所の訳文は、前掲『社会学大綱』七九頁を参考にした。筆者の引用指定は二一八六節のみだが、実際には二一八五節と二一八六節にまたがる。〕

(16) Herbert Marcuse, "Repressive Tolerance," in *Critique of Pure Tolerance* (Boston: Beacon Press, 1965)〔H・マルクーゼ〔大沢真一郎訳〕「抑圧的寛容」『純粋寛容批判』せりか書房・一九六八年、一〇七~一五一頁〕による影響力の大きい定式化を参照。批判については、Alasdair MacIntyre, *Herbert Marcuse: An Exposition and a Polemic* (New York: Viking, 1970)〔A・マッキンタイアー〔金森誠也訳〕『マルクーゼ(現代の思想家)』新潮社・一九七一年〕参照。

(17) Sartori, *Democratic Theory*, chap. 16, pp. 418-19 and 444-45.

(18) *State and Revolution.* (ibid., pp. 421-22 からの引用。)〔該当部分の訳文については、レーニン〔角田安正訳〕『国家と革命』講談社学術文庫・二〇一一年、一六三頁を参考にした。〕

(19) 投獄中(一九一七~一八年)に執筆された「ロシア革命」におけるローザ・ルクセンブルクの文章。この論文は *Rosa Luxemburg Speaks*, ed. Mary-Alice Waters (New York: Pathfinder, 1970), pp. 365-95 に収録されている。特に p. 394 参照。〔該当箇所の訳文は、原注(20)も併せて田窪清秀他訳『ローザ・ルクセンブルク選集　第四巻(一九一六~一九一九)』現代思潮社・一九七〇年所収の清水幾太郎訳「ロシア革命論」〔二二六~二六四頁〕を参考にした。なお、引用元の文章の中では、原注(20)該当部分と原注(19)該当部分の順序が逆である。〕

(20) Ibid., pp. 389–90.

(21) 本書の規定ではデモクラシーと考えられる体制が、実際に「どの程度まで」民主的かという問題には立ち入らない。まして「政治的」デモクラシーにおいて「社会的」および「経済的」デモクラシーがどの程度達成されてきたかという、やや異なる問題にも触れない。確かに政治的デモクラシーはその「民主化度」(democraticness)の点で異なり、その度合いを測定しようとする試みもあった。興味深い論議についてはMay, *Of the Conditions and Measures of Democracy* 参照。

(22) 振り返ればこれは、ナチが勢いよく台頭しつつあった当時、社会ファシズム論が定式化された際のドイツ共産党の立場であった。ドイツ共産党は、一九三一年五月の中央委員会で行われた決議において次のように宣言している。「ファシスト独裁は、金融資本の独裁も行われるブルジョア・デモクラシーと決して原理的に対立しない。それは形の上だけでの変化、つまり有機的移行に過ぎない」。一九三二年二月に同委員会は「デモクラシーとファシスト独裁は、同一の階級的内容を含む二つの形態に過ぎない…。その上それらは外在的な方法で互いに接近する…」と述べた。ドイツ共産党のある議員は、このイデオロギー的立場の実際上の含意を次のように定式化する(ナチズムの社会的基盤に関する近刊書で、リチャード・ハミルトン[Richard Hamilton]により引用された一節)。〔*Who Voted for Hitler?* [Princeton, N.J.: Princeton University Press, 1982], p. 304.〕

> ファシストが政権をとればプロレタリア統一戦線が結成され、あらゆるものを一掃するだろう。ブリューニングのもとで飢えることは、ヒトラーのもとでそうなることよりマシではない。我々はファシストを恐れない。彼らは他のいかなる政府より早く失敗するだろう。

訳　注

編者序文と謝辞

［1］ドイツの政治学者K・D・ブラッハー（一九二二〜二〇一六年）の大著『ヴァイマル共和国の崩壊』（K. D. Bracher, *Die Auflösung der Weimarer Republik: eine Studie zum Problem des Machtverfalls in der Demokratie*, 1955）を指す。本書は二部から成る。第一部ではヴァイマル共和国に負荷を与えた諸要素の厳密な構造分析が、第二部では世界恐慌後の尖鋭な危機の時代に関する徹底した政治過程論的考察が行われている。ブラッハーは大統領内閣期以降の政治過程に関与した人物や権力集団の明確な意図と選択に基づく相互作用を重視し、体制の最終局面における段階を「権力喪失」（ブリューニング期）と「権力真空」（パーペン／シュライヒャー期）に区分して、ナチ党の「権力掌握」へと接続する不可逆点を探ろうとした。同書は当時としては画期的であった第一部の構造的分析はもとより、西ドイツに返還された押収史料に基づく第二部の過程分析も多くの反響を呼び起こした。最もよく知られるのが、ブリューニング期の評価に関するW・コンツェとの論争である。コンツェは、政党国家の危機が大統領体制の出現を否応なくもたらしたとしながら、民主的共和国側の最後の抵抗の試みとしてブリューニング内閣を位置付けた。これに対してブラッハーは、大統領と共和国軍首脳部らによって意図的に準備されてきたブリューニングの権威主

義的統治こそが、ヴァイマル共和国崩壊の第一歩であったと解釈する。今日では、本人の回顧録（ハインリヒ・ブリューニング［佐瀬昌盛ほか訳］『ブリューニング回顧録　一九一八～三四年』上・下、ぺりかん社・一九七四～七七年）を通じて、彼自身がデモクラシーの維持に対して後ろ向きで、君主制の復活を目論んでいたことなどが明らかとなっている。

［2］アルフレッド・ステパン（一九三六～二〇一七年）はラテンアメリカ政治を専門とした研究者であり、リンスの指導のもとにコロンビア大学で博士号を取得した最初期の学生のひとりでもある。大学院修了後に『エコノミスト』誌記者を経てイェール大学に職を得たが、一九八三年にコロンビア大学に移籍し、後には中央ヨーロッパ大学等でも教鞭をとった。ステパンはペルーとブラジルのそれぞれの軍事独裁に関する研究をはじめとする多くの著書や論文を著し、民主化における政軍関係を分析した理論的著作としては、*Rethinking Military Politics: Brazil and the Southern Cone* (Princeton, N.J.: Princeton University Press, 1988)（堀坂浩太郎訳『ポスト権威主義　ラテンアメリカ・スペインの民主化と軍部』同文館出版・一九八九年）がある。民主体制の崩壊に関する共同研究はステパンとリンスがイェール大学で同僚であった時期に行われたが、その後も *Problems of Democratic Transition and Consolidation: Southern Europe, South America, and Post-Communist Europe* (Baltimore: Johns Hopkins University Press, 1996)（抄訳として、荒井祐介・五十嵐誠一・上田太郎訳『民主化の理論　民主主義への移行と定着の課題』一藝社・二〇〇五年）や *Crafting State-Nations: India and Other Multinational Democracies* (Baltimore: Johns Hopkins University Press, 2011) など、二人は最晩年に至るまで研究上のパートナーとして協力しあい、民主化のほかにも、ナショナリズムや連邦制など、比較政治学の中心的トピックについて研究史

に残る重要な成果を残している。

［3］リンスのコロンビア大学時代の恩師の一人である社会学者ロバート・K・マートン(Robert K. Merton)によれば、真理に接近するためには、ある歴史的時点や特定の地域で観察される具体的事象から導かれた理論的仮説に別の観察に基づく修正を施すことが有用である。このような考え方に基づいて構築された理論を、タルコット・パーソンズ(Talcott Parsons)流の一般的・抽象的な社会学理論と区別して中範囲理論(middle-range theory)と呼ぶ(マートン［森東吾ほか訳］『社会理論と社会構造』みすず書房・一九六一年、第一部)。本書における「中間レベルの一般化」は、マートンの中範囲理論の考え方に由来する。

［4］一九六〇年代までの政治学においては、二大政党制による穏健な競争こそがデモクラシーの成功の秘訣であるとされ、その前提として比較的同質的な社会が必要であると考えられていた。これに対してオランダ出身の政治学者アーレント・レイプハルトは、オランダやベルギーでは、サブカルチャー(柱)と呼ばれる半ば自足的な共同体によって分断(柱状化)された社会のもとで、政党間の競争や明確な政権交代を通じてではなく、各サブカルチャー/柱を代表する政治的エリートの間の協調によってデモクラシーが安定的に運営されていることを示した。このように、国内に複数のサブカルチャーを抱える一部のヨーロッパ小国で見られた特殊なデモクラシーのあり方を「多極共存型デモクラシー」と言う。なお、その後の社会構造の変容(脱柱状化)や政党政治の再編成によって多極共存の実態が大きく変容したことに加えて、レイプハルト自身が選挙制度や執政体制などの制度的次元に分析の焦点を移したことにより、「多数決型デモクラシー」(majoritarian democracy)の対概念である「合意型デモクラシー」(consensus democracy)が多極共存

型デモクラシーに代わるものとして用いられるようになっている。

第一章

[1] リンスがスペインのフランコ体制を題材とする一九六三年の学会報告を発展させ、翌年に公刊論文の形で提起したのが、「権威主義体制」(authoritarian regime)の理論である(「権威主義的政治体制——スペイン」E・アラルト/J・リッツネン編[宮沢健訳]『現代政党論』而立書房・一九七三年、一七〇〜二四六頁)。権威主義体制とは、政治的・社会的動員が部分的に進行した状況において出現した、全体主義体制(本章訳注[3]参照)と並ぶ現代的抑圧体制であり、家産的支配、世襲的・封建的支配、人格主義的支配といった特徴を有する「伝統的政治体制」と区別される。他方で権威主義体制は、体系的イデオロギーに基づく活発な大衆動員や画一的支配(強制的同質化)、そして強度の抑圧を特徴とする全体主義体制とも異なっている。すなわち、リンスの言う権威主義体制とは、①限定的多元主義、②イデオロギーというよりメンタリティの優位、③大衆動員への消極性、④一定の予測可能性(後に④の要件は削除)を基本的特徴とする。

[2] リンスがソ連・東欧の共産主義体制の崩壊を目の当たりにした後に、ステパンとの共著 *Problems of Democratic Transition and Consolidation*(邦訳『民主化の理論』)において独自の体制類型「ポスト全体主義」(post-totalitarian regime)として提示することになる概念である。この時点では権威主義体制の下位類型として示されていた(本章訳注[1]および[3]を参照)。ポスト全体主義体制とは、全体主義体制が社会を根本的に改造した後に登場し、全体主義体制の諸制度(特に政党)と体制の公認イデオロギーを存続させていることが特徴である。全体主義や権威主義と異

なり、ポスト全体主義は体制樹立の基礎となる正統性を有していないが、過去の遺産と組織された反対派の不在によって見かけ上安定しているかのように見える。ポスト全体主義体制は、①限定的多元性の要素が弱く、②イデオロギーの呪縛が強烈で、③自律的な政治的多元主義が不在であるので、内発的に体制移行に向かうのは一般に困難であって、その初期段階や硬直化した段階では大衆蜂起による瓦解が起きやすいとされる。しかし、成熟したポスト全体主義体制と呼ばれる段階になると、反対派の主導権によって早期に選挙が行われ、民主化に進む可能性があるとも指摘されている。このような見方がソ連・東欧に等しく当てはまるわけではなかったが、体制類型論を体制移行論との関連の中で論じるスタイルが、『民主体制の崩壊』以後のリンスの研究の特徴となっていく。

[3]「全体主義」(totalitarismo)の概念は、総力戦(total war)の時代を背景に、アメンドラ(Giovanni Amendola)やジェンティーレ(Giovanni Gentile)といったイタリアの政治家・文筆家が用いた表現にさかのぼる。ところが、リンスが全体主義体制の典型例と考えたのはナチズムとスターリニズムであり、その特徴付けはフリードリッヒ/ブレジンスキー(Carl Friedrich/Zbignew Brzezinski)の六点の症候群(①全体主義イデオロギー、②独裁者によって指導される単一政党、③秘密警察、④マスメディアの独占的支配、⑤武力の独占的支配、⑥経済・社会組織の独占的支配)に沿っていた。他方でナチズムの先駆者たるイタリア・ファシズムの実態については、国王や教会等の伝統的な権力・権威との共存や、国民の統制・弾圧などの側面における相対的な不徹底さ、特定の社会的領域に絞った「選択的全体主義」の特徴などが実証研究を通じて指摘されてきた。リンスもまた、イタリアの事例について「抑制された」全体主義体制や「前」全体主義体

制などの概念を示したうえで、実質的にはこれを権威主義体制(本章訳注[1]参照)の一種と捉えている。

[4] ヴェルサイユ条約を「口授」(一方的強制的に書き取らされた屈辱的文書)と捉えたドイツ側での呼称である。なお、チェコスロヴァキアの歴史でも、ミュンヘン会談の帰結(ズデーテン地方割譲)についてこの表現が用いられる。

[5] 従属理論とは、一国単位の発展を前提とする経済的近代化のモデルを批判する立場から、一九六〇年代に提起された国際関係論的視点を持つ開発理論である。従属理論によれば、資本主義世界経済は中心と周辺から成る一体のものとして理解すべきであり、中心によるこの資源搾取の構造を変革しない限り、周辺の国々が低開発の罠から抜け出すことはない。従属理論は単なる開発理論に留まらず、フェルナンド・エンリケ・カルドーゾ(Fernando Henrique Cardoso)のように、従属関係が生み出す構造的矛盾と発展途上国における開発独裁型の統治とを因果的に結び付けようとする議論もあった。また、中心・準周辺・周辺が織りなすダイナミックな相互作用によって資本主義システムの拡大と収縮を説明しようとする、イマニュエル・ウォーラーステイン(Immanuel Wallerstein)の世界システム論は、従属理論の発展形と見ることができる。

第二章

[1] フランスでは、一九世紀以降の歴史学で主流となっていた、偉人たちが織りなす「事件史」の手法への反発として、リュシアン・フェーヴル(Lucien Febvre)やマルク・ブロック(Marc Bloch)らが、公文書以外の材料も駆使しながら、名もなき民衆の振る舞いやその背景となる価

値体系・集合的意識の長期的変化をたどる社会史的研究を提唱し、「アナール学派」として歴史学の一大潮流を形成した。「集合史の技法」とは、アナール学派を端緒として発展した「下からの」歴史学の手法を指す。

[2]「推移的」および「線形的」という表現はいずれも数学用語である。前者は、同一集合に属する任意の要素X、Y、Zについて、XとYの間とYとZの間にRという関係が成り立つとき、XとZの間にも同じくRという関係が成り立つことを言う(例えばX＝YかつY＝ZならばX＝Z、X＞YかつY＞ZならばX＞Zなど)。後者は、変量Xが増加(減少)すれば、これに対応して変量Yも直線的あるいは比例的に増加(減少)するような関係を指す。

[3] トクヴィルは、*L'Ancien Régime et la Révolution* (1856)(小山勉訳『旧体制と大革命』ちくま学芸文庫・一九九八年)において、フランス革命の拠点が、物質的に困窮した地域ではなく、むしろ生活水準が向上しつつある地域であったと指摘した。「期待上昇の革命」(revolution of rising expectations)の理論はトクヴィルの観察を一般化したもので、人々の期待水準と達成水準との間の知覚された格差を通じて相対的剝奪感(relative deprivation)を生じさせる社会心理的メカニズムこそが、紛争や運動の背景として重要であるとする理論の一つである。

[4] トンネル効果とは量子力学における概念であり、微小粒子がエネルギー的に通常の状態では通り抜けられないような障壁をあたかもトンネルを通り抜けるかのように超えて反対側に現れる現象を指す。本文にある通り、ハーシュマンは、社会の一部の人々の期待が満たされるだけで、必ずしも要求が充足されていない人々の間にも満足感が広がる場合があるという現象の比喩としてこれを用いている。

［5］本節の記述はジョヴァンニ・サルトーリの政党システム論に依拠している。サルトーリは、政党システムの分類には、政党の数（フォーマット。本書で言う「〇党編成」）だけではなく、政党間競争が求心的であるか遠心的であるか（ダイナミクス）の両方を考慮すべきであると考えた。ところで、本節に例示されたヨーロッパ諸国について、一九六〇年代から二〇一〇年代までの有効議会政党数（$ENP = 1/\sum s_i^2$［sは議席占有率］）を調べると、政党システムの破片化の進行が傾向的に見て取れる。中でもベルギーの三・八↓八・八やオーストリアの二・一↓四・一が突出していた。しかし、この間の変化としてより重要であったのは、新興の極右ポピュリスト政党の台頭に象徴される政党再編である。その結果、一部の国では、破片化指数の上昇幅が小さくても政党システムのダイナミクスに大きな変化が見られた。またイギリスのように過激派政党の台頭が議席のうえには明確に現れない場合でも、政党システムの断片化の影響で、どの政党も単独で多数を確保しえない「宙吊り議会」(hung parliament)の状態が発生する確率が高まっている。

［6］本書では、サルトーリの用語法にならって、政党システムの分析に関わる重要概念である「破片化」「断片化」「分極化」という三つの概念が用いられている。「フラクション」(fraction)とは政党の内部集団の単位を表す用語であり（「派閥」「faction」にほぼ等しい）、このフラクションに由来する破片化とは党内フラクションの数の増加を意味する。断片化とは政党システム内における政党数が増加し、やがてはどの政党も単独で多数派を形成しえない状況に至ることを指す。破片化は政党自体の分裂を促し、政党システムの断片化をもたらす可能性がある。分極化とは政党間もしくは政党ブロック間の競争が遠心化の傾向を示し、イデオロギー／政策上の距離が拡大することを指すが、本書では「社会の分極化」という表現も見られる。

［7］スペインの現行選挙法は、フランコ体制からの体制移行の画期となった一九七七年一月の政治改革法(Ley para la Reforma Política)にさかのぼる。第二共和制期の政党政治の混乱の経験(第四章訳注［5］参照)を踏まえて、同法律の経過規定一には、議会の「不都合な断片化」(fragmentaciones inconvenientes)を避けるための適切な措置を講ずるとあり、この規定を受けて、五〇の県と二つの特別自治市を選挙区とし、三%の阻止条項を持つドント式比例代表制が下院選挙に導入された。この選挙法は大政党に有利に働く要素を有する一方、地域を基盤とする小政党の乱立を促す特徴もあった。こうして民主化後のスペインでは、全国政党と地域政党の二重政党制(bipartidismo)が生み出され、全国政党の単独少数派を地域政党が閣外協力で支える構図がしばしば見られた。しかし、二〇一五年選挙以降、新興政党であるポデモス(Podemos)、シウダダノス(Ciudadanos)、VOXの選挙政治への参入によって政党システムが決定的に断片化したために、従来の組閣方式が不可能となって、やり直し選挙や、選挙後の長期間にわたる連立政権交渉が常態化しつつある。

［8］ここに挙がった諸国のうち、二〇〇〇年代以降の大陸ヨーロッパの多くの国では、共産党とネオ・ファシストに代わって新たな左右のポピュリスト政党(とりわけ極右ポピュリスト政党)が台頭し、既成政党の振る舞いに影響を与えている。ベルギー、オランダ、スウェーデン、ノルウェーでそれは顕著であるが、オーストリアやスイスでは、連立政権の形成過程でこうした新たな極を取り込んでいかざるをえない状況が生じている。

［9］一九七三年九月一一日のクーデターの最中の出来事で、軍による殺害説が再三浮上したが、外国人検視団による再調査により、二〇一一年に法医学的に「自殺」が確認された。

［10］原著書刊行後の一九九二年に、ミラノを中心とする大規模な政官財癒着に対する司法当局の徹底的捜査「清廉な手」(mani pulite) 作戦が敢行された。これを引き金としてイタリアの政党システムが抜本的に再編成されたために、キリスト教民主党を核とする中道連合が支配的であった時代は終わった。現在では一九九三年までの時期をイタリア「第一共和制」と呼び、一九九四年以降の中道右派連合と中道左派連合による二ブロックの競争体制を「第二共和制」と呼ぶことが一般的である。さらに欧州債務危機後の混乱の中から生まれた新興のポピュリスト政党「五つ星運動」(M5S: Movimento delle 5 Stelle) の台頭など、政党システムのさらなる変化に伴って、第二共和制が終焉したとの見方もある。

［11］近代国家における「人民投票」(prebiscite) の起源は、ナポレオン・ボナパルトが一八〇四年に「フランス人民の皇帝」に就任する際に行われた投票であるとされる。prebiscite は plebs (平民) の scitum (議決) に由来する有権者の直接投票による決定を指すが、領土の帰属や民族自決を問うものや、為政者の発案によるものを特にこのように呼んで「国民投票／住民投票」(referendum) と区別する場合がある。過激派勢力が理想とするデモクラシーとは、人民による直接投票制を基礎とする「非リベラルなデモクラシー」(illiberal democracy) にほかならない。

［12］リソルジメント初期に「覚醒教皇」と呼ばれた第二五五代ローマ教皇ピウス九世が、自由主義者から反自由主義者に転向した後に公表した、一八六四年の回勅『注意深く』(Quanta Cura) の付属文書である。その内容は、自然主義、合理主義、自由主義、社会主義など、市民革命を背景として成立した近代思想を一〇項目八〇命題に整理したうえで、全てを「誤謬」として否定するものである。

[13]「政治階級」とはイタリアの政治学者ガエターノ・モスカ(Gaetano Mosca)[一八五八〜一九四一年]が提起した概念であり、「社会を物質的・道徳的に導くヒエラルキーの総体」を意味する。具体的には「職業としての政治家」、すなわち政治を生業とするだけでなく、政治・行政に対する専門的な知識と技能を有し、政界における地位上昇に専心する存在である(モスカ[志水速雄訳]『支配する階級』ダイヤモンド社・一九七三年)。現在ではパレートのエリート理論に由来する「政治的エリート」が政治学および社会学で主流の分析・記述概念として定着しているが、他方で「政治階級」は、政治腐敗を始めとする政治の病理、有権者大衆と職業政治家との心理的・社会的距離、職業政治家集団の排他性などを象徴する批判的な意味合いを持つ言葉として、ラテン諸国のみならず、イギリスなどで、現在でもジャーナリズム等に頻繁に登場する。

[14] 本書では「民主的でない」ことを指す「非民主的」(nondemocratic)と、「デモクラシーに敵対する」ことを指す「反民主的」(antidemocratic)と並んで、「デモクラシーと無縁である」または「デモクラシーの特徴を持たない」ことを意味する「没民主的」(ademocratic)という言葉が用いられている。「デモクラシーの没民主的防衛」とは、具体的には国王の裁可や、軍の介入や、司法の決定など、民主的多数派の意思から独立した機関の介在によってデモクラシーの危機的状況を乗り越えようとすることを指す。

[15] コーポラティズム(corporatism)とは、まずは一九世紀末から両大戦間期にかけてカトリック政治運動が掲げた、フランス革命以前の身分制的秩序への回帰を目指す政治構想であった。次いで両大戦間期には、ファシストをはじめとする急進右派が自由主義的議会制と階級闘争の両方を批判する形で提唱した「職能代表制」の枠組みを意味した。本書で言う「コーポラティズム制

度」は、さらに第二次世界大戦後に西欧諸国に広がった政労使の三者の直接的協議によるマクロ政策決定の枠組み、すなわち「ネオ・コーポラティズム」を指す。

[16] 社会学者マートンの用語で、状況に関する誤った認識に基づいて結果を予測した者が、自らその状況認識に沿って行動することによって、本来ならばありえなかったはずの結果を現実のものとしてしまうことを指す。

[17] 本書の刊行当時(一九七八年)のスペインで政権を担当していたのは、フランコ体制の一翼を担ったファランヘ党の後身である国民運動の事務総長アドルフォ・スアレスが組織した民主中道連合(UCD: Unión de Centro Democrático)であった。一九八二年一〇月の総選挙によって「主要な反対勢力」である社会労働党への政権交代が実現した。

[18] フランコ体制の事実上の憲法であると見られているのは、スペイン内戦の勃発から三〇年もの月日が経過した一九六六年に国民投票で成立した国家組織法(La Ley Orgánica del Estado)であるが、広義には他の七つの基本法を含む法律群が憲法典を構成していた。

[19] 本書第三章でも明確に述べられているように、「中立的権力」とはカール・シュミットの《neutrale Gewalt》に由来する。この概念は一九世紀初頭に活躍したフランスの思想家バンジャマン・コンスタン(Benjamin Constant)の「調整権」(pouvoir modérateur)の考え方を継承・発展させたものであり、社会的・経済的な権力集団の間の仲裁・規律・維持を行って憲法の正常な機能を確保するための、立法・司法・行政の三権に並ぶ第四の権力を意味する。シュミットは、選挙により国民に選ばれた強力な政治的指導者であるヴァイマル共和国大統領が、危機の際に諸国家機関の間に対立が生じた場合の調停者として振る舞うべきだと考えていた。一方リンスは中立的

権力を「無党派的権力あるいは党派的な権威の源泉を超越した権力」と定義し、その担い手として、大統領のほかにも国王や裁判所や官僚機構上層部や軍などの「没民主的」国家機関を挙げている。また、本書で「調停権力」と呼ばれるものは、元来はイベリア半島およびラテンアメリカ諸国において政党政治の混乱や手詰まりを解消するために介入する軍の伝統的役割を指すが、「裁判所の調停権力」のように中立的権力とほぼ同じ意味でも用いられる。ただし、リンス自身はこうした没民主的介入の効果について懐疑的である。加えて第三章補論では「大統領制には(裁判所を若干の例外として)調停権力がない」とされ、ゼロサム化しやすい大統領制ゲームにおいては、大統領自身の行為も含めて、没民主的介入が中立的でも調停的でもなくなる危険性が指摘されている。

[20] 一九六〇年代のアメリカ合衆国では、反戦運動や労働運動、それに学生運動などの様々な社会運動が噴出し、同国の固有の問題としては公民権運動に関係する街頭での衝突も頻発した。本書ではミシシッピ州オックスフォードにおけるアフリカ系アメリカ人の大学入学問題を契機とする暴動事件に際しての発言が繰り返し引用されている。このような不穏な社会情勢を背景に、アメリカ合衆国で紛争や暴力に関する学問的関心が高まるなか、一九六八年にはキング牧師とロバート・ケネディ上院議員の暗殺が相次いで起きたため、やはり一九六三年に暗殺されたJ・F・ケネディの後任であるジョンソン大統領は「暴力の原因およびその防止に関する国民委員会」(National Commission on the Causes and Prevention of Violence)を設置し、政府として政治的暴力に関する学術調査に着手した。

[21] 役割葛藤とは、人が二つ以上の矛盾・競合する役割を引き受けざるをえない状況に遭遇した

場合に陥るジレンマを指す。一方、構造的緊張（構造的ストレーン）とは、不平等、不公正などの社会構造が抱える矛盾、およびその矛盾によって引き起こされる社会生活上の障害が作り出す緊張関係を指す。

［22］ヴァイマル共和国初期の不安定な政情を背景に成立した憲法の第四八条第一項および第二項には、以下のように非常事態におけるライヒ大統領大権に関する規定が組み込まれていた（条文の日本語訳は、C・シュミット〔田中浩・原田武雄訳〕『大統領の独裁』未来社・一九七四年、二三六頁からの引用）。

第一項　もしも、各邦国が、ライヒ憲法またはライヒ法律によって課せられた義務を履行しないばあいには、ライヒ大統領は、武力を用いて各邦国にその義務の履行を強制できる。

第二項　もしも、ドイツ国家において、公共の安全と秩序がいちじるしく攪乱されるかあるいは脅かされたばあいは、ライヒ大統領は、公共の安全と秩序を回復するために必要な措置を講じ、必要とあれば武力を用いて干渉できる。この目的のために、ライヒ大統領は、第一一四条（個人自由の不可侵権）、第一一五条（住居不可侵権）、第一一七条（通信の秘密）、第一一八条（表現の自由）、第一二三条（集会の自由）、第一二四条（結社の自由）と第一五三条（財産権の保障）に定めた基本的人権の全部あるいは一部を、一時的に停止できる。

ヒンデンブルク大統領は、国会議事堂放火事件（一九三三年二月二七日）を契機とするヒトラー（当時首相）の建議に基づき、事件翌日には以上を根拠規定として、基本権の停止やラント政府への介入などを定めた「ドイツ国民と国家を保護するための大統領令」を発令した。これを受けて内閣に対し無制限の立法権を付与するものとして成立した（同年三月二四日）のが、いわゆる「全権委任法」(正式名称は「民族および国家の危難を除去するための法律」[Gesetz zur Behebung der Not von Volk und Reich])である。

[23] スペイン第二共和制臨時政府は、一九三一年、従来の小選挙区制を廃して一院制議会に県単位の大選挙区制を導入し、各選挙区の定数を有権者の人口比によって割り振るとともに、多数派の過大代表を是正するために少数派割り当て(四七〇議席中一一九議席)を保障した。第二次アサーニャ政権の時(一九三三年七月)に行われた選挙法改正では、有効投票の四〇%以上を獲得した候補者名簿が所定の多数派議席を独占し、次いで得票の多かった候補者名簿が少数派割り当て分を独占する仕組みが導入された。これは相対的勝利者にプレミアム議席を与えて人工的多数派を生み出す仕組みで、選挙ごとに選挙連合の形成を促すとともに、政権交代に伴う党派の振幅を最大化する性質を持っていた。しかも第二共和制の政党システムにおいては一〇議席程度の規模の政党が常に一〇以上存在したので、上記の選挙法は、二党制への収斂ではなく選挙のみを目的とする選挙連合を促進し、内戦に至る政治的分極化を招いた。

[24] 一九二〇年六月一五日に採択されたエストニア憲法には、第五章に政府に関する規定がないわけではないが、政府の構成・権限、三権の間の抑制・均衡の関係に関する漠然とした定めが置かれているに過ぎない。同憲法では国家元首は「国老」(riigivanem)と呼ばれる国会議長であり、大統領と首相を兼ねるものとされた。

[25] 社会学者ポール・ラザースフェルド(Paul Lazarsfeld)がメディア効果の検証に用いた概念。他者からの情報提供や説得を受ける前に人々が持っている政治的態度のことをいう。

[26] フィウメ(現クロアチア領リエカ)は、リソルジメント後のイタリアにおいて、国粋主義者が

全力で奪還すべき領土と位置付ける「未回収地」(terra irredenta)の一つであった。ロンドン秘密条約で約束されたフィウメ併合を条件にイタリアは連合国側で第一次世界大戦に参戦するが、この地はパリ講和会議でセルブ＝クロアート＝スロヴェーン王国の帰属とされた。一九一九年九月、文学者ガブリエーレ・ダヌンツィオの率いる軍団がフィウメに進軍して「パレードとバルコニーの共和国」と称する臨時政府を樹立したことを受け、フィウメの帰属をめぐる公式の再交渉は中断した。一九二〇年六月に成立した第五次ジョリッティ政権は、左右の強硬派を抑えつつ、フィウメを自由都市とするラパッロ条約の取り決めに達したが、結果的にはダヌンツィオ政府との軍事衝突に至り、イタリア政府のリエカ占領を招いた。

[27] 第一次世界大戦の敗戦国となったドイツは、ヴェルサイユ条約に規定された一般軍縮の義務に服することとなったが、このことは国粋主義団体やパラミリタリー組織の活動を刺激するとともに、国軍内部にも不満分子を生み出して、当初より軍備制限を形骸化しようとする試みが繰り返されていた。一九三二年一二月、一般的軍縮義務を逆手に取ったドイツの軍備平等権の主張を英米仏伊が容認したことをもってジュネーヴ軍縮会議は頓挫し、一九三三年一月に成立したヒトラー政権のもとで、ドイツは公然たる再軍備の道を歩み始めた。

[28] オドンネルによれば、一九五五〜六六年のアルゼンチンでは次のような事態が観察された。①選挙における確実な勝利が予想されるペロン派の政権は、デモクラシーに否定的であると考えられる。②最大の反ペロン派政党である人民急進市民同盟(UCRP: Unión Cívica Radical del Pueblo)は、ペロン派を予め排除するような制限的な選挙のもとでしか勝利できない。しかし、仮にそのような形で政権を獲得したとしても、ペロン派労働組合の力に押されて有効な統治がで

きないと考えられる。③世論は選挙政治の手詰まりを終結させる審判の役割を軍に認めているが、そのような軍の介入は緊急避難的なものであると信じられている。

すなわち、民主的な選挙政治を推し進めようとすれば反民主的勢力の勝利が確実となるため、そうした勢力の政治参加の権利を制限するか、クーデターにより選挙政治を一時停止させるしかなくなって、結果的にデモクラシーが存続不可能となることを、オドンネルは「不可能なゲーム」と呼んでいるのである。

第三章

[1] 約半世紀もの間ポルトガルに君臨したサラザール（António de Oliveira Salazar）の後継者マルセロ・カエターノ（Marcelo Cartano）の独裁は、一〇年以上に及ぶ植民地戦争に倦んだ中・下級将校が組織した「国軍運動」（MFA: Movimento das Forças Armadas）のクーデター（一九七四年四月二五日）によって、一夜のうちに倒壊した。街頭に繰り出した市民が戦車や銃器類をカーネーションで飾って無血革命を祝福したことから、このポルトガルの政変は「カーネーション革命」（Revoução dos Cravos）と呼ばれる。「最近起きたこと」とはこのことを指す。

[2] ドイツでは、ヴェスタルプの率いる国家人民党が参画した第四次マルクス内閣のもとでロカルノ条約とヴァイマル憲法の正統性が承認されると、これに反発した党内強硬派を代表する存在として、一九二八年総選挙後にフーゲンベルクが新党首に就任した。共和制論者であるフーゲンベルクと君主制論者であるヴェスタルプの権力闘争を通じてフーゲンベルク派が党の主導権を握ると、国家人民党の立場は結果的にナチ党に近いものとなった。一方、イギリスでは、保守党内

の保護主義派のボールドウィンに対してビーヴァーブルック卿がイギリス帝国の自由貿易圏化に固執し、同時に一九二九年に成立した労働党少数派政権にも敵対して、保守党を離党し帝国自由貿易十字軍(Empire Free Trade Crusade)を新たに組織する。同党は連合帝国党(United Empire Party)と共闘するも振るわず、その間にイギリス政治は、世界恐慌によってもたらされた危機に対応すべく、労働党を中心とする挙国一致内閣へと向かっていった。ここでは、危機に際して忠誠的反対派に踏みとどまったかどうかという観点から、ドイツ国家人民党とイギリス保守党の違いが理解されている。

［3］ブラジルのブリゾーラ(Leonel Brizola)政権のもとで一九六三年末に構想された議会外の細胞組織で、「ナショナリスト部隊」(commando nationalista)との別名を持つ。国民を一一人の単位に分割し、真のデモクラシーの担い手、都市・農村改革の実行部隊、対外的自立の象徴の役割を担うべきものとして組織する。ただし、一九六四年のクーデターとブリゾーラの亡命によって、この計画は事実上頓挫した。

［4］一九七二年六月、サンティアゴ郊外のセリージョス・マイプーにおける労使紛争に際して組織された労働者の地区調整委員会を嚆矢として、これを人民権力の萌芽として評価したチリのアジェンデ政権が全国に拡大しようとした地域的な労働者連帯組織である。

［5］ここでは第一次・第二次バルカン戦争後のブルガリアとオスマン帝国の間、あるいはバルカン諸国間で行われた住民交換のことではなく、第二次世界大戦におけるドイツの敗北に伴って実施された、ポーランド、チェコスロヴァキア、ハンガリーに残留するドイツ系住民の大量移住を指す。

［6］ヴァイマル共和国初期の「バイエルンにおける右派の牙城」とは、中央党から分かれたバイエルン人民党(BVP: Bayerische Volkspartei)が、バイエルン分離主義を掲げる保守政党として与党化したことを指す。また、「ラインラントに見られたような分離主義」とは、ヴェルサイユ条約下でフランスがラインラントのライン左岸を占領し、ライン右岸が非武装地帯化されたことに対する反動として、ロカルノ条約締結(一九二五年)に至るまでの間に鉄道爆破事件(シュラーゲター事件)、ライン共和国やプファルツ自治政府の樹立宣言を始めとする事件や運動が各地で続発したことを指す。

［7］具体的には、一九三六年七月の共和派と保守派の暴力の応酬の中で、保守派の大立者カルボ・ソテーロ(José Calvo Sotelo)の暗殺をきっかけとして反共和国陣営の結集が促され、モラ将軍(Emilio Mola Vidal)を首謀者とするメディージャ反乱と、フランコ将軍の本土進攻が起きたことを指す。

［8］パッツは一九二〇年代から一九三四年まで、国家元首と首相を兼務する国会議長職(国老)を歴任した。一九三四年憲法で国老は大統領相当とされて首相と分離されたものの、その後に予防クーデターが起きたために首相選挙が実施されず、パッツの肩書は国老兼首相となった。パッツが共和国初代大統領に就任したのは一九三八年である。ウルマニスは一九一八年以来、首相や外相を歴任して、一九三四年当時の肩書は首相であり、共和国第四代大統領に就任したのは一九三六年であった。いずれも正式な「大統領」に就任したのは、両国が権威主義化した後である。従って、本書で両国の民主的憲法下における大統領職に言及しているのは、正確ではない。

［9］エストニアでは、極右勢力「ヴァプス(独立戦争退役者同盟)」(Vapse)の台頭に対してパッツ

国老が一九三四年五月一二日に自主クーデターを敢行して戒厳令を敷き、議会政治に事実上の終止符を打った。ラトヴィアでは一九三四年五月一五日にウルマニス首相が戦時体制を宣言し、全ての政党の解散と国会の機能停止を実施し、さらに一九三六年四月一一日には自らの内閣が起草した法律に基づいて大統領職を兼務して家父長主義的な権威主義体制を確立した。ウルマニス体制のもとでは、主流政党のほかに「雷十字」(Pērkonkrusts)のような国粋主義的団体も弾圧対象となった。リンスは別稿("Political Space and Fascism as a Late-Comer: Conditions Conducive to the Success or Failure of Faschism as Mass Movement in Inter-War Europe," in Stein Ugelvik Larsen et al., eds., *Who Were the Fascists: Social Roots of European Fascism* [Oslo: Universitetsforlaget, 1980], pp. 153-89)において、権威主義体制と「ファシスト」団体との緊張関係について論じる際にも、これらの事例に触れている。

[10] 軍の職業専門主義(professionalism)については、『民主体制の崩壊』合冊版の共編者であるアルフレッド・ステパンによる研究がある。ステパンが「古い職業専門主義」と呼ぶのは、軍が政治から距離を置くとともに、自らの没政治的性格や組織的規律を優先しようとする態度のことである。本書で説明されているのはこのタイプの職業専門主義である。他方でステパンは、左翼ゲリラの鎮圧や経済政策といった広義の「国防」を推進することに軍の使命があるとする考え方を「新しい職業専門主義」と捉え、本書ラテンアメリカ篇の論文の一部をその説明に充てている。いずれの職業専門主義も軍と文民政府との軋轢の要因となりうる。二〇世紀中葉以降、一部の発展途上国において軍が調停権力の役割を逸脱し、自ら独裁体制を樹立しようとした際には、「新しい職業専門主義」がしばしば大きな役割を果たした。

[11] ヴィットーリオ・エマヌエーレ国王とは、サヴォイア朝のウンベルト一世の子で、イタリア王国第三代国王ヴィットーリオ・エマヌエーレ三世(一八六九〜一九四七年)を指す。ムッソリーニのローマ進軍に際してファクタ政権が要求した戒厳令の発令を拒否し、代わってムッソリーニの組閣を裁可した。スヴィンフヴド(原文ではShinfrudと誤記)(一八六一〜一九四四年)は第一次世界大戦直後のフィンランド革命に抗して白衛隊を組織した右派の政治家であり、一九三一年にラプア運動とも関係の深い人物として国民連合党(Kansallinen Kokoomus)からフィンランド第三代大統領に選出されたものの、結果としてラプア運動を抑え込み、内戦状況を回避することに成功した。コティ(一八八二〜一九六二年)はフランス第三共和制期に急進党(Parti Radical)から政界入りして第四共和制期には全国独立主義者農民センター(CNIP: Centre National des Indépendants et Paysans)に属した右派の政治家で、第四共和制最後の大統領を務めた。任期中に直面したアルジェリア危機の収拾に行き詰って、ド・ゴール将軍にその地位を譲った。

[12] カウディリスモとは、独立後の権力空白状態にあった一九世紀前半のラテンアメリカ諸国に叢生した、独裁権を掌握した政治的・軍事的指導者=カウディージョ(caudillo)に由来する概念であり、一般的にはカリスマと実力に基づいて議会政治の制約を突破しようとする強力なリーダーシップを指す。ペルソナリスモとは、法律などの抽象的原理や国家のような普遍的組織を信用せず、家族や友人などの特殊個人的な人間関係を重視する価値観や態度を意味し、イベリア半島およびラテンアメリカ諸国における権威主義的統治の文化的背景の一つであるとされる。コンティヌイスモとは、特定の個人や集団が、憲法などに規定された手続き上の制約を超えて権力の座に留まろうとすることを指す。

第四章

［1］蜂起宣言(pronunciamiento)とは、一九世紀半ばまでのイベリア半島に典型的に見られた軍の政治介入の方式であり、国家中枢の直接的掌握を目的とするクーデターと異なり、政府の交代や政策の変更などを要求するために軍(の一部)が行う儀礼的な示威行動を指す。軍の規律と職業専門化がいったん確立した後に、このタイプの介入が生じることはほとんどなくなった。この場合は一九三六年七月一七日にモラ将軍がモロッコのメリージャで起こした反乱を指し、本来の意味でのプロヌンシアミエントとは異なると考えられる。

［2］スペイン「社会党」とは一般的にスペイン社会労働党を指し、リンスもその意味での「社会党」の最大限綱領主義を問題視している。しかし、スペイン内戦で共和国陣営について戦った左派政党には、ジョージ・オーウェル(George Orwell)の戦線参加で知られるマルクス主義統一労働者党(POUM: Partido Obrero de Unificación Marxista)や、カタルーニャ社会主義統一労働者党(PSUC: Partido Socialista Unificado de Cataluña)が含まれていた。これらはスペイン共産党(PCE)系の組織であったが、マルクス主義統一労働者党は国際共産主義運動と一線を画する立場ゆえに疎外されていった。スペイン内戦は、反ファシズム闘争と革命との関係をめぐる左派陣営内部の混乱と分裂、すなわち「内戦の中の内戦」によっても特徴付けられる。

［3］リンスはフランコ体制からの体制移行の過程を記述する概念として、ひとまず「決裂」(ruptura)と「改革」(reforma)とを区別する。前者は権威主義体制の特徴と見なされる全ての要素を破棄して直接的に民主化を目指そうとする契機を指し、後者は権威主義体制自身のイニシアチブ

によって民主化に向かおうとする内発的変化の契機を指す。スペインにおいては、フランコの死去に際して「改革」の動きが生じたが、他方で「決裂」を求める世論も強く、結果として両者の妥協による「協定による改革」(reforma pactada)または「協定による決裂」(ruptura pactada)が一九七七年の政治改革法を導いた。一連の過程を主導したのがスアレス首相らによる「創造的リーダーシップ」(innovative leadership)であり、これによってデモクラシーへの軟着陸が成功したというのがリンスの見方である。Juan J. Linz and Alfred Stepan, *Problems of Democratic Transition and Consolidation: Southern Europe, South America, and Post-Communist Europe* [Baltimore and London: Johns Hopkins University Press, 1996], chap. 6 参照。

［4］グレゴール・シュトラッサーはナチ党において左派の領袖と目される全国指導者の一人であったが、一九三二年末に独断でシュライヒャーと接触したために失脚し、ナチ政権成立後の一九三四年に起きた「長いナイフの夜」(Nacht der langen Messer)事件で粛清された。

［5］スペイン第二共和制では、一九三三年一一月総選挙の結果、スペイン独立右翼連合を含む右派陣営が四七三議席中二一一議席を獲得し、急進共和党(PRR: Partido Republicano Radical)を中心とする中道右派政権が成立した。しかし、政府の実権は当面閣外に留まったスペイン独立右翼連合のヒル・ロブレスにあり、この政府のもとで、一九三一年からマヌエル・アサーニャを中心に進められてきた左派的な諸改革を反故にしようとする「暗黒の二年間」(biennio negro)が始まった。左派陣営ではこの中道右派政権に対する不満を募らせ、一九三四年のスペイン独立右翼連合の入閣問題を契機にアストゥリアスやカタルーニャで反乱が起きた。一連の出来事を経てデモクラシーは辛うじて生き延びたものの、スペインの政治社会の分極化は決定的に進行した。(ス

ペイン第二共和制期の選挙法制については第二章訳注[23]を参照。)

[6] カーネーション革命(第三章訳注[1]参照)の勃発から約一年後の一九七五年夏、ポルトガルは国軍が主導する臨時政府のもとにあり、共産党の影響のもとで主要産業の国有化や農地改革などが進められていた。同年四月に制憲議会選挙が実施され、社会党(PS: Partido Socialista)が比較第一党の地位についたあとに同党と共産党の権力闘争が激化し始め、「熱い夏」(verão quente)と呼ばれる尖鋭な社会的対立の局面を経て社会党の主導権が確立していった。一九七五年の事態とはこのことを指している。リンスが本書を出版した時点では、ポルトガルは西欧型のデモクラシーに移行していたが、共産党が巨大な原理的野党として存在していたために不安定な政党政治が続き、なおも軍が新生デモクラシーの後見的役割を果たしていた。

[7] リンス自身の規定によれば、前全体主義体制とは、複雑な構造を持つ全体主義体制が完成する以前の段階で権威主義体制の一種であり、全体主義的ユートピアを追求しながら、相当程度の限定的多元性(limited pluralism)を保持する全体主義未満の体制を意味する。典型例としてロシア革命後のソ連で、一九二一〜二九年に追求された「新経済政策」(NEP: Novaya Ekonomicheskaya Politika)の時期、および官僚制・軍・教会などと多様な妥協を結んだ初期のヒトラー政権が挙げられる(Juan J. Linz, *Totalitarian and Authoritarian Regimes: With a Major New Introduction* [Boulder and London: Lynne Rienner, 2000], pp. 240–245)。(関連事項として第一章訳注[1]および[3]を参照。)

[8] カシーケとは、カリブ海島嶼部においてタイノ語で「族長」を意味する単語に由来し、一九世紀以降はイベリア文化圏で「地方政治ボス」を示す言葉として普及した。カシーケの縦横の連

携によって成立した利益媒介構造が「カシキスモ」(caciquismo)(ポルトガルでは「カシキズモ」)である。これらの言葉は現在でもなお、インフォーマルな政治の体系や構造的な政治的腐敗を記述する際の比喩的表現として用いられる。

[9] 一九二四年九月にスターリンが社会民主主義とファシズムを「双生児」と規定したことを受けて、一九二八年の第六回コミンテルン執行委員会総会で公式に示された共産党の運動方針である。それによれば社会民主主義はファシズムと同一であり、ファシズム勢力より社会民主主義勢力の打倒を優先すべきであるとされた。ナチ党がドイツで政権を獲得した後の一九三五年第七回コミンテルン大会で批判・撤回されたために、各国で人民戦線戦術が可能となった。

[10] サウスカロライナ州出身の民主党政治家ジョン・C・カルフーン(一七八二～一八五〇年)は、南北戦争前夜のアメリカ合衆国における地域間の人口格差の拡大を背景として、南部大農園主の利益を守る立場から、「数的多数」(numerical majority)に基づく単純多数決が連邦国家に事実上の専制をもたらす危険性を訴えた。彼が提唱した「競合的多数」(concurrent majority)とは、社会に存在する多様な諸利益の声を、互いの拒否権を認めたうえで組み込んだ多数派を意味し、この考え方に基づいて、各州は憲法に反する連邦法を無効化する権利を持つとされる(カルフーン[中谷義和訳]『政治論』未来社・一九七七年参照)。このようにカルフーンの関心は連邦と州の関係にあったが、国家機関の一つである軍もまた権力をめぐって競合する諸勢力の一つであり、デモクラシーの命運を左右する拒否権を有する存在であるため、カルフーンの議論の趣旨を汲んで、本書ではこれを「競合的少数」と呼んでいる。

[11] アクション・フランセーズ(Action Française)・火の十字団(Croix-de-Feu)・愛国青年同盟

(La Ligue des Jeunesses Patriotes)・フランス連帯団(Solidarité Française)・フランシスト党(Franciste)などを指す。

[12] 一九一八年に結成されたフィンランド共産党(SKP: Suomen Kommunistinen Puolue)は、一九四四年まで非合法であり、傘下組織の前衛政党・フィンランド人民民主同盟(SKDL: Suomen Kansan Demokraattinen Liitto)を通じて活動を続けた。東西冷戦終結後の一九九〇年には左翼同盟(Vasemmistoliitto)に吸収された。

第五章

[1] トラスフォルミズモとは《trasformarsi》(変移する)というイタリア語の動詞に由来する表現である。リソルジメント後のイタリア政界では、イタリア王国統一の担い手であった自由派(liberali)の中で史的右派(destra storica)と史的左派(sinistra storica)との分裂抗争が続いていた。一八七六年に首相に就任した左派の領袖アゴスティーノ・デプレーティス(Agostino Depretis)は、年来の左右対立の克服を呼びかけ、この呼びかけに応じて、議会内派閥の離合集散によって形成される中道多数派がその時々の政府を支える事態が常態化した。一九世紀後半から第一次世界大戦期までのイタリア政治を特徴付けるこのような政治慣行を、イタリア政治史上「トラスフォルミズモ」と呼ぶ。

[2] 原著書では、民主体制の再建に関して、一般的な用語《reestablishment》のほかに、《restoration》と《reinstauration》が区別されて用いられている。リンスの説明によれば、新しい民主体制が以前に崩壊した旧い民主体制と人的・組織的連続性をもって文字通り「復元」されるのが

《restoration》である。これに対して《reinstauration》(英語表現としてはまれ)は、旧民主体制のみならず、直近の非民主体制とさえ部分的連続性をもって行われる再建、すなわち《restoration》と《instauration》(体制の「設立／創設」)の中間形態を指すものと考えられているため、「再構築」とした。このような形の再構築は、リンスの観点からすれば極めて重要なはずであるが、にもかかわらず、本文中ではこの言葉はほとんど用いられていない。

[3]「派生体」は「残基」(residue)と並ぶパレート社会学の基本概念の一つである。残基が人間行動を規定する共通の心理的要素(いわば人間の基本的欲求)を指すのに対して、派生体は残基によって引き起こされたと思われる行動を合理的に説明するための理論(イデオロギーや言説など)を指す。

[4]「価値自由」とは、リンスの研究に多大な影響を与えたマックス・ヴェーバーが論文「社会学・経済学における「価値自由」の意味(Der Sinn der »Wertfreiheit« der soziologischen und ökonomischen Wissenschaften)」(中村貞二訳として『完訳・世界の大思想1　ウェーバー　社会科学論集』河出書房新社・一九八二年、二九六～三六二頁に収録)等を通じて展開した、経験科学の方法に関する重要概念の一つである。端的には、《経験科学においては事実認識と価値判断(価値評価)とを厳格に区別すべきである》ということである。デモクラシーへの道徳的肩入れではなく、権威主義体制のほうがデモクラシーより優れているわけではないという事実認識こそが、デモクラシーの崩壊を客観的に考察すべき根拠である、という見方を、ここでは「価値自由」と形容している。

解　説

本書は、政治学者ファン・リンス（一九二六〜二〇一三年）の代表的著作の一つである、Juan J. Linz, *The Breakdown of Democratic Regimes: Crisis, Breakdown, and Reequilibration* (Baltimore and London: Johns Hopkins University Press, 1978) の全訳である。

リンスは二〇世紀後半における比較政治学の第二黄金期を飾る研究者の一人であり、二〇一三年の訃報に際して、アメリカ合衆国とスペインでは一般紙さえ長文の追悼を掲載した。スペイン首相府の研究機関「政治・憲法研究センター」（CEPC: Centro de Estudios Políticos y Constitucionales）が編んだ総ページ数約五五〇〇に及ぶ圧巻のスペイン語版著作選（*Obras escogidos*, 7 vols., 2007–2013）に収録された著作目録や、門下生が各巻頭に寄せた序文・解説を見るだけでも、政治学・社会学・歴史学といった分野の垣根を越えて活躍したリンスの圧倒的影響力を窺い知ることができる。

編者序文にもあるとおり、原著は民主体制の崩壊に関する国際共同比較研究の基調報告として書かれたもので、合冊版第一部(分冊第一巻)に相当し(全篇の構成については本書巻末を参照)、著作選第四巻にもスペイン語訳が再録されている。[1]

(1) 本書の主題に特に深く関連するリンスの英語の著書(共著・共編著を含む)は以下のとおりである。Juan J. Linz and Alfred Stepan, *Problems of Democratic Transition and Consolidation: Southern Europe, South America, and Post-Communist Europe* (Baltimore and London: Johns Hopkins University Press, 1994); Juan J. Linz and Alturo Valenzuela, eds., *The Failure of Presidential Democracy*, 2 vols. (Baltimore and London: Johns Hopkins University Press, 1994); Yossi Shain and Juan J. Linz (with contributions from Lynn Berat et al.), *Between States: Interim Governments and Democratic Transitions* (New York, N. Y.: Cambridge University Press, 1995); H. E. Chehabi and Juan J. Linz, eds., *Sultanistic Regimes* (Baltimore and London: Johns Hopkins University Press, 1998); Juan J Linz, *Totalitarian and Authoritarian Regimes* (Boulder, Colo.: Lynne Rienner, 2000); Alfred Stepan, Juan J. Linz, and Yogendra Yadav, *Crafting State-Nations: India and Other Multinational Democracies* (Baltimore and London: Johns Hopkins University Press, 2011).

一 著者について

（一）三つの故国のあいだ

著者ファン・リンスは、一九二六年一二月二四日、ベートーヴェンの生誕地としても知られるドイツの文教都市ボンに生まれた(1)。実業家であった父ハンスは、ヴァイマル共和国初期の混乱のなかで廃業を余儀なくされたものの、地元名士としての活動を続け、スペイン復古王政下の自由党系の名門家系の出身であった母ピラールは、歴史と芸術に造詣が深い教養人であった。リンスは、豊かな文化資本に囲まれながら幼年期を過ごした。

しかし、ヴァイマル共和国と同じく、彼の生育環境は平穏とはほど遠いものであった。一九三二年からマドリード国立図書館に勤務する母のもとにいたリンスが、一九三四年に父を交通事故で失ってドイツに引き返し、再び内戦下のサラマンカ（フランコ陣営の支配地域）へと移り住んだのは一九三七年三月のことである。リンスは親ナチ派のドイツ人学校を避け、現地校に通ってスペイン人意識を強く抱くようになった(2)。エストニア出身の革命家アレクサンデル・ケスクラ（Aleksander Keskküla）との出会もあって、彼は人文社会科学に強く傾倒するようになり、マドリード・コンプルテンセ大学に進学し、一九四七年には法学、一九四八年には政治学を修めて優秀な成績で卒業した。卒業を目前に母を亡くす不幸に見舞われた彼は、自活のために陸軍士官学校で軍事理論の翻訳に従事しながら、カール・シュミットに師事した哲学者ハビエル・コンデ(Francisco Javier Conde)の助手として、コント、ジンメル、ヴェーバー、マンハイム、パレート、ケルゼンといった社会科学の基本書を渉猟した。

一九五〇年に渡米したリンスと、そのための奨学金を支度した恩師ハビエル・コンデとの距離は、皮肉にも政治的立場の齟齬ゆえに広がっていく。その代わりに、コロンビア大学大学院では、ロバート・K・マートンやポール・ラザースフェルドをはじめとする錚々たる面々により社会学の理論と実証の手ほどきを受ける僥倖に恵まれ、リンスは若き日のセイモア・マーティン・リプセット(一九二二~二〇〇六年)のもとで博士論文に取り組んだ。一九五八年に九〇〇ページを超える大部の博士論文「西ドイツの政党の社会的基盤」("The Social Basis of Political Parties in West Germany")が完成すると、これにより社会学博士号を取得した彼は、米国社会科学研究会議(SSRC)の研究助成金を使って、調査のため第二の故国であるスペインに渡った。

このスペイン滞在こそが、フランコ派の冬季援助活動に従事する母の姿を間近に見た少年期の原体験と相まって、のちに記念碑的研究である「権威主義体制」論に結実したことはよく知られる。(3) また、この研究旅行の途中でフランスに立ち寄ったリンスは、フランス第四共和制の危機から第五共和制への移行の一幕を目撃し、大きな衝撃を受けた。この研究旅行は様々な意味でリンスの研究者人生における転換点となった。スペイン本国での求職が困難であることを悟ったリンスは、ラザースフェルドやマートンらの勧めに従って一九六一年に母校コロンビア大学社会学部の助教授に着任し、一九六六年には准教授に昇任した。しかし、この間なおスペインに戻ることはかなわず、続いて一九六八年にイェール大学に政治学・社会学教授のポスト(一九七七年よりペラティア・ペリット教授職、一九八九年よりスターリング名誉教授職)を得ると、慣れ親しんだニューヨークを離れた。

リンスはその後、アメリカ合衆国内外の研究機関で客員教授を務めたり研究休暇を過ごしたりすることはあっても、他大学に移籍することなく、引退までイェール大学に奉職してニューヘイヴンを終の棲家とした。スペインが民主化したあとも、リンスが第二の故郷であるスペインに帰国・永住することはなかった。しかし、リンスは、スペインに多くの友人や研究仲間を持っていただけではなく、社会科学の研究対象としてはマイナーであった同国の政治・経済・社会・歴史を執拗に探究することによって、比較政治学の刷新をもたらす研究成果を次々に打ち出した。冒頭に紹介したスペイン語著作選には英文からの翻訳がかなり含まれているが、それらも含めて著作選全体の半分以上をスペイン研究が占める。生粋のポリグロットとしてドイツ語と英語をよく操ったリンスの心の故郷は、生涯スペインであり続けたのである。

（二）作曲家にして指揮者

イェール大学に職を得たあとのリンスは、国際社会学会（ISA）の政治社会学研究委員会委員長（一九七一〜七九年）、世界世論調査学会（WAPOR）会長（一九七三〜七四年）、国際社会学会執行部（一九七四〜八二年）などの国際学会要職を歴任した。これと並行して行われた研究活動がいかに旺盛であったかは、グラナダ大学（一九七六年）、マールブルク・フィリップス大学およびマドリード自治大学（一九九二年）、オスロ大学（二〇〇〇年）、バスク大学（二〇〇二年）からの名誉博士号のほか、スペインのアストゥリアス王子社会科学賞（一九八七年）、世界世論調査学会ヘレン・ダイナーマン賞（一九九二年）、ウプサラ大学ヨハン・スクデ政治学賞（一九九七年）、世界政治学会（IPSA）カール・ドイッチュ賞（二〇〇三年）などの政治学・社会学分野における輝かしい受賞歴にも表れている。

では、その研究の具体的内容はどうであったのか。権威主義体制論がリンスの業績の筆頭に挙げられるのは言うまでもないが、それだけで彼が二〇世紀後半の比較政治学を牽引した巨星に名を連ねることはなかったであろう。H・E・チェハビが作成した著作目録(4)によれば、リンスの生涯業績は二〇一四年刊行分を含めて三六七点に上り、その範囲は、①体制類型(権威主義体制と全体主義体制、その他の非民主体制、民主体制)、②体制移行(民主体制の崩壊、デモクラシーへの体制移行と固定化)、③大統領制対議院内閣制、④政党と選挙、⑤エリート研究、⑥経済と企業、⑦ナショナリズム(理論、スペインの事例)、⑧スペイン社会、⑨宗教と政治、⑩知識人の歴史、⑪方法論と社会科学、⑫書評にまで及ぶ。リンスの研究生活の大半は、本書と関係が深いテーマ群の変奏から成っていた。

リンスの政治体制研究には、ヴェーバー社会学に由来する類型学的性格が濃厚であることがしばしば指摘される。しかし、その類型学の底流に横たわるのは、体制の変化やその安定性を決定する因果プロセスが体制によって異なるのか、それとも全ての政治体制に等しく作用するのかという体制変動論の根源的な理論的問いであった(5)。イェール大学の同僚であったロバート・ダールは、可能態(dynamis)としてのデモクラシーを引照基準として現実態(energeia)としてのデモクラシーであるポリアーキー(polyarchy)に接近しようとしたが、これに対してリンスは、綻びかけたデモクラシーや未だ足場が固まらない揺籃期のデモクラシーを取り上げて、デモクラシー以外の政治体制との間の動的なつながりに注目した。すなわち、権威主義体制論に代表されるリンスの非民主体制研究は、独裁や強権政治それ自体への関心もさることながら、デモクラシーとの関連において行われたと言える。

そう考えれば、リンスがヨハン・スクデ政治学賞を受賞した際の授賞理由が、独裁体制の比較研究ではなく、「権威主義的脅威に直面した民主主義の脆弱性に関し、方法論的多様性と歴史的および社会的広がりを特徴とする世界的な調査を行ったこと」とされたのも納得がいく(6)。また、リンスが世を去った後の二〇一三年一一月一三日、人民党のラホイ首相(当時)は、スペイン政治・憲法研究センターにおいて、リンスの学問的教えが同国のデモクラシーの定着に貢献したと述べた。一方、スペイン主要全国紙の一つ『エル・パイス』(一一月二二日記事)に掲載された追悼文において、政治学者マルティネス・エレラは、戦間期ヨーロッパにおけるデモクラシーの崩壊の原因こそがリンスの最大の関心事であり、現代においてこれを回避するための多様な価値の協調と統合という課題が彼の学問的・実践的主張の通奏低音をなしていたと指摘した。

リンスは学会動向に多大な影響を及ぼす研究を数多く残しているが、驚くことに、それらは体系的な書物でも査読誌への投稿論文でもなく、大抵は編著の一部をなす、未完成の趣きさえ残した長大な「論文」である。マドリード自治大学のエレーナ・ガルシア・ギティアンは、リンスをバーリンの言うハリネズミ型(論理的探究者)と、狐型(直感的探究者)の性質を兼ね備えた研究者として、正確には「狐の手法をとるハリネズミ」として描いた(7)。すなわち、リンスは一貫した問題関心を抱きながら、それを拡散的に展開する叙述のスタイルをとり、ヴェーバーをはじめとする政治学・社会学の古典を基軸としつつも、研究に利用できるあらゆる観点や理論を柔軟に取り入れる方法論的プラグマティズムを是としたのである。この特徴は理論構築における弱みであったが、博覧強記の人である彼が、既存の発表形態になじまない変則的な論文を量産する原動力でもあった。

そして、このように多方面にわたる関心を持ち、方法論的に寛容なリンスのもとには、世界から多くの若手研究者が集まった。リンスはコロンビア大学からイェール大学までを通算して六五人の博士論文を指導し、そこからはアルフレッド・ステパンをはじめとする主導的な比較政治学者も生まれた。一般的に保守的と思われているリンスの学風とは関係なく、門下生にはジーン・カークパトリック(Jeane Kirkpatrick)のような右派的な研究者から、ジョン・スティーヴンス(John Stephens)やロバート・フィッシュマン(Robert Fishman)のような左派的な研究者まで、幅広く含まれていたことは強調されてよい。リンスはこれらの門下生をはじめとする若手研究者との共同研究を好んだ。リンスに対して時に辛辣な批判を向ける政治学者P・C・シュミッターは、彼を評して、自ら作曲した曲を自ら演奏し、同時に指揮者でもある、類を見ない「指揮者兼作曲家」(maestro-compositore)であると述べた(8)。

六四人目の博士号取得者であるトーマス・マイリーによれば、リンスは最後の講義で次のように語ったという。「話し合いたかったことについて何時間でも話せたらと思うが、時間がなくなってしまった。来年このクラスをもう一度教えるなら、おそらく別の方法で始めるだろう。……私たちはもう何時間もここにいるのだから、やめにしよう。君たちは論文の執筆や読書の仕上げなどを楽しんでくれればと思う。もちろんご要望とあらば(話を続けてもよいのだが)……(9)」。そう残して教壇を降りたリンスは、引退後も体調不良を押して研究を続行した。二〇一三年、ニューヘイヴンの病院で療養中であったリンスは、今は亡きステパンと、最後まで西欧諸国とアラブ諸国における立憲君主制の発生に関する比較研究に手を加える相談を重ねていたという。[10] 同年一〇月一日、スペイン煙草ドゥカードスを愛した彼は、帰らぬ人となった。八六歳であった。

（1）リンスの生い立ちと研究生活の全体像については、Thomas Jeffrey Miley y José Ramón Montero, "Un retrato de Juan José Linz Storch de Gracia," en José Ramón Montero y Thomas Jeffrey Miley, eds., *Juan J. Linz, Obras Escogidas*, vol. 1 (Madrid: Centro de Estudios Políticos y Constitucionales, 2008), pp.xxi-lxxiii が詳しい。

（2）のちに彼は、スペイン語風の姓名ファン・ホセ・リンス・ストルチ・デ・グラシア(Juan José Linz Storch de Gracía)を名乗った。「リンス・ストルチ・デ・グラシア」は父方姓と母方姓で構成された複合姓である。

（3）権威主義体制論の初出は国際社会学会の比較政治社会学委員会タンペレ大会（一九六三年）で報告された「スペイン――権威主義体制」("Spain: An Authoritarian Regime")である。フランコ体制研究を中心とするリンスの権威主義体制論の包括的な論評として、高橋進「権威主義体制」(同『国際政治史の理論』岩波現代文庫・二〇〇八年、一～四六頁)を参照。また、本書第一章訳注[1]も参照のこと。

（4）H. E. Chehabi, "A Bibliography of Juan Linz," in H. E. Chehabi, ed., *Juan Linz: Scholar, Teacher, Friend* (Cambridge, MA: Tŷ Aur Press, 2014), pp. 415-449.

（5）Robert Fishman, "El legado intelectual de Juan Linz," *Revista de Estudios Políticos*, Nº Extra 166 (2014): 120.

（6）同賞の受賞記念のスピーチは Juan J. Linz, "Democracy Today: An Agenda for Students of Democracy," *Scandinavian Political Studies* 20（2）（1997）: 115–134 に収録されている。

（7）Elena García Guitián, "El erizo con maneras de zorro," *Revista de Estudios Políticos*, Nº Extra 166（2014）: 130. バーリン［河合秀和訳］『ハリネズミと狐　「戦争と平和」の歴史哲学』岩波文庫・一九九七年、七～八頁も参照。

（8）「リンスは、スペインの原曲（確かに複雑なサルスエラではあるが）を取り上げ、実質的に利用可能な全ての手段を用いて幅広い分野の本質的テーマを探究するための発想の源としてそれを利用した指揮者兼作曲家であった。心根はバロック的だが、ロマン主義的でもモダニズム的でもなく、我々を未来に向けて啓蒙することのできる、一連の個性的なクラシックスを生み出すことに尽力したのである」。（Philip C. Schmitter, "Juan J. Linz: An Intellectual and Personal Biography of the 'Maestro-Compositore'," in Donatella Campus and Gianfranco Pasquino, eds., *Masters of Political Science*（Colchester: ECPR, 2009）, p. 135.

（9）Thomas Jeffrey Miley, "Problemas insoluble," *Revista de Estudios Políticos*, Nº Extra 166（2014）: 193–194.

（10）"Juan Linz（1926–2013）," *Journal of Democracy* 25（1）（2014）: 190; With Alfred Stepan and Juli F. Minoves, "Democratic Parliamentary Monarchies," *Journal of Democracy* 24（2）（2014）: 15–30.

二　本書の内容

(一)　危機と選択の政治過程

前節では、リンスの学問的営為に同時代的経験が濃い影を落としていることを示すために、彼自身の個人的背景に立ち入った。しかし、デモクラシーの安定や崩壊は比較政治学の古典的主題の一つであり、同時に学術研究とは無縁の人々にも広く影響を及ぼすからこそ、多くの政治学者はこの主題に実践的意義を見出し、重要な学問的貢献を行ってきた。本書もまた、世界の研究者が取り組んできた膨大な研究の一角を占める。

原著刊行当時における支配的な接近方法は、マクロ構造要因に体制変動の根本原因を求め、予め運命付けられたデモクラシーの「死」を論じるものであり、その筆頭がバリントン・ムーア『独裁と民主政治の社会的起源』(1)であった。これに対してリンスはドイツの歴史家マイネッケの「それは不可避ではなかった」という言葉を好んで引用しつつ、崩壊に至る過程を「権力喪失」「権力真空」「権力掌握」という段階に区分して考察したK・D・ブラッハーのヴァイマル共和国崩壊論(本書第一章原注(3)および第二章原注(47))

に示唆を受けて、デモクラシーが「死」に至る過程を決定論的視点からではなく蓋然論的視点から論じる。

日本語で通常「危機」と訳される《crisis》はギリシア語の《κρίσις》に起源を持ち、その原義は「決定」「選別」である。リンスがデモクラシー崩壊の契機として重視する「危機」とは、恐慌のような外生的異常事態や、極端な社会経済的不平等や国家と教会の対立のような根深い紛争要因そのものではなく、政治的指導者による選択または不作為によってそれらの問題が「解決不能」に陥った状況を指す。そして危機の昂進とは、時間の経過とともに選択の幅が縮小し、体制支持連合の対応能力が枯渇していくことを意味する。同じような客観的状況のもとでも、異なる選択が行われれば結果も異なるだろう(2)。これは構造よりも過程に力点を置き、なぜよりもいかにを説明対象とし、さらには民主的指導者を中心的なアクターと措定して、デモクラシーを防衛する側からその崩壊を論じる立場である。

当初、この立場は政治的指導者の認識や選択といった側面を重視しすぎておりあまりにも主意主義的であるとの批判を受けたが、研究史上の意義はすぐに明らかとなった(3)。当時は、チリのアジェンデ政権に対する軍事クーデターの記憶が生々しく、本書合冊版

第四部にも別格の扱いで取り上げられているが、同時期にはポルトガル、ギリシア、スペインでデモクラシーへの体制移行が始まり、後に「第三の波」(S. P. Huntington)と呼ばれる世界大の民主化の連鎖が生じた。崩壊現象への関心がやや後退して民主化が理論的・実践的な関心事として浮上したとき、かつてマクロ構造的要因を重視する視点からリンスに方法論上の辛辣な批判を加えたシュミッター(4)は、理論的立場を大胆に転換して、政治過程論的な枠組みを用いた共同研究の成果『権威主義統治からの移行』(5)を刊行した。『民主体制の崩壊』は、期せずして体制変動論におけるパラダイム転換の触媒となったのである。

さて、本書が分析対象とする「デモクラシー」とは、選挙ごとに形成される多数派に支えられた、時限付き政府(government pro tempore)に統治権限を与えることを「正統」とする仕組み、すなわち競争的デモクラシーである(6)。リンスによれば、こうしたデモクラシーの危機克服の能力は、デモクラシー自身が享受する正統性の水準と、多数派統治の維持や再編による問題解決の可能性に依存する。政治学的な意味での「正統性」とは、特定の政府や政策に対する支持ではなく、体制／システムそのものへの支持である。このような捉えどころのない要因をより分析的に理解するために、リンスは「問題解決能力」(efficacy)と「政策遂行能力」(effectiveness)という概念を区別しながら、正統性を含めた三つの要素の間の相互作用として、特定のデモクラシーが置かれた状況を把握しようとする。

厄介な問題に直面した政府がやみくもに政策手段を講じようとしても、それが問題解決に資するものでなければ価値が半減する。また、問題の所在を正確に把握できていたとしても、その問題に対応する的確な政策が実施されなければ意味がない。にもかかわらず、正統性の水準が高い段階では、こうした失策もある程度はカバーされるし、部分的成功による「トンネル効果」も期待できて、深刻な危機に至るのを防ぐという関係である。競争的デモクラシーにおいては、大多数の有権者が正統性・政策遂行能力・問題解決能力といった変数を直感的にどう理解しているかについて政治指導者が敏感に反応することが必要となり、そのことの積み重ねにより体制/システムとしてのパフォーマンスが評価されて、正統性を増幅/減衰させることになる。

そして解決不能な問題に直面した競争的デモクラシーにおいて深刻なのは、有効な代替的政権連合が形成されないこと、その代替的政権連合の中に、デモクラシーに対する忠誠が疑わしい存在を引き入れざるをえない事態が生じることである。このような厄介な政治勢力の振る舞いを捉えるために、リンスは、デモクラシーのルールに対する支持と服従の度合いに応じて反対派を「忠誠的」「準忠誠的」「非忠誠的」の三種に区分した。そのうえで、最も警戒すべきは、デモクラシーにあからさまに敵対する非合法的で暴力的な活動をも辞さない典型的な非忠誠的反対派でも、ましてやデモクラシーのルールを行動準則としている忠誠的反対派でもなく、両義的存在である準忠誠的反対派であるとしたのである。この準忠誠的反対派は、状況によっては忠誠的反対派と並んで危機に対応する体制支持連合の一翼を担うことが可能である。しかし、このようにして取り込まれた準忠誠的反対派が、非忠誠的反対派への正統性の移転を促進する橋渡し役となったり、自ら非忠誠的反対派に変質する可能性もある。

ところがさらに事態を複雑にするのは、反対派の準忠誠性なるものが状況に応じて変化することである。すなわち、時には非忠誠的反対派があたかも準忠誠的であるかのように振る舞うこともあれば、また時には忠誠的反対派や政府の振る舞い自体が準忠誠的に見えることもある。このような現象は、危機が昂進してデモクラシーの命運が不透明になりつつあるとき、あるいは、民主的指導者が反対派の非合法的・暴力的な行為に直面したときに深刻化する。左右の準忠誠的反対派どうしの二極化からデモクラシーが暴力的に崩壊してしまった事例が、スペイン第二共和制にほかならない。またこのような状況では、政府が反対派の自由を制約したり、民主的政治過程の外部に存在する国王や軍などの中立的権力の介入・調停に依存したり、イタリアやドイツのようにすすんで権力移譲を行うことで非忠誠的反対派を馴致しようと試みたりして、結果的には自らデモクラシーを掘り崩すことになる。

デモクラシーの崩壊の帰着点の一つは、非忠誠的反対派に権力の中心が移動し、何らかの非民主的な制度構造が立ち上がることである。これを一般的に「権力掌握」(takeover of power)と言い、ブラッハーの段階論では権力喪失、権力真空の次に来る。リンスはさらに権力の移動のパターンに視野を広げて、非忠誠派が強引に権力奪取(Machtergreifung)する場合と、かつての体制支持勢力から非忠誠派に権力が移譲される場合とを区別した。権力移譲(Machtübergabe)は、非忠誠派から見れば権力継承(Machtübernahme)によるお墨付きを得たことを意味し、新たな体制を正統化する根拠となる。ムッソリーニとヒトラーが「発明」した権力移譲/権力継承による巧妙な権力掌握の手法は、合法的革命とも呼ばれるが、このような非忠誠派による乗っ取りがありうるからこそ、民主的指導者または体制支持勢力は、予防的な飼い馴らし構想を非忠誠的反対派に適用することについて格別の慎重さを求められる。

（二）デモクラシーの外部性と再均衡

R・ローズが体制権威論（本書第二章）との関係で用いた定義によれば、「体制」(regime)とは《国家内部において官僚機構・警察・軍などの実力組織を調整し統制する諸機構》である。(7)となれば、「システム」とは《政府の公式的な決定に至る一群の手続き》と定義してもよさそうである。リンスが本書のなかで多用する「システム」や「体制」といった言葉がこうした厳密な区分に基づいているようには思われないが、リンスのデモクラシー観は、権力獲得をめぐるエリート間の競争に力点を置くヨーゼフ・シュンペーター流のデモクラシー概念に加えて、ハンス・ケルゼンのデモクラシー論にも多大な影響を受けている。(8)すなわち、競争的デモクラシーの制度的な核である多数決原理の外部に存在する、官僚機構や司法などの没民主的制度の存在によって、デモクラシーの本質が担保されるという見方である。デモクラシーの存続には外部性が必要であるが、危機に際してはその外部性が民主的過程を侵食する。しかし、デモクラシーが蘇生するためにも、外部からの介入が役立つ場合があるかもしれない。

　前項で述べたような政党政治や選挙政治の次元におけるアクターの相互作用は、民主的な決定に至るためのデモクラシー内部の過程であるのに対し、統治機構とりわけ実力部門である軍・警察と文民政府との関係は、こうした過程の外部に存在する問題である。そして後者の次元での危機は、物理的強制力の忠誠または政治的中立が確保できない場合や、あるいは、国粋主義的なパラミリタリー組織の叢生によって、国家による実力の正統な独占が維持できなくなる場合に生じる。実力をもって実力を抑え込むには、文民政府に対する正規の軍・警察の忠誠が確保されていなければならない。しかし、それ自体が怪しくなりはじめると、民主的政府による弾圧行為は自らの命取りになる可能性が一気に高まる。

　このようにデモクラシーの特有の外部性に由来する手詰まり状況は、「政治的アリーナの縮小」と表現される。すなわち、政党政治家や民主的指導者の選択の余地が極度に狭まり、陰謀的な小集団の影響力が強まると同時に、軍・裁判所・大統領・国王といった中立的権力による没民主的介入に事態収拾の期待がかけられる状況である。しかし、中立的権力の発想の源であるカール・シュミットの主張とは異なって、リンスはその介入効果や、没民主的手段によるデモクラシー救済の可能性についてかなり懐疑的である。

この問題は、本書の第三章末尾の補論でも扱われ、本書刊行後に改めてリンスの中心的研究テーマの一つに取り上げられた大統領制と議院内閣制の対比とも関連する。リンスは、政治的ゲームがゼロサム型になりやすい大統領制では、中立的権力の介入が事態の悪化に貢献しやすいということや、中立的権力の介入が通常の政権交代の機能的代替物となりえないことを強調している。

またリンスは、マルクス主義的社会主義者に典型的に見られる最大限綱領主義的な立場についても、再三にわたって危惧を表明している。この感覚は、スペイン内戦を自ら経験したリンスならではのものとも言えるが、原著刊行当時の冷戦思考に基づく単純な反共主義の表明とは異なる。リンスがこのような立場を危険視するのは、それが制度的デモクラシーの維持という目的の優先順位を相対的に引き下げる準忠誠的態度の源泉となるからである。他方でリンスは、民主的指導者がデモクラシーの再均衡化を実現するためには、普通の人々のデモクラシーに対する基本的態度が中立的であるか、さらには無関心でさえあることが望ましいと考えている。

それは、デモクラシーの防衛のために民主派が武器を取って戦うことは避けるべきだという立場にもつながる。リンスが政治的エリートあるいは指導者を危機の政治過程における主役と見ていることからも、「普通の人々」を危機の政治過程を見守る受動的な存在として(またはそうあるべき存在として)描いたのは当然かもしれない。一方、政治学者ナンシー・ベルメオはこの点をさらに掘り下げ、戦間期ヨーロッパにおいて普通の人々のデモクラシーに対する支持の大きな変化と見えたものは、参政権の拡大や新規の動員によるものであり、デモクラシーの崩壊過程で見られる分極化の原因は、政治的エリート自身の行為であるとした(9)。ベルメオはエリート主義に傾斜しがちであった体制変動論の分野に一石を投じたが、結果としてリンスが一貫して重視した危機における民主的指導者の責任を改めて強調したことになる。

最後に、デモクラシーの崩壊に向かう過程が必然的・不可逆的なものであるとは考えないリンスの視点を象徴する概念として、パレートの社会学理論からの借用である「再均衡(化)」に注目しておきたい。再均衡とは、権力真空に限りなく近くなったデモクラシーの末期状況におけるデモクラシーの自己回復、それもしばしば外部性の介在を伴う回復を意味している。いかにすればこの再均衡が可能となり、またどの局面でその見込みが失われるのかという問題も、現代のデモクラシー危機論において自覚的に共有されていない重要な論点である。もっとも、リンスが単独で書いた本書にも事例編にも、フィンランドが一部それにあたる可能性があるものの、再均衡の典型例であるとされるフランス(第四共和制から第五共和制への移行)を含めて十分には展開されていない。

加えて、本書ではフランスにおける再均衡化の成功要因が、ド・ゴールという類まれなるカリスマ的指導者の存在にほぼ集約されている。憲法学者ブルース・アッカーマンによれば、ド・ゴールのカリスマ性は、ジャワハルラール・ネルーのインド国民会議派や、ネルソン・マンデラのアフリカ民族会議に相当するような強力に組織された草の根の運動体を背景としたのではなく、レジスタンス指導者としての個人的な経験と資質に基づく。[10] ド・ゴールは国民に直接語りかけ、人民投票的な解決によって戦後フランスのデモクラシーの再均衡化を遂げた。しかし、このように指導者個人の資質に大きく依存した、そして濃厚な没民主的性格をもつ再均衡化は、特殊中の特殊事例とは言えないだろうか。

確かに、このように劇的な再均衡化の事例が、現代史のなかにあまた存在するわけではない。しかし、危機に瀕したデモクラシーが見かけ上その姿を大きく変えながらも、別の形のデモクラシーとして生き延びるにはどのような条件が必要か、またそれはいかにして起きるのかという問題は、デモクラシーの崩壊と紙一重の極めて重要な問題である。これについては後に、政治学者ジョヴァンニ・カポッチャが、戦間期のフィンランドのほかチェコスロヴァキア、ベルギーといった国々における体制側からの過激派政党の懐柔と抑え込みの諸事例、すなわち民主的指導者の自力による危機克服の諸事例の比較研究を行って、本書の欠漏を補っている。[11] これら後進の研究に本書から生まれ出た発想の芽吹きを見出すことは、それほど難しくはない。

(1) 宮崎隆次・森山茂徳・高橋直樹訳『独裁と民主政治の社会的起源　近代世界形成過程における領主と農民』上・下、岩波文庫・二〇一九年。

(2) 戦間期のノルウェーとオランダでは構造的諸条件や失業率の点での類似性にもかかわらず、デモクラシーが異なる運命をたどった(前者では失われたデモクラシーの再建が必要となり、後者では権力喪失の手前でデモクラシーが維持された)のはなぜか。また、ドイツでヒトラーが権力を掌握する直前にヒンデンブルクの決定に影響を与えたのは、社会的基盤を持たないインナーサークルではなかったか。リンスは後年、本書への批判を振り返って、こう強調した("Political Regimes and the Quest of Knowledge (Interview with Juan J. Linz)," in Gerardo L. Munck and Richard Snyder, eds., *Passion, Craft, and Method in Comparative Politics* [Baltimore, MD: Johns Hopkins University Press, 2007], p. 165.)。

(3) John Dunn, "Review: The Breakdown of Democratic Regimes by Juan J. Linz and Alfred Stepan," *Ethics* 91 (4) (1981): 685–687.

（4）Philip C. Schmitter, "The Breakdown of Democratic Regimes by Juan J. Linz and Alfred Stepan," *American Political Science Review* 74 (3) (1980): 849-852.

（5）Guillermo O'Donnell, Philippe C. Schmitter, and Laurence Whitehead, eds., *Transitions from Authoritarian Rule: Prospects for Democracy* (Baltimore and London: Johns Hopkins University Press, 1986).

（6）本書は競争的デモクラシーと異なる下位類型である多極共存型デモクラシーを原則的に除外し、（第二次世界大戦後のオーストリアのように）尖鋭な危機を経験した後の社会におけるデモクラシーの再均衡パターンの一つとして示唆するに留まる。

（7）Richard Rose, "Dynamic Tendencies in the Authority of Regimes," *World Politics* 21 (4) (1969): 602-28.

（8）ヨーゼフ・シュンペーター［大野一訳］『資本主義、社会主義、民主主義』Ⅰ・Ⅱ、日経BP・二〇一六年およびハンス・ケルゼン［長尾龍一・植田俊太郎訳］『民主主義の本質と価値 他一篇』岩波文庫・二〇一五年参照。

（9）Nancy Bermeo, *Ordinary People in Extraordinary Times: The Citizenry and the Breakdown of Democracy* (Princeton: Princeton University Press, 2003).

（10）Bruce Ackerman, *Revolutionary Constitutions: Charismatic Leadership and the Rule of Law* (Cambridge, Mass.: Belknap, 2019), chap. 5.

（11）Giovanni Capoccia, *Defending Democracy: Reactions to Extremism in Interwar Europe* (Baltimore: Johns Hopkins University Press, 2005).

リンスの分析手法は、抽象的な概念や先験的な前提条件から現実を切り取るのではなく、歴史との対話に基づく。従って、分析枠組みとしての洗練や重要概念の操作化といった点で難を抱えていることは確かである。ヨーロッパとラテンアメリカを中心とする世界各国の歴史に対する博識と悉皆的な文献調査に基づいて展開される議論は、簡潔さと平明さを第一の美徳とする現代の政治学研究の標準からはほど遠い。

三　本書の現代的意義

リンスは後に本書を振り返り、次のように述べている。

《これらの国々の経験から、固定化したデモクラシーの将来における安定性をどう確保するかという点で学ぶところがあるか》という問題については、そうとも言え、そうでないとも言える。理論的序論と事例研究からは、戦間期のデモクラシーの崩壊や生き残りに関する多くのことがわかるが、その知識は危機的状況において何をすべきで、何をやってはいけないかということに翻訳される。同時に、とりわけ事例研究からは、それらが繰り返される可能性が低い歴史的文脈で生じたということ、当時と今日の状況は、いかに似ていようともその違いが大きいということがわかる。(1)

確かに、歴史研究の知見そのものから現代政治への直接的な示唆を得ることは困難である。そのうえ本書において危険視される政党システム両極の過激主義者は、東西冷戦期の国内冷戦状況を念頭に置いたものであるし、少なくとも現代の先進諸国で正規の軍・警察機構が調停権力として政治過程に直接的に介入する事態を想定することは難しい。また現代において、デモクラシーの動揺と見える現象が実態としては権威主義体制の弱体化であったり、特に近年の新興デモクラシー特有の弱さであったりするとして、世界全体としてはデモクラシーが意外にも強靭であるという実証研究に基づく主張や、デモクラシーの衰退は幻想にすぎないとする議論もある。(2)

しかしながら、二〇〇〇年代以降に先進デモクラシーの衰退や危機的状況を指摘する議論が一部において確かに存在し、そこではポピュリスト政治家による既存の手続きの軽視や代議制システムの脱正統化、さらには有権者の意見分布と政党政治の分極化といったデモクラシーの危機症候群が様々に指摘されていることを無視することはできない。

他方で、世界的ベストセラーとなった啓蒙書レヴィツキー／ジブラット『民主主義の死に方』やヤシャ・モンク『民主主義を救え！』(3)は、デモクラシーをめぐる友敵関係を固定的に捉えたうえで、本質的には規範論的前提に基づいて現状を分析し、処方箋を提示している。とりわけ前者は過去の事例に多くの紙幅を割き、歴史と現代の並行性を強く意識した主張を展開している意味では、本書の問題意識と大いに重なる部分があるかもしれない。

それにしても、有権者をいかに鼓舞してポピュリストを打ち負かすのか、また紛争の根本原因の一つである社会経済的格差をどうなくせばよいのか。これらの書物の提言にはおおむね首肯できるが、問題解決能力と政策遂行能力に対する視点が欠けているようである。また、デモクラシーの防衛自体がデモクラシーの「柔らかいガードレール」(レヴィツキー／ジブラット)を踏み超える可能性を生じさせるのではないか、というリンスの指摘についてはどう考えるべきであろうか。リンスによれば、デモクラシーの崩壊は単発の事象ではなく、ある程度の期間にわたる政治過程の積み重ねの頂点に位置する。これに対して右の所論は、現在の危機がどのように崩壊に向かいつつあるのか、その過程の各時点においてポピュリスト以外のアクターにどのような政治的選択肢が開かれているのかという側面に関する体系的理解を欠き、近未来予測や処方箋の提示能力において弱点を抱えているとも言える。

繰り返しになるが、リンスによれば、デモクラシーの崩壊に向かう過程の鍵となるのは、デモクラシーの公然たる敵である非忠誠的反対派そのものではなく、忠誠と非忠誠のはざまにある準忠誠のカテゴリーであった。デモクラシーの崩壊と再構築のせめぎあいは、少なくとも部分的には、準忠誠的反対派をいかに体制支持勢力の陣営に引き留めるか、準忠誠的反対派と非忠誠的反対派の政治的連合に対する有権者の支持をいかにして増幅させないようにできるかという試み、すなわち体制支持勢力の試みが成功するか否かにかかっている。しかもその選択は、常に残り時間やタイミングとの関係なのである。(4) ポピュリズムの台頭に当惑する現代の先進デモクラシーが抱える課題とは、まさしくこれである。

リンスの議論は、複雑で紆余曲折に満ち、多くの寄り道を含んでいるが、時に強く批判されながらも、語り継がれ、次々に新しい反応を生み出しながら現在に至った。その意味において本書は比較政治学における現代の古典にふさわしい地位にある。そうであればこそ、今まさに、危機的状況にあるとされるデモクラシーの運命に関心を抱く全ての人々にとって、無数の宝石をちりばめたような作品として光を放つ。リンスは「ヴェーバーだったらこの問いにどう答えるか」をまず考えたという。[5] それと同じように、本書もまた後進たちの導きの星の一つであり続けるだろう。ただし、政治的アリーナの縮小が「新たな日常」となりつつある今日において、本書が「民主主義者の学校」の読本たりうるかどうかは別の問題である。それは、ひとえに読者の政治に対する感受性に負っているからである。

（1） Juan J. Linz, "Between nations and disciplines: personal experiences and intellectual understandings of societies and political regimes," Hans Daalder, ed., *Comparative European Politics: The Story of a Profession* (London and Washington: Pinter, 1997), p. 108.
（2） Steven Levitsky and Lucan Way, "The Myth of Democratic Recession," in Larry Diamond and Marc. F. Plattner, eds., *Democracy in Decline?* (Baltimore: Johns Hopkins University Press, 2015), pp. 58–76.
（3） Steven Levitsky and Daniel Ziblatt, *How Democracies Die* (New York: Crown, 2018)（濱野大道訳『民主主義の死に方　二極化する政治が招く独裁への道』新潮社・二〇一八年）および Yascha Mounk, *The People vs. Democracy: Why Freedom Is in Danger and How Save It* (Cambridge, Mass.: Harvard University Press, 2018)（吉田徹訳『民主主義を救え！』岩波書店・二〇一九年）参照。

(4) Juan J. Linz, "Time and Regime Change," in Juan J. Linz, *Robert Michels, Political Sociology, and the Future of Democracy* (New Brunswick and London: Transaction Publishers, 2006), pp. 81-113.

(5) "Political Regimes and the Quest of Knowledge," *op. cit.*, p. 182.

四　追記

本書は以前、一九八二年に内山秀夫氏訳により岩波現代選書の一冊として刊行されたが、その後長らく絶版となっており、この間の研究の蓄積や時代状況の変化等に鑑みて今回の改訳となった。凡例にあるように、改訳にあたっては一九八七年のスペイン語版を参照したが、その訳者は、原著の献辞の名宛人でもあり、リンスの逸話にもたびたび登場する配偶者ロシオ・デ・テラン(Rócio de Terán)である。

旧訳において本書副題は「危機・崩壊・均衡回復」とされていた。しかし、《reequilibration》については本文に「ほぼ崩壊に近い状態をとることもあり、元通りの均衡の再建を意味しない」という趣旨の記述がある。このことを汲んで「再均衡(化)」の訳語を充てた。また、本書の第二章の重要概念である《efficacy》《effectiveness》には、旧訳ではそれぞれ「実効性」「有効性」という訳語が与えられていたが、日本語のうえでは両概念の厳密な区別がほぼ不可能であり、類語の《efficiency》(能率性／効率性)とも混乱を生じかねない。そのため、本書中に示された定義に基づいて、「問題解決能力」と「政策遂行能力」という大胆な訳語を充てることにした。忌憚なきご批判を賜りたい。

「神は細部に宿る」とは至言であるが、その言葉の由来について浅学菲才の訳者は不案内である。フアン・リンスは二〇世紀後半の政治学界における屈指の碩学であり、その極度に圧縮された英語表現や、何気なく引用される古典や史実の細部にわたる理解をもって翻訳にあたることは、しばしば訳者の能力の限界を超えていた。東北大学法学研究科における同僚の平田武教授からは、ヨーロッパ政治史に関する深い知識に基づく、拙訳に対する懇切丁寧なコメントを頂戴した。これに加えて、訳者の研究室に所属する大学院生の譚天、楊雨晴、李晶晶の諸氏には、拙訳の読みやすさの確認に加え、索引の作成という骨の折れる作業にも協力をいただいた。岩波書店編集部の小田野耕明氏には、企画から校了に至るまでお世話になったうえ、拙訳の過不足について、読者に配慮した微に入り細を穿つご指摘をくださったことに敬服の至りであった。誤読や誤訳の全責任が訳者にあることは言うまでもないが、これらの人々の助けがなければ、本書の改訳作業は再均衡することなく崩壊していたであろう。記して御礼申し上げたい。

二〇二〇年八月

仙台にて　横田正顕

事項索引

さ 行

た 行

ま 行

や 行

ら 行

人名索引

た 行

は 行

ま 行

ら 行

『民主体制の崩壊』全篇の構成

Juan J. Linz and Alfred Stepan eds., *The Breakdown of Democratic Regimes* は当初，ハードカバー版1冊(4部構成)として刊行され，その後，各部を分冊にしたペーパーバック版4冊が普及した．

第1部＝第1分冊　フアン・J. リンス著「危機・崩壊・再均衡」(Juan J. Linz, *Crisis, Breakdown, and Reequilibration*)〔本訳書〕

第2部＝第2分冊　フアン・J. リンス／アルフレッド・ステパン編「ヨーロッパ篇」(Juan J. Linz and Alfred Stepan eds., *Europe*)

1. パオロ・ファルネーティ「社会闘争・議会の断片化・制度移行そしてファシズムの登場——イタリア」(Paolo Farneti, "Social Conflict, Parliamentary Fragmentation, Institutional Shift, and the Rise of Fascism: Italy")
2. M. ライナー・レプジウス「断片化した政党デモクラシーから緊急令統治とナチの権力掌握へ——ドイツ」(M. Rainer Lepsius, "From Fragmented Party Democracy to Government by Emergency Decree and National Socialist Takeover: Germany")
3. ヴァルター・B. ジーモン「押し付けられた主権のもとでのデモクラシー——オーストリア第一共和制」(Walter B. Simon, "Democracy in the Shadow of Imposed Sovereignty: The First Republic of Austria")
4. リスト・アラプロ／エリック・アラルト「ラプア運動——フィンランドにおける右派の権力掌握の脅威，1930～32年」(Risto Alapuro and Erik Allardt, "Lapua Movement: The Threat of Rightist Takeover in Finland, 1930-32")
5. フアン・J. リンス「大いなる希望から内戦へ——スペインに

おけるデモクラシーの崩壊」(Juan J. Linz, "From Great Hopes to Civil War: The Breakdown of Democracy in Spain")

第3部＝第3分冊　フアン・J・リンス／アルフレッド・ステパン編「ラテンアメリカ篇」(Juan J. Linz and Alfred Stepan eds., *Latin America*)

1. ピーター・H. スミス「アルゼンチンにおけるデモクラシーの崩壊——1916～30年」(Peter H. Smith, "The Breakdown of Democracy in Argentina, 1916-30")
2. アレクサンダー・W. ワイルド「紳士たちの会話——コロンビアの寡頭制的デモクラシー」(Alexander W. Wilde, "Conversations among Gentlemen: Oligarchical Democracy in Colombia")
3. ダニエル・H. レヴァイン「1958年以降のベネズエラ——民主政治の固定化」(Daniel H. Levine, "Venezuela since 1958: The Consolidation of Democratic Politics")
4. アルフレッド・ステパン「政治的リーダーシップと体制崩壊——ブラジル」(Alfred Stepan, "Political Leadership and Regime Breakdown: Brazil")
5. ギジェルモ・オドンネル「恒常的危機と民主体制創出の失敗——アルゼンチン，1955～66年」(Guillermo O'Donnell, "Permanent Crisis and the Failure to Create a Democratic Regime: Argentina, 1955-66")
6. フリオ・コトラー「民主的諸制度の崩壊に関する構造的・歴史的アプローチ——ペルー」(Julio Cotler, "A Structural-Historical Approach to the Breakdown of Democratic Institutions: Peru")

第4部＝第4分冊　アルトゥーロ・バレンスエラ著「チリ」(Arturo Valenzuela, *Chile*)

民主体制《みんしゅたいせい》の崩壊《ほうかい》
—危機《きき》・崩壊《ほうかい》・再均衡《さいきんこう》　フアン・リンス著

2020年11月13日　第1刷発行
2023年 6 月26日　第3刷発行

訳　者　横田正顕《よこたまさあき》

発行者　坂本政謙

発行所　株式会社 岩波書店
〒101-8002 東京都千代田区一ツ橋 2-5-5
案内 03-5210-4000　営業部 03-5210-4111
文庫編集部 03-5210-4051
https://www.iwanami.co.jp/

印刷 製本・法令印刷　カバー・精興社

ISBN 978-4-00-340341-9　Printed in Japan

読書子に寄す

――岩波文庫発刊に際して――

岩波茂雄

真理は万人によって求められることを自ら欲し、芸術は万人によって愛されることを自ら望む。かつては民を愚昧ならしめるために学芸が最も狭き堂宇に閉鎖されたことがあった。今や知識と美とを特権階級の独占より奪い返すことはつねに進取的なる民衆の切実なる要求である。岩波文庫はこの要求に応じそれに励まされて生まれた。それは生命ある不朽の書を少数者の書斎と研究室とより解放して街頭にくまなく立たしめ民衆に伍せしめるであろう。近時大量生産予約出版の流行を見る。その広告宣伝の狂態はしばらくおくも、後代にのこすと誇称する全集がその編集に万全の用意をなしたるか。千古の典籍の翻訳企図に敬虔の態度を欠かざりしか。さらに分売を許さず読者を繋縛して数十冊を強うるがごとき、はたしてその揚言する学芸解放のゆえんなりや。吾人は天下の名士の声に和してこれを推挙するに躊躇するものである。このときにあたって、岩波書店は自己の責務のいよいよ重大なるを思い、従来の方針の徹底を期するため、すでに十数年以前より志して来た計画を慎重審議この際断然実行することにした。吾人は範をかのレクラム文庫にとり、古今東西にわたって文芸・哲学・社会科学・自然科学等種類のいかんを問わず、いやしくも万人の必読すべき真に古典的価値ある書をきわめて簡易なる形式において逐次刊行し、あらゆる人間に須要なる生活向上の資料、生活批判の原理を提供せんと欲する。この文庫は予約出版の方法を排したるがゆえに、読者は自己の欲する時に自己の欲する書物を各個に自由に選択することができる。携帯に便にして価格の低きを最主とするがゆえに、外観を顧みざるも内容に至っては厳選最も力を尽くし、従来の岩波出版物の特色をますます発揮せしめようとする。この計画たるや世間の一時の投機的なるものと異なり、永遠の事業として吾人は微力を傾倒し、あらゆる犠牲を忍んで今後永久に継続発展せしめ、もって文庫の使命を遺憾なく果たさしめることを期する。芸術を愛し知識を求むる士の自ら進んでこの挙に参加し、希望と忠言とを寄せられることは吾人の熱望するところである。その性質上経済的には最も困難多きこの事業にあえて当たらんとする吾人の志を諒として、その達成のため世の読書子とのうるわしき共同を期待する。

昭和二年七月

岩波文庫の最新刊

三木清著
構想力の論理 第一

パトスとロゴスの統一を試みるも未完に終わった、三木清の主著。〈第一〉には、「神話」「制度」「技術」を収録。注解＝藤田正勝。（全二冊）
〔青一四九‐二〕 定価一〇七八円

ジュリアン・グリーン作／石井洋二郎訳
モ イ ラ

極度に潔癖で信仰深い赤毛の美少年ジョゼフが、運命の少女モイラに魅入られ……。一九二〇年のヴァージニアを舞台に、端正な文章で綴られたグリーンの代表作。
〔赤N五二〇‐一〕 定価一二七六円

バジョット著／遠山隆淑訳
イギリス国制論（下）

イギリスの議会政治の動きを分析した古典的名著。下巻では、政権交代や議院内閣制の成立条件について考察を進めていく。第二版の序文を収録。（全二冊）
〔白一二二‐三〕 定価一一五五円

大泉黒石著
俺の自叙伝

ロシア人を父に持ち、虚言の作家と貶められた大正期のコスモポリタン作家、大泉黒石。その生誕からデビューまでの数奇な半生を綴った代表作。解説＝四方田犬彦。
〔緑二二九‐一〕 定価一一五五円

……今月の重版再開……

川合康三選訳
李商隠詩選

定価一一〇〇円
〔赤四二‐一〕

鈴木範久編
新渡戸稲造論集

定価一一五五円
〔青一一八‐二〕

定価は消費税10％込です　2023. 5

岩波文庫の最新刊

グレゴリー・ベイトソン著／佐藤良明訳

精神の生態学へ (中)

コミュニケーションの諸形式を分析し、精神病理を「個人の心」から解き放つ。中巻は学習理論・精神医学篇。ダブルバインドの概念、アルコール依存症の解明など。(全三冊)〔青N六〇四-三〕 定価一二一〇円

イーディス・ウォートン作／河島弘美訳

無垢の時代

二人の女性の間で揺れ惑う青年の姿を通して、時代の変化にさらされる〈オールド・ニューヨーク〉の社会を鮮やかに描く。ピューリッツァー賞受賞作。〔赤三四五-一〕 定価一五〇七円

バジョット著／宇野弘蔵訳

ロンバード街
―ロンドンの金融市場―

一九世紀ロンドンの金融市場を観察し、危機発生のメカニズムや「最後の貸し手」としての中央銀行の役割について論じた画期的著作。改版。(解説＝翁邦雄)〔白一二二-一〕 定価一三五三円

道籏泰三編

中上健次短篇集

中上健次(一九四六-一九九二)は、怒り、哀しみ、優しさに溢れた人間のあり方を短篇小説で描いた。『十九歳の地図』『ラプラタ綺譚』等、十篇を精選。〔緑二三〇-一〕 定価一〇〇一円

……今月の重版再開……

井原西鶴作／横山重校訂

好色一代男

〔黄二〇四-一〕 定価九三五円

ヴェブレン著／小原敬士訳

有閑階級の理論

〔白二〇八-一〕 定価一二一〇円